内蒙古社科规划后期资助项目

儿童数学学力认知诊断
理论、方法与实践

王欣瑜 著

科学出版社
北京

内 容 简 介

心理与教育测量是个体心理特质发展水平的重要评价手段。以项目反应理论为代表的现代测量理论，为儿童数学学力的大规模测评研究与实践提供了强大的理论与技术支持。近年来蓬勃发展的认知诊断理论，则将相关研究推向更加精细化的水平。

本书按照认知诊断理论的研究范式，以正处于基础性数学学力发展关键期的小学生为研究对象，在深入探索其数学学力宏观发展水平与微观认知特征的同时，尝试提出了一些有针对性的补救教学建议，旨在为进一步推动儿童数学学力评价研究提供一定的理论参考与方法借鉴，同时也为认知诊断理论的推广与应用积累必要的实践经验。

本书适合心理与教育测量、小学数学教育等专业的科研人员、研究生、本科生参阅。

图书在版编目（CIP）数据

儿童数学学力认知诊断：理论、方法与实践／王欣瑜著. —北京：科学出版社，2020.12

ISBN 978-7-03-066904-9

Ⅰ. ①儿… Ⅱ. ①王… Ⅲ. ①小学数学课-教学研究 Ⅳ. ①G623.502

中国版本图书馆 CIP 数据核字（2020）第 223732 号

责任编辑：崔文燕 冯雅萌／责任校对：何艳萍

责任印制：李 彤／封面设计：润一文化

科学出版社 出版

北京东黄城根北街 16 号

邮政编码：100717

http://www.sciencep.com

北京建宏印刷有限公司 印刷

科学出版社发行 各地新华书店经销

*

2020 年 12 月第 一 版 开本：720×1000 B5

2020 年 12 月第一次印刷 印张：13 1/2

字数：220 000

定价：89.00 元

（如有印装质量问题，我社负责调换）

序

当前，我国基础教育事业的发展已经进入一个历史的高点，尽管学生良好的学业成绩仍需得到重视，但它已不再是教育改革与发展的全部价值追求；尽管教育质量测评的形式标准化仍然必要，但它已经不能满足广大教育利益相关者对高质量教育的新诉求。因此，儿童学习发展的评估视角必须进行新的转向，不仅要克服单纯依靠分数指标来评价学习的惯性思维，还要从改善儿童综合心理品质的育人本质出发，对学习评价范式的变革做出适度的理性思考与实践回应。

现代意义上的学力，是作为一种更加综合、更接近儿童学习本质要求的评价尺度，进入心理教育学者的学术视野的。时至今日，随着中小学生学力调查的常规化、标准化与国际化趋势日益明显，有学者甚至称我们已进入“学力调查时代”。而伴随着学力观的本质超越与外延拓展，数学学力也因其对儿童思维发展的奠基意义，逐渐成为基础教育综合质量测评研究中的核心议题之一。

在此背景之下，深入研究儿童学力测评自然有着重要的时代意义。它不仅有利于解决当前基础教育实践所面临的儿童发展多元化评价、各学科学力框架建构以及学力落差消解等现实问题，而且有助于走出基础教育理论发展所面临的素质教育理念拓展、核心素养测评理论创新和儿童学习内在机制探索等方法困境。

《儿童数学学力认知诊断：理论、方法与实践》一书是作者在其博士学位论文的基础上修改而成的，全书立足于新一代测量理论——认知诊断理论，以正处于基础性数学学力发展关键期的6—12岁儿童为研究对象，以其数学学力发展水平与结构性特征的诊断为研究目的，按照现代认知诊断理论的研究范式，首先构建了儿童关键数学学力认知模型，然后据此编制了“儿童数学学力认知诊断测验（1—6年级）”，最后对6所学校共8289名儿童的数学学力发展现状进行了大规模实测。此外，为了更深入地分析儿童数学学力落差形成的原因，作者还自编了“儿童数学学力影响因素调查问卷”（包括教师和家庭两个分问卷），并进行了同步调查与分析。从研究的整体设计与实施来看，该书主要有以下突出特点：第一，以对儿童数学学力内涵与结构的深入分析为依据，建构了具有可操作性的儿童关键数学学力认知模型。第二，自编“儿童数学学力认知诊断测验”，实施了对小学全年级段儿童数学学力的整体认知诊断测评。第三，自编R语言程序，完成了基于大规模实测数据的儿童数学学力参数等值与知识状态诊断。该书既可以为其他学科学力认知诊断研究提供必要的理论与方法借鉴，也可以为认知诊断技术在基础教育质量测评中的推广积累一定的实践经验。

当然，对于儿童数学学力的大规模认知诊断测评是一项系统工程，虽然作者的初衷是试图通过一次完整的认知诊断研究，从认知模型构建、诊断测验开发、实测数据分析、诊断结果报告等各个环节，尽可能深刻地窥探认知诊断理论在儿童数学学力教育中的理论框架与实践策略，但该书在儿童数学学力认知模型的外部效度支持、补救教学干预实践等方面仍有所欠缺，应作为作者今后继续研究的方向。

最后，值此书即将付梓之际，作为作者攻读博士学位期间的指导教师，作此短序以资鼓励，并希望作者在今后的学习与研究中取得更多有价值的成果。

陈中永

内蒙古师范大学教授、博士生导师

2020年1月31日

前　　言

现代认知科学与新一代测量技术的飞速发展，使心理与教育测评研究正经历着从关注个体宏观层次的“能力水平研究范式”向揭示个体微观心理加工过程的“认知水平研究范式”转变（Mislevy，1993）。近年来，我国基础教育也已进入以反思与提升为主旨的“后课改时代”，人们对儿童学力的教育理念正在经历由以“双基”（基础知识、基本技能）为中心的“传统能力”学力观向以“四基”（基础知识、基本技能、基本思想、基本活动经验）为焦点的“核心素养”学力观的转向与拓展。正是在上述现代学力教育观的引领之下，学力教育正在成为新时期深化基础教育范式变革的主要方向与路径。

综观心理学与教育学相关研究的演进轨迹，我国虽然在学力理论的构建与创新、学力测量的方法与技术方面都已取得了较大进展，但在一些核心领域仍有值得深入探索的问题空间：一方面，作为教育科学理论体系的一部分，学力基本理论的体系融合与跨学科学力的形成机制等根本性研究还有待向纵深延展；另一方面，作为儿童认知发展的潜在影响因素，学力落差的消弭策略、学力结构的发展性测评技术等实践问题也亟须解决。

具体到数学学科，这种学力观的嬗变主要体现在从对数学化基础概念和技能化运算能力等基础性学力的极端追求，转变为对生活化数学经验和科学化逻辑思维等发展性学力的强调与强化。数学学力也因其对儿童逻辑思维发展的重要奠基意义，而逐渐成为学科心理与教育测评研究的热点之一，尤其是对儿童数学学力认知诊断以及大规模测评的本土化理论建构与整体化方案探索，更是成为广受关注的重要领域。

首先，针对儿童数学学力落差形成与干预机制的系统实证研究亟须深入。随着我国基础教育改革的全面深化，我国对基础教育发展的评价重心也已经从量的扩张转向质的提升。因此，广泛存在于教育实践中的儿童数学学力低下与学力落差问题正日益凸显，而国内的相关研究还主要是基于教育学视角的理论探索与反思，最有代表性的如钟启泉先生先后从学力的内涵、结构及其演变历程，深刻分析了儿童学力落差形成的社会与教育机制（钟启泉，2001，2009，2014，2016），而从心理学视角对不同层面学力落差的结构性特征及其差异的实证研究还较为欠缺。因此，从儿童学力发展特征与变化规律的深入探索入手，充分利用更多教育利益相关者的多元智慧，寻求儿童数学学力的内在形成逻辑与教育干预机制，就具有重要的理论深化意义与实践拓展价值。

其次，关于儿童数学学力的整体认知诊断研究仍显不足。进入“后课改时代”以来，随着数学学力测评理念与测量、统计技术的不断更新，国内学者已经对儿童数学学力结构中的“问题解决能力”“图形与几何知识”“乘法计算能力”等单个认知属性或能力维度的诊断性测评予以广泛关注，并且取得了一些原创性成果。然而，作为儿童学习过程中动态发展着的重要个性心理特征，数学学力具有非常明显的阶段性、延续性与整体性，如果仅针对其某一个维度或阶段进行分解式研究，很难从整体上把握其发展特征和演变规律，也不易从整体结构的视角提出教学补救方案。显然，从国内已有研究成果来看，国内对于儿童数学学力跨年级整体性认知诊断与比较研究的关注度仍相对较低，而运用现代项目反应理论与认知诊断理论对儿童数学学力的大规模诊断与测评研究更是不足。

最后，基于现代认知诊断理论的大规模数学学力测评研究仍需拓展。西方国家对儿童数学学力的大规模测评研究可以追溯到19世纪末的智力测试。

20世纪以后，得益于行为实验、因素分析等行为统计技术的不断发展与成熟，相关研究成果更加丰富。尤其是世界经济合作与发展组织（Organization for Economic Cooperation and Development，OECD）发起的国际学生评估项目（Programme for International Student Assessment，PISA）和国际教育成就评价协会（International Association for the Evaluation of Educational Achievement，IEA）发起的国际数学与科学趋势研究（Trends in International Mathematics and Science Study，TIMSS）项目，更是因其不断创新的测评理念、方法与技术，引领着世界大规模儿童数学学力测评的发展趋势。相对而言，国内的大规模数学学力测评研究起步较晚，且囿于新一代测量技术的推广与应用相对滞后，大多仍采用传统的经典测量理论或项目反应理论进行测评工具的开发与数据分析，但对于新一代测量理论——认知诊断理论的实践应用仍显不足。

2013年，伴随着众多教育利益相关者对提高教育质量、促进教育公平的普遍追求，《教育部关于推进中小学教育质量综合评价改革的意见》出台，该意见在相应的评价指标框架中确定了以品德发展水平、学业发展水平、身心发展水平、兴趣特长养成和学业负担状况等5个维度为核心的绿色指标体系，而且明确提出要对相关评价内容和关键性指标进行分析诊断，分项给出评价结论，提出改进建议，形成学校教育质量综合评价报告，而不是简单地对学校教育质量进行总体性等级评价。当然，标准化评价目标与指标体系的确定在一定程度上仅仅是解决了有无的问题，但是不是科学合理、是不是符合各地实际情况，还需要实践的检验，需要在实践中不断探索和完善（郑富芝，2014）。而这无疑也给基于现代认知诊断理论的儿童数学学力大规模测评研究创造了广阔的探索空间。

在这一时代背景之下，基于对已有众多研究成果的比较分析，同时也考虑到小学数学教育在整个基础教育阶段，乃至个体终身学习过程中的重要意义，本书选择正处于基础性数学学力发展关键期的小学1—6年级（6—12岁）儿童为研究对象，结合现代认知诊断理论与统计技术，在广泛探索其数学学力的宏观发展特征与微观认知结构的同时，尝试提出一些能够兼顾二者共同发展的教学干预建议，从而为推动国内基础教育质量综合评价改革提供更加翔实的反馈信息和充分的方法准备。

目　录

缩略语表

2PLM	two-parameter logistic model	两参数逻辑斯蒂克模型
AHM	attribute hierarchy model	属性层级模型
AMP	attribute master pattern	属性掌握模式
CAI	classification accuracy index	分类准确性指标
CCI	classification consistency index	分类一致性指标
CDA	cognitive diagnostic assessment	认知诊断评估
CD-CAT	cognitive diagnostic computerized adaptive testing	认知诊断计算机化自适应测验
CDI	cognitive diagnostic index	认知诊断指数
CDM	cognitive diagnostic model	认知诊断模型
CDS	cognitive design system	认知设计系统
CDT	cognitive diagnostic theory	认知诊断理论
CFA	confirmatory factor analysis	验证性因素分析
CRAN	comprehensive R archive network	R 综合典藏网
CTT	classical test theory	经典测量理论
EAP	expected a posteriori	期望后验估计

ECD	evidence-centered design	证据中心设计
HCI	hierarchy consistency index	层级一致性指标
IRT	item response theory	项目反应理论
KS	knowledge state	知识状态
MIRT	multidimensional item response theory	多维项目反应理论
PAM	probability of attributes mastery	属性掌握概率
PCM	potential classification model	潜在分类模型
SEM	structural equation model	结构方程模型

第1章

儿童数学学力认知诊断的基础概述

1.1 基本概念

1.1.1 学力：学习者的潜在心理特质

学力，一个指向个体且由其学习生成与发展的差异性引申而来的概念，其内涵与外延结构的嬗变，必然会受到特定时代的社会理想与教育需求的双重制约。

在古代汉语中，学力的本义是指学问上的造诣、学问达到的程度或学习的精力。而在现代汉语中，虽然其内涵仍是表达人们在学识上达到的程度，但是在外延上已经有所拓展，可泛指个体的学习与实践能力，并经常被用来概括个体接受、理解和运用知识的综合能力。与其汉语含义类似，“学力”在西方语境中也可指称个体的学习能力或学业成就，因此，像 learning ability、study capability、scholastic aptitude、learning proficiency、learning literacy、learning competence、learning skill、academic achievement 等词语都可以表达学力之意，只是在具体的使用情境上各有不同而已。

当然，学力作为一个现代意义上的学术概念进入众多心理学与教育学研究者的视野，主要源于第二次世界大战后一些西方学者深刻意识到儿童“学习困难”“学习障碍”“学业不良”等问题对其终身学习乃至社会发展的重要影响，并将此类问题统一概括为儿童“学力低下”或“学力不足”，随之加强了对儿童学习过程与学习能力的特征描述和科学测评研究。于是，众多学者围绕着基础教育究竟该以“读、写、算”等基础知能为轴心，还是以“文法、修辞、逻辑”等永恒素养为追求，对儿童学力的内涵及结构界定进行了长期的论争与嬗变。直至20世纪90年代以后，一些学者又给儿童学力观注入了新的活力，提出了以“必备品格与关键能力”为主要内涵的核心素养学力观，倡导基于人本主义思想培养儿童终身学习与发展所必需的核心素养，即从“工具性目标”（把学生培养成为提高生产效率的工具）转变为“人本性目标”，使儿童的情感、智力、身体诸方面的潜能和素质都能通过学习得以发展，从而在全球化浪潮和知识经济的挑战中，能够最大限度地实现个人成功与社会发展的最终理想。近年来，以核心素养为内核的儿童学力观已经成为世界各国基础教育改革的主流价值理念。

国外学力观的不断摇摆与超越，再次证明了任何概念都是在论争中走向多元，在变化中实现变革，最终又在实践中得到拓展。不断嬗变的学力观恰恰说明人们已经在尝试使用更加开放的态度和辩证的方法来考量学力这个运动的、发展的概念。

而对于国内学者来说，“学力”总是既熟悉又陌生。熟悉的是当把它作为生活概念体系中的一个常用词使用时，其本土化含义是显而易见的；陌生的是当把它作为一个学术概念探讨时，其又成为一个亟待重新解构与建构的“舶来品”。

国内较早开始对儿童学力的内涵及结构要素进行系统研究的是钟启泉（1989，1994，2001），他先后从“课程结构的建构”、“学习失能的诊断与治疗”以及“学力观的理论辨析”等不同视角提出，学力是指借助学校教育所形成的综合能力，是人“活生生起作用的力量”，是主体的、实践的人的能力的基础部分。它既非知识，亦非教育内容；既非测验得分，亦非入学考试分数。它属于人的能力范畴，是能力的基础部分。他进而强调学力的结构中至少应包括学力基础（性格、生理、智能）、基础学力（读、写、算，即“三基”）、发展性或创造性学力（创造性问题解决、个性思考）等 3 个基本要素。这一学力观对于国内第八次基础教育课程改革的理论建构与实践路径设计都产生了重要的影响。

此外，陈中永和刘文霞（1990）从个体心理发展的视角，提出“学力就是学生学习的能力，它包括凡是与学习活动有关的心理因素、生理因素、行为因素及一些直接环境因素。它具有实际学习能力和潜在学习能力两层含义”。他们进而强调，从本质上讲，学力是学生的一种潜在心理特质，是经过适当的教育和干预后可能达到的水平。而学力诊断的目的就是收集学生的各种学习资料，剖析其学力结构，发现问题所在，最终制订个性化补救教学方案。因此，临床教学才是学力诊断的终结点。王向红（2013）则从学力评价的视角，强调学力是学习者学习个性与实践能力的综合体现，因此有必要从知识、能力和情意三大领域拓宽学力评价的内容，用定性与定量、过程与结果相结合的方法来评价学力。

经历了与国外学力观的不断融合后，在当前国内的心理教育学体系中，作为一种影响个体学习效果与效率的潜在心理特质，学力已不仅仅是用来表征学习者通过努力而达到的记忆与应用知识的能力，而是更强调个体在现有知识水平的基础上所具备的潜在综合学习能力（即完成复杂学习任务的实际可能性）。它是一个以知识、技能、思维、方法等影响个体学习过程的智力因素为核心，以态度、动机、情绪等推动个体学习进程的非智力因素为内在动力，以家庭、学校、社会等外在影响因素为发展背景的复杂心理结构。显然，如此学力观在摆脱了学力论争中长期存在的非此即彼的二元对立模式的同时，也为今后的学力理论与实践研究开拓了更广阔的视野。

1.1.2　数学学力：儿童理性思维的核心

现代科学发展的突出特征之一就是知识表征的数学化与模型化。这种趋势不仅表现在物理学、化学、天文学等领域，而且在心理学与教育学等领域中也已有所体现。这足以说明，数学的方法和思维方式正越来越广泛地渗透到人类生活的各个方面。可以预见，在人类所致力研究的各个领域中，数学将得到日益广泛的应用，其可应用的领域原则上是无限的（华罗庚，1959）。此外，现实生活中也有越来越多的现象和问题都需要个体具有一定的数学能力与思维，才可以得到更好的解释或解决。因此，可以说，对数学思维的深刻理解与把握，是每一个儿童为其今后的社会生活与发展所做的重要准备之一。

那么，数学是什么？像每一个常见的概念一样，它也是人们探索和解释周遭世界的理性化、抽象化方法与结果。它渗透于人类生活的方方面面，举凡衣、食、住、行、乐，无一不和它有着密切联系，是人类"共有文化"与"普适素养"的重要组成部分。

在人类的认识范畴中，数学是作为"万学之学"被纳入现代知识谱系中的，它的研究对象不仅处于我们的现实生活中，更多的是处于柏拉图式的理念、可能性和虚拟的世界中，它的范围要比我们看得见、摸得着的经验世界大得多（胡作玄，2014）。数学虽与哲学一样研究抽象化、概念化的世界，但又不同于哲学，因为数学所形成的是客观知识，而哲学所产生的是主观理念；数学虽与自然科学一样强调客观、系统与可证伪，但又不同于自然科学，因为数学的主要方法是逻辑与模型的推演，而自然科学的主要方法是观察与实验；数学虽与艺术一样追求突破现实世界的原创，但又不同于艺术，因为数学求真，讲究方法的一般性与统一性，而艺术求美，讲究过程的个性化与特殊化。

在现代教育体系中，数学以"研究数量关系和空间形式的科学"成为培养儿童认知理性的核心与基础。于是，对于广大教师与家长来说，数学很合理地成为训练逻辑思维、培养科学态度和理性分析能力的基础学科；而对于儿童来说，数学却又是一种时而直观、清晰、源于生活，时而抽象、复杂、远离现实的无法逃避的理性思维训练。

首先，儿童的理性思维始于抽象的数学思维。从小学低年级开始，儿童就进入认知发展的一个新阶段——具体运算阶段。这时，他们开始尝试使用简单的归纳推理来解决一些"复杂"问题。而理性思维作为一种具有规则定向和逻辑规律，且能对事物和问题进行观察与比较、分析与综合、抽象与概括的深刻思维方式，也逐渐成为其心理发展的主题。如果从儿童理性思维结构的主要成分来看，对事物间数量关系和其他数学材料的概括，以及同这种概括能力有直接关系的可逆思考能力，应该是其理性思维中起主导作用的因素。儿童的这种理性思维能力，既是在掌握和运用数学知识与技能的过程中发展而来的，也是在获得和验证数学经验与思想的过程中表现出来的。换言之，儿童对数学概念、知识、技能的掌握和运用，也要求他们学会必要的理性思维。可以说，儿童所要掌握的数学知识、技能的抽象水平越高，它所要求儿童的抽象思维能力也就相应越高。同样，儿童对同一数学经验与思想的不同掌握水平，也可以反映出其理性思维能力的发展程度。

其次，数学学力能帮助儿童直接抓住事物的本质特征。总体而言，作为人类经验总结的一切知识都具有一定的抽象性，所以，虽然我们可以通过概念的形式，利用语言、文字或其他符号作为信息传递的中介，但绝不能像一件具体的东西那样直接从传递者的手中以现成的方式使儿童接收到知识。它需要儿童通过自身的理性思维，对知识内部的各种概念属性及其内在关系进行复杂的分解与组合、求同与辨异、译码与编码等一系列心理操作。如果这时儿童能够具备诸如数感、符号意识、空间观念、运算能力、推理能力、模型思想等数学学力，就能更快、更好地抓住复杂问题的本质，进而重新组织自己的知识与经验图式，创造性地提出问题的解决方案。

1.1.3　儿童：作为潜在学习者的存在

儿童，作为具有独特生理和心理特征的个体，“就其天性来讲，是富有探索精神的探索者，是世界的发现者”（苏霍姆林斯基，1981）。他的一切能力、兴趣和习惯都建立在他原始本能的基础上，可以说，儿童的心理活动就是他的本能发展的过程。如果没有促使儿童本能发展的潜在可能性，儿童就不可能成长和发展。而教育就是要顺应这种天性，坚守这一本义，引导并促进他们不断创造新的可能性。

（1）儿童代表着一种新的可能——哲学的视角

从哲学的视角看，儿童代表着一种新的可能性。马克斯·范梅南（2015）曾说：“何谓儿童？看待儿童其实是看待可能性，看待一个正在成长中的人。”就是这种正待开发的巨大可能性，造就了儿童与成人在学习、生活上最重要、最显著的本质区别。

第一，儿童的可能性意味着“还没有”与“将要是”。儿童正处在身心剧烈发展、变化的关键时期，其心智是不成熟的，而这种不成熟必然会引发来自其身心内部的一种巨大成就欲望，进而转化为成长的动力。这股动力会尝试着冲破一切对它的限制与束缚，这就是生命的力量。从这个意义上来看，儿童的可能性就是其成长性。

第二，儿童的可能性意味着“不确定”与“创造性”。儿童的一切都在变化中，而这种变化的不确定性也使儿童拥有了更多的发展和创造空间。不确定预示着儿童的一切现实性都只是其发展的起点而非终点。因此，他们在发展过程中所遇到的每一次得与失都不应作为评判其成功与否的唯一标志，而应被看作其成长的证明。儿童未来发展的不确定性，应成为其学习的最大动力。它是对儿童未来的预测和把握，也是对儿童身心发展的召唤和期待。从这个意义上说，儿童的可能性就是其创造性。

第三，儿童的可能性意味着“未完成”与“成长中”。从身心发展的角度看，个体的一生都处在一个未完成的状态，即使是成人期的身心成熟也不代表其心智发展的最终完成。儿童期（6—12 岁）是一个人能够深刻体验到其未完成状态的最早发展时期，在这个时期，儿童有着更多、更大的追求，正是这种未完成性让儿童体验到了梦想的价值与学习的意义。而教育理应伴随并促成他们对于每一次“成长”与“完成”的不懈追求。从这个意义上说，儿童的可能性就是其终身发展性。

（2）儿童意味着一种新的发展——心理学的视角

从心理学的视角看，儿童意味着身与心的快速发展。

第一，当我们谈论发展时，通常指的是与个体年龄有关的生理和心理方面的系统性与持续性变化。就像随着年龄的增长，几乎每个儿童都能持续不断地获得复杂的认知技能和丰富的人格特质一样。所以，一些儿童会自然而然地发展出自己独特而高效的学习策略与能力，当然也会有一些儿童不断地需要外在的学习指导与帮助。但即使如此，无论是儿童共有的、普遍的变化，还是个性的、差异化的特征，都应该是其身心发展的应有之义。

第二，儿童的发展会在其生理、认知和社会性 3 个领域同时展开。生理发展使儿童能够获得人类特有的成熟模式、能力所需的遗传基础和支持学习的神经（脑）发育，当然，它也使儿童的认知发展成为可能。而儿童在推理、记忆、语言、思维等方面的系统变化则是其认知发展的主要方面，它在促使儿童多角度观察、思考和认识世界的同时，又促进了其社会性的有效发展。反之，儿童在情感、社会关系和道德观念等社会性方面的发展，也会引导、加速儿童的生理和认知发展。

事实上，儿童的发展并不能完全按照其自身的需求与意愿自由地延续下去，还必然会受到诸如父母、老师与同辈群体，甚至文化、经济等生活背景的多重影响。因此，在一定程度上，儿童的发展不仅仅是独立的身心发展，也是人类、社会、种族发展的复现与延续。

（3）儿童酝酿着一种新的经验——教育学的视角

从 19 世纪中叶开始，自然主义、进步主义等教育思想不断丰富与深刻，引发了人们对儿童发展的极大关注，也带来了理解儿童的新视角。它们对于儿童生活经验的关注至今仍影响着国内外儿童教育观与师生观的变革。

第一，选择更接近儿童的方式理解儿童。以无比接近儿童的方式理解儿童，就是借助某种形式近距离地、完整地观察儿童的现实生活世界。一方面是观察儿童的所思所需，并从中发现他们不同于成人的本质特征；另一方面则要提取儿童当下学习成长的共同特征，努力尝试在自己身上保持部分特征与方式，以更好地理解儿童的生活与世界。只有真正理解了儿童的经验，教育和干预儿童的身心发展才能成为可能。

第二，以教育建构的心态解读儿童。正如杜威（1991）所言，当儿童开始接受教育时，其所有先备经验也便开始拥有了丰富的教育学意义。如果将儿童的已有经验与其未来发展相结合来考察，可将儿童已有经验分为积极经验、消极经验或积极消极混合经验三类。对于积极经验，需要适当的教育手段予以培植；对于消极经验，需要教育的灵感去找到问题的根源，并予以最大限度地消弭或转化；而对于混合经验，则需要教育的智慧去发现和利用其中蕴藏的积极意义，以合理地干预儿童的成长过程。

第三，以动态的过程完善儿童。在教育学的视域下，经验通常有两层含义，即经验的结果和经验的过程。前者作为已有经验，是儿童建构新经验的基础，而新经验有朝一日又会转变为已有经验，最终成为其不断建构和更新经验的基础。在如此循环往复的过程中，教育主要通过两个途径来逐渐完善儿童的经验体系，并决定其未来经验发展的层次与状态：其一是填补儿童已有经验的空白，这时的教育主要通过审视儿童已有经验中与之对应的知识或能力结构，定位其中的知识能力落差所在，然后针对其差距进行必要的补救教学；其二是将人类传承的重要间接经验传递给儿童，这时的教育需要针对不同的教育目的、内容和对象，提取最为适切的教育价值，引导儿童深入品悟其中的人生意义。

当然，作为教育的起点，儿童已有经验的提取与重组往往依赖于教育者的教育自觉。并非所有的儿童经验都具有积极的教育意义，而且儿童经验与成人经验之间往往还会有不小的落差，因此，只有教育者自觉接近儿童、理解儿童，才能发现那些具有连续性的、真正能够促进儿童成长的经验，进而将其转化为儿童成长的本质力量。

1.1.4 儿童数学：为儿童学力的生动发展筑基

作为一种质性数学，儿童数学带有“筑基”的性质，它不仅是知识的训练，还是智慧的累积，更是儿童生命生长与人生意义的实现（汪树林，2011）。如前所述，数学之所以被独特地用来促进儿童的理性发展，是由其作为理性思维方式的本质特征所决定的。如果从基础教育的本真追求出发，儿童数学应有4个基本内涵：①它应该是基础的数学，是儿童构筑更复杂认知结构与学习能力的基础；②它应该是经验的数学，儿童认知发展的特殊性决定了它必然要关照和依赖儿童的直接生活经验；③它应该是活动的数学，要让儿童在对数学材料的具体操作和形象探究中经历思维的逻辑化演变；④它还应该是建构的数学，需要给儿童预留充分的自主探究空间，激发其自由创造的数学学习潜能。

（1）儿童数学是一种基础数学

通常，小学数学教材呈现给儿童的，是其生成数学学力所必需的丰富而连贯的整体图景，而非简单的算数定理与运算公式的机械汇集。儿童数学是一个有智力要求的、具有挑战性的数学领域，蕴含着人类几乎全部的基本数学思想，同时也是帮助儿童构筑更多知识、形成更高学力的认知基础。儿童数学的基础性至少有3个层面的含义：基本的、初等的和丰富的。

第一，数学是关于空间和数量基本关系的科学，其所有推理与运算都基于这些基本关系。而由算数和初等几何构成的小学数学知识体系，奠定了儿童理解这些基本关系的认知基础。甚至在他们后续学习更复杂的纯数学或相关学科知识时，仍然会用到这些最基本的思维法则与技能。

第二，儿童数学蕴含了这门学科几乎全部的数学思想、重要概念和基本原理。它们虽然都是以最初等的形式来呈现的，但是仍然可以成为儿童数学思维启蒙的源头和未来更广泛学习的基础。就如在他们后续的学习中，尽管“等式”的概念会不断改变并逐渐丰富，但从“1+1＝2”中所领悟到的等式概念却将永远不会磨灭（马立平，2012）。

第三，儿童数学的所有概念、公式、法则尽管相对初等、简单，但其中却蕴含着丰富而又深刻的数学思想。正如阿蒂亚（2009）所说：“数学的目的就是要用简单而基本的词汇去尽可能多地解释世界。”据统计（王永春，2014），小学阶段的数学教学中至少渗透了包括符号、化归、类比、归纳、分类、方程、集合、函数、对应、模型、数形结合、演绎推理、变换、统计与概率等在内的14 种基本数学思想。《义务教育数学课程标准（2011 年版）》（以下简称“数学新课标”）也明确将“学生能够获得适应未来社会生活和进一步发展所必需的重要数学知识以及基本的数学思想方法和必要的应用技能”确定为教学总目标。而且从目前国内各版本小学数学教材中对于主要学习内容的螺旋式上升的编排设计中，也可以看出其尽可能化难为易、化繁为简、循序渐进地渗透数学思想、提升数学学力的教育用意。

（2）儿童数学是一种经验数学

儿童数学心智的发展是其在与客观世界的交互式数学活动中实现的。儿童学习数学不同于高中生、大学生，甚至都不同于初中生，青少年在学习三角函数、微积分、多元方程等抽象数学知识之前不一定有相关的生活经验，而儿童在学习数与运算、空间与图形等基本数学知识之前，却经常能在日常生活中体验到所学与所用的密切联系。因此可以说，每个儿童并不是进入学校后才开始接触数学知识与技能，也不仅仅是在教室里才能获得数学经验与思想，他们会在解决日常生活中的各种数学问题时，逐步形成自己独特的数学品质，诸如购物、积木、折纸等游戏，自定起床闹钟、比较水果大小等生活实践，都在为他们奠定关于数量关系与空间几何的初步理解。虽然他们的理解并不一定科学，也不系统，甚至有时还会出现偏差，但却足以构成他们在学校环境中系统学习数学知识的重要经验资源和先备概念基础。此外，儿童学习数学的经验性还表现在他们会自觉地把学校里的学习行为与其自身的社会性活动相结合，如在学习“人民币的认识”后，他们就会在家庭购物活动中主动要求付款与找零；在学习“立体图形”后，他们也会有意识地说出自己能够认出的各种图形。

可见，对于儿童来说，数学既是一种知识或技能，更是一种经验形式；既是在学校里必须学习的“主科”，更是日常生活中所必需的一种思维能力。

（3）儿童数学是一种建构数学

如前所述，儿童往往会在入学之前就主动认识、形成许多个性化的、非形式化的先备数学知识，这些知识对于儿童来说既丰富又实用、既有意义又有趣味。按照皮亚杰的认知发展阶段理论，儿童在学校的正规数学学习过程中并不是完全被动地模仿和接受成人的数学学习方法与思维模式，而是会用自己已有的数学经验去解释、同化新的信息。换句话说，儿童的数学学习过程是其对客观的数学信息进行主观经验自组织和意义重构的过程。

因此，成人不应简单地将儿童数学等同于现成数学公理与定律的汇集，而应承认其“创造性建构”的特殊意义。儿童数学的学习过程本身就是其重要的思想实验与探究过程。正如弗赖登塔尔（1999）所说，当一个6岁的儿童用手指或计算器算出 $8+5=13$ 时，对于成人来说，他们可能仅仅认为他又学会了一个数学知识；但对于这个年龄层次的儿童来说，其却是经历了一次严格的数学证明。同样道理，成人也不应简单地用“科学”“正确”“合理”等评语来评价儿童所建构的数学知识，因为从建构主义视角来看，所有的知识对于知识建构者而言都只具有相对意义，如一个初学奇偶数的儿童可能认为6是一个奇数，因为6可以写成 2×3，而3是奇数，所以6也应该是奇数。可见，只有在充分认识到儿童数学自主建构本质的前提下，才有可能深刻分析儿童的数学认知过程，进而帮助其反思自己先前的知识图式，建构更为合理的数学认知体系。

（4）儿童数学是一种活动数学

皮亚杰曾说，活动是智慧的根源，也是儿童的经验建构方式。从儿童成长的角度看，在活动中学习数学是其自发、自由、自觉的活动方式，它使儿童在自己营造的真实、有意义的支持性情境中学到了真实的数学，而这原本就是最符合儿童认知发展规律的学习策略。

理解了儿童数学的活动性本质后，成人就应该有意识地创设丰富的学习活动情境。例如，在学习“圆的性质”时，老师就可以组织他们做一个“抢红旗”的游戏，先把一面红旗插在地上，然后让几个学生列队站在正前方，一起约定等老师发令后以先夺旗者为胜。这个看似“公平”的游戏在实施过程中一定会引起学生的争议，因为每个学生到达红旗的距离并不相等。而让他们来探究和解决这个问题并不难，他们会自发地围绕红旗，手拉手组成一个圆圈，然后再开始“公平”的游戏。这时对于儿童来说，“一个动点到定点是一个定长”的数学概念就初步形成了，也许这并不是一个严格意义上“圆”的数学定义，但却非常符合用空间“点集”来建构“圆”的概念的“形式数学”思想。可见，丰富的数学活动可以促进儿童思维数学化的学习进程。

1.1.5　学习：基于经验的认知建构

从古至今，学习都是每个社会成员得以生存和发展的重要前提。在我国的传统文化体系中，学习大致有四种不同的内涵：①学习要涉足广泛的知识和活动领域；②学习是课内外相互贯通的活动；③学习是知行统一的过程；④学习是智力因素与非智力因素共同作用完成的（李洪玉，何一粟，2004）。但现代认知心理学体系中的学习，则既有别于传统的条件反射式学习，也不同于教育学意义上的达成成功的学校教育所必需的过程，而是被界定为个体在特定情境下由于反复经验而产生的行为（或行为潜能）的持久性变化（鲍尔，希尔加德，1987）。更确切地说，学习就是个体获得经验的过程，是个体适应环境的手段。目前来看，这种基于经验的学习至少应有以下两种发生机制：其一是个体将同时出现在工作记忆中的若干客体的激活点联系起来而获得经验的联结性学习机制；其二是个体进行复杂认知操作（即运算）而获得经验的运算性学习机制（莫雷，2013）。

显然，如此理解学习的内涵会引发一系列重要的问题，即反复的经验是否会引起个体内部认知结构的变化？没有相应内部认知结构改变的学习还能否被称为学习？这种认知结构的改变是外界环境因素作用的结果，还是个体内部建构的过程？多次的反复经验是否会加速学习的进程？事实上，纯外因的学习是不存在的，而个别行为或经验的学习只能在个体已有特定水平的认知结构内发生。换言之，个体已有内部认知结构保证了每一次具体学习活动的顺利进行，并决定着新学习所能达到的水平。因此，从经验中进行的不能引起内部认知结构变化的学习只是狭义的学习，而在经验中进行内部认知结构的建构才是广义的学习，而广义的学习也就是发展。

1.1.6 儿童学习：基于发展的认知过程

相对于人类的一般认知活动而言，儿童的学习是一种更为特殊的认知活动。林崇德和傅安球（1992）从学习活动的性质、形式、内容、动力和结果等方面分析了儿童学习的特殊性：①儿童的学习必须有一定的直接社会生活经验做支持；②儿童的学习离不开成人的干预；③儿童的学习中虽涉及大量陈述性知识和程序性知识，但最重要的仍然是策略性学习，即学会学习；④儿童学习的最主要动力因素是内在学习动机；⑤儿童学习的主要目标是各学科基础学力的获得。

在众多学习心理学研究中，学者越来越重视综合考虑各种因素对儿童学习的影响机制。尽管他们所建构的基本概念不尽相同，但关于儿童学习过程的基本模型却有一些共同点（Ripple & Rockcastle，1964）：儿童的学习有其自身的完整性，可以将儿童学习所产生的认知变化理解为一种结构的发展。而在学习的基本结构要素方面，基本上都涉及了学习所必需的智力因素（如感知、记忆、思维等）、非智力因素（如动机、兴趣、情感、意志等）和策略因素（如组织策略、监控策略等）等三类心理成分。因此，有学者（李洪玉，何一粟，2004）将儿童能顺利、有效地完成学习活动所必须具备的智力因素、非智力因素和策略因素统称为儿童的学习能力。

1.2 基于学习心理结构的儿童数学学力测评观

如前所述，学习可以说是一个广具包容性的概念，当我们置身于多学科视野中对其发生、发展的机制予以深入考察时，它会成为我们反思教育系统、省察教学理念的强大理论基础。尤其是进入 21 世纪以来，随着认知科学、信息技术和心理测量等学科的发展与融合，儿童学习的社会建构与协商参与本质也越来越清晰地显现出来，这也使得对于“儿童学力”这个原本用来表达儿童学习过程与结果的基本概念的重新审视显得更具时代意义。

1.2.1　学力认知诊断：基于学习心理结构的学力评价

以内部认知结构的建构为核心的儿童学习通常会面临如下双重任务：其一是掌握一些事实、概念或原理等陈述性知识；其二是知道如何利用这些知识解决具体问题。如此，学习的过程就可能包括一系列活动情境，如听讲、讨论、练习，或判断、分析、推理，等等。每一种学习情境都需要利用不同的认知属性（cognitive attribute）（如概念、策略、程序或技能等），它们或者被单独使用，或者被综合运用。当儿童经历过一系列学习活动之后，一些教育利益相关者（教师、学生、家长、教育管理者或社会公众）总想要从质（如何）与量（多少）两方面对其成效进行评价。定量评价的方式有很多，几乎每一份教育测验都包含定量评价的意味，而且在标准化测验滥觞的现代评价理念之下，定量评价确实显现出一定优势。然而，这种标准化的定量评价仅仅是在不太复杂的问题上能够对学生的学习成效给出一个看似客观的评估，却无法对分数背后的教育与心理意义做出更深刻的解释。当然，随着维果茨基的“最近发展区理论”、弗斯坦的“中介学习经验理论”、戴斯的“认知过程评估理论”和彼格斯的“可观察学习结果分类理论”等的不断发展，人们也已深刻认识到质性评价的重要意义，只是尚不能很好地利用相关理论从个体微观心理结构的视角来分析儿童学习的过程与状态。究其原因，一方面是由于人们使用主观标准来评价未定义的质（没有一种实质理论对评价以及评价的解释进行指导），而不能从学习者的需要出发来说清楚为什么做出如此评价；另一方面则是由于人们不能准确地定位学习评价的内涵及结构，过于强调儿童学业成就（特定知识、技能学习目标的达成度）的标准化测评，却弱化了儿童学力结构与特征（相对稳定的综合心理能力）的个性化诊断。

于是，一种旨在超越传统学习评价范式的测评理论——CDT（Nichols et al.，1995；Leighton & Gierl，2007；Rupp et al.，2010）引起了学者的广泛关注。这是一个力争获得关于个体使用各种认知属性具体信息的系统过程，它有着非常广泛的应用领域，如职业咨询、能力评估、天赋鉴别、心理康复、临床诊断等。

具体到基础教育领域，儿童学习认知诊断的对象更加复杂，重点也更加明确，就是要识别儿童在某个特定学习领域的认知优势与劣势，并且据此设计最佳的个性化补救教学方案。与传统学习评价理论相比，它致力于从认知加工过程的角度刻画儿童学习的心理机制与结构特征，进而做出儿童学习状况的标准化多维评价。它所采用的方法也不单纯是对任务操作结果进行事后归纳和提取的因素分析法，而是将 IRT 与特定 CDM 相结合，从认知模型建构到反应模式判别，对儿童解决特定领域问题的认知过程与状态做出尽可能详尽的量化描述。

近年来，CDT 与大数据统计技术的日益成熟，既为儿童学习评价从以知识、技能的掌握为核心的“学业成就测评范式”，向以学习心理结构为基础的“学力测评范式”转变提供了方法与技术支持，也为人们更深刻、辩证地理解儿童学力的内涵与结构要素提供了新的理论契机。

1.2.2 儿童学力的内涵：表征儿童学习过程与结果的综合心理能力

毋庸置疑，在生活教育实践中，学力是用来表征儿童“顺利完成学习活动所必需的能力”（陈中永，刘文霞，1990）的教育学概念。然而，学力也是动态发展的，当它被赋予认知发展、情感调节、价值导向等丰富的心理学意义，以及家庭背景、学习环境、师生关系等社会学意义之后，其很快就成为全面评价儿童教育水平与学习达成度的关键词，其内涵也已经远远超出了单独的知识、技能或能力范畴。但不可否认，在学力观的嬗变过程中还有一些根本性问题始终纠缠不清，那就是学力的实然性与应然性之辩、整体性与可测性之争。前者会影响到究竟应将学力的内涵界定为儿童在特定学习活动之后所形成的现实能力，还是可能影响其未来学习走向的潜在能力，抑或是二者兼具；后者则不仅关系到是将学力结构理解为可直接量化的学业成就，还是可间接测评的心理能力，抑或是更复杂的潜在综合心理特质的问题。当然，它们还会关涉学力结构中是否应该包括那些不易被直接测量的非智力因素的问题。

自国内基础教育进入“后课改时代”以来，从跨学科视野对课改体系本身进行深刻反思已经成为学界的常态，这既为我们重新思考学力的本质与结构、测评与干预等核心问题创造了丰富的理论语境，也促使我们要对学力的内涵形成一种与儿童心理发展和基础教育实践相互印证、相互依托的开放性理解：学力是在儿童学习活动中形成的，且直接决定其当下学习成效，进而影响其未来学习走向的一种综合心理能力。很显然，它是一个结构化概念系统，能够把儿童为完成学习任务所具备的潜力与经过学习所达成的具体结果（所获得的能力）有效地联结起来，既包括知识基础、经验技能、思想方法等认知因素，又涉及学业情绪、学习态度、自我效能感等非认知品质。

将儿童学力的本质作为其综合心理能力来把握时，需要有如下几个前提：①儿童学力如同其智力、个性等心理特征一样，会受到先天遗传因素的影响，但主要是在后天学习活动中习得的；②儿童学力形成的最主要媒介是以学校学习活动为主的人类文化经验的传承；③儿童学力虽不同于观察、记忆、想象、思维等一般认知能力，却是在与它们的联系和协调中发展形成的；④儿童学力作为一种综合能力，虽不能直接被量化，却可以运用现代认知诊断理论与恰当的心理测量模型，对其在特定学习任务中的反应模式予以判别归类，进而对其发展水平与结构特征做出诊断分析。

在此前提之下，学力作为一种涵盖了儿童认知、情感和行为等心理因素的复杂心理结构，既反映着儿童天性（先天基因）和教养（后天经验）的冲突与融合，又赋予儿童学习的倾向性（个性化）与模式化（一致性），还影响着儿童未来身心的发展与建构。如此来看，广义的儿童学力，应是儿童在学校教育和日常生活的一般学习活动中所必需的自我建构、发展与超越的心理特质，即儿童的一般学力；既包括儿童学科知识、技能学习的基础性能力，也涉及其在生活和道德等领域的创造性学习潜质。而狭义的儿童学力，则特指儿童在学校学科教育情境中进行特定知识领域的持续性学习所必需的心理特质，即儿童在特定学科领域的特殊学力。这样界定学力，有如下几个特点。

1）表达了学力的复杂性与综合性。学力这一概念将其与通常意义上的能力、学业成就等概念区别开来。能力作为直接影响个体活动效率，并使活动顺利完成的个性心理特征，从一般意义上规定了个体顺利完成特定学习目标的基本条件。而学业成就则是教育目标在特定个体身上的达成度表现。这两个概念都是对个体心理特征的单一表达，相较而言，学力则是对儿童学习过程与状态的综合表达。

2）表明了学力的具体性与情境性。学力是儿童在学习活动中形成的综合心理能力，虽然学习活动广泛存在于儿童生活的方方面面，甚至可以说学习即生活，生活即学习，但儿童特有的未完成性、可塑性等心理特征，决定了其最主要的学习活动都要在学校和家庭内完成。因此，儿童学力的最主要生成场域就是学校的课程学习情境和家庭的日常生活情境。

3）明确了学力的全面性与整合性。儿童学力涵盖了认知、情感和行为等学校教育的所有方面，三者相互影响、不断交互才是学力的核心，而非单指其一。作为一种潜在心理特质，学力不仅表现为与特定学科知识有关的认知能力，更是儿童在学习情感、学习行为等方面的可教育性与实际发展水平的辩证整体。

4）指明了学力形成的过程性与生成性。学力是儿童在认知结构不断完善、人生经验不断丰富的过程中逐渐形成的心理特质，但它不是个体静态的“心理地图”，而是一个完整的活动系统，且更强调儿童原有心理结构与客观世界的动态、可控的相互作用。

5）表明了学力发展的阶段性与连续性。学力是实际知能与潜在能力的有机统一，虽然它将直观的特定学习任务达成度作为外显指标，但能够影响未来学习走向与效率的潜在学习能力才是其核心。当然，现代学力观并不排斥大量知识、技能的习得，但更强调学习活知识、活技能的必要性；也不否认快速获得某种能力的重要性，但更注重以高阶思维为核心的学习潜能的生成与运用。

6）表明了学力发展对儿童终身学习的相关性与准备性。学力的生成是一个终身过程，虽然制度化的课程学习是其最主要的生成情境，但日常、广泛的家庭、同伴间的社会交往也是其动态发展不可或缺的影响因素。因此，儿童学力的内涵中还应含有为未来继续学习和学以致用而奠基之意。

7）表明了学力的可教育性与个体差异性。首先，所有儿童都是可教育的，每一个身心健康发展的儿童都能够掌握学校课程所规定的学习内容，进而形成各自独特的学力结构。当然，这并不意味着我们可以任由儿童在动态的学习生活中自由获得学力，而不加以影响与干预。其次，学力并非天生所有，而是随着生活、学习活动的不断丰富发展而来的。因此，可以用它来描述儿童在学习过程中的个别差异与潜能空间。

1.2.3　儿童学力的结构要素

作为一个多维度、多层次的结构性概念，学力由特定要素构成，但学界对于其核心要素与结构模型的界定，却经历了长期的对峙与融合。陈中永（1990）从个体心理发展的视角认为，学力作为儿童的一种潜在心理特质，其内在结构主要由智力因素（包括感知、观察、思维等学习的一般智力因素）和非智力因素（包括学习的个性特征与行为习惯等）构成。苏丹兰（1997）基于个体经验和能力获得的动态发展提出，构成儿童基础学力的核心要素应包括智力与智慧技能、认知结构及其特征、学习动机和学习能力等多个方面。周瑞枝（2000）从儿童综合素质培养出发，强调儿童学力应由认知（包括接受、理解、自学、问题解决与创造性思维等能力）、情感（包括态度、兴趣、意志等学习品格）和技能（包括操作、认知和社会等三大技能）3 个核心要素构成。钟启泉（2001）则强调，现代素质教育学力观大体应包含以下要素：①关心、动机和态度；②思考力与判断力；③技能；④知识与理解。

在现代心理教育学体系中，学力更强调在现有认知水平的基础上所具备的潜在综合学习能力。如此基于学习心理结构的学力观，显然可以为更深入地探讨其发展特征开拓更广阔的理论视野。

从宏观角度看，儿童心理发展的认知因素与非认知因素构成了儿童学力的两个基本要素，其中，认知因素是学力的核心要素和主要表征，构成其内在认知结构；儿童的一般智力因素和非智力因素是学力发展的内部影响因素，二者共同构成儿童学力的内在动力结构；而儿童的两个最主要的学习情境——家庭和学校则是其学力发展的重要外部影响因素，它们构成了儿童学力的外在影响因素结构（图 1-1）。

1）认知因素。儿童学习的本质就是在一系列认知过程中形成稳定心理特征的过程。观察、注意、记忆、想象、思维等一般认知能力是儿童参与一切社会活动的心理保障，也是其学力发展的基本条件，而具体领域的学习活动是儿童学力的媒介与载体，在持续的经验积累过程中获取的相关知识技能与能力是儿童学力的外在表现，以概念、判断、推理为主的抽象思维能力是儿童学力的核心。

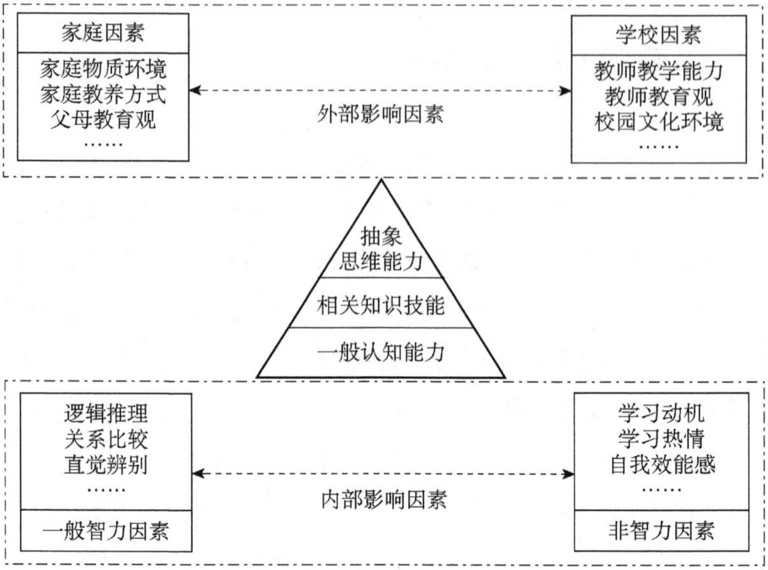

图 1-1　儿童学力结构要素图

2）一般智力因素与非智力因素。虽然学习本质上是儿童的认知建构过程，但它却是以儿童的全部心理活动为基础的。换言之，学习活动的顺利进行首先有赖于儿童良好的认知素养，如果不具备一定的智力基础，学习活动也就无法延续。而非智力因素虽然不直接参与儿童学习的认知建构过程，但积极的非认知品质却是其学习的重要推动力与调节剂。因此，儿童学力结构中还应包括与其学习活动密切相关的逻辑推理、关系比较、知觉辨别等智力基础，以及成就动机、认识兴趣、意志力、自我效能感等一系列非认知品质。它们对于促进儿童学习至少有指引方向、集中注意力、提升动力等几方面的重要作用，甚至在一定程度上也是衡量儿童学力水平的重要外在指标之一。

3）学习背景因素。作为儿童最主要的生活与学习场所，家庭和学校为其学力发展提供了必要的物质环境保障与学习氛围支持。因此，作为学力的外在影响因素，家庭（家庭物质环境、家庭教养方式、父母教育观等）与学校（教师教学能力与教育观、校园文化环境等）必然会对儿童学力的发展路径与水平产生潜移默化的影响。

1.2.4 儿童数学学力的内涵：以数学思维为核心的数学综合素养

综合分析现代学力观的演进轨迹，不难发现，当前的儿童学力观已由最初的知识本位、能力中心向综合素养过渡。与此同时，儿童数学学力观也完成了由极端关注儿童的数学知识掌握水平与其所获得的数学技能（以基础数理知识与基本运算技能为核心），转向对儿童数学学习过程应该具备的学习潜能（以基本数学思想和基本数学经验为基础）和核心素养的培育。正是在这种更广阔的视野之下，数学学力应该被更明确地界定为：儿童在数学学习资源的最优配置和使用过程中形成的特殊学力，是其相对稳定的一般学力在数学学习活动中的特殊表现。

1）儿童数学学力的核心是数学思维能力。其发展水平如何，向内要看儿童已有数学认知结构对外部数学资源、技能、知识的整合程度，向外则主要体现在其是否能“数学地看问题”和“数学地思维”。同时，它又在一定程度上直接决定着儿童未来数学学习的方向与水平，并间接影响着其在相关学科领域的学习水平。

2）儿童数学学力具有一定的特殊性。它本质上是一种以抽象符号为载体的高阶思维能力（high order thinking ability）。它可能会和其他认知领域的特殊学力一同表现出来，如某些儿童在数学、语言等方面都表现出很高的学力水平。当然，即使其数学学力不足，甚至缺乏数学学力时，也不影响其在其他领域拥有高超的特殊学力，如某些儿童虽然数学学力低下，但却拥有很高的艺术学力。

3）儿童数学学力具有一定的先天倾向性。既然儿童数学学力属于特殊能力的范畴，那么它就如同语言、音乐、美术等其他特殊能力一样具有一定的先天倾向性，即总有一些儿童因为比另一些儿童拥有更多的数学天赋而在后天的数学学习中表现出更高的数学学力，而也有一些儿童可能因为其数学天赋相对较低或后天努力不够，表现出明显的数学学习障碍或数学学力低下。

4）儿童数学学力具有不同的层次。其中，第一层次是以一般智力为核心的深层数学学力，主要受儿童先天神经机制和遗传因素的影响，因此，诸如现代心理测量学、认知发展心理学和教育神经科学等学科都会在这一层次进行相关的学力心理机制研究。第二层次是以特定数学概念体系为核心的中层数学学力，往往会受到儿童认知能力、思维模式等心理因素的影响，因此，通常会成为认知心理学进行学力心理功能研究的主题。第三层次是以系统的数学知能为核心的外层数学学力，很容易受到儿童数学知识表征、学习策略选择等因素的影响，因此，往往会成为教育心理学、学科心理测量或数学教学心理学等学科研究儿童学力发展与教学的重要主题。当然，以上层次划分只是相对的，它们在儿童的数学学习实践中是密切联系、相辅相成的统一结构。

1.2.5 儿童数学学力的结构要素

国内对于儿童数学学力结构的系统研究，可以追溯至中华人民共和国成立初期引入苏联教育体系后所形成的双基型数学学力观（即强调儿童数学学力的核心是数学基础知识和基本技能的获得）。20 世纪 80 年代以后，一些学者针对儿童数学学力的结构特征进行了大量实证研究。例如，王权等（1986）通过实验研究认为，儿童数学学力结构主要包括演绎推理、关系识别、空间想象和反应速度等四种能力。赵裕春（1987，1989，1990）利用自编测验对小学生数学学力进行了大规模的抽样调查，认为数学学力是儿童顺利完成数学学习活动所必需，且直接影响其活动效率的一种稳定的个性心理特征，其结构要素主要包括数概念、数的概括与推理能力以及空间关系 3 个维度。之后，随着素质教育成为基础教育领域的主流理念，儿童数学学力观也逐渐跨越了“双基”的藩篱。刘兰英（2000）、胡中锋（2001）分别运用 IRT 和 CFA 等测量技术，对儿童数学学力结构进行了探讨，并抽取出综合运算能力、逻辑运演能力、空间想象能力、思维转换能力等基本要素。此外，张奠宙（2002）认为，儿童数学学力应由一般数学能力与数学创新能力构成。其中，一般数学能力包括数形感觉与判断力、数据收集与分析力、几何直观与空间想象力等 10 个方面；而数学创新能力则包括提出数学问题与质疑能力、建立新的数学模型并用于实践的能力、发现数学规律的能力等 10 个方面。伴随着国内第八次基础教育课程改革的实施，林崇德（2003）在对中国儿童青少年心理发育特征进行系统研究的基础上，提出儿童青少年数学学力结构应该是由 3 种基本数学能力（运算能力、逻辑思维能力、空间想象能力）和 5 种数学思维品质（思维的深刻性、灵活性、独创性、批判性、敏捷性）交叉组成的动态开放系统。而“数学新课标”又明确提出了以“四基”（基础知识、基本技能、基本思想、基本活动经验）和“四能”（发现问题、提出问题、分析问题、解决问题的能力）为核心的儿童数学学力结构。

综合分析已有研究的演进轨迹，可以发现，不同的儿童数学学力观虽然是不同学者的个性化理论建构，但也体现出一些共同特点：①更为关注儿童作为自我心理建构的主体身份；②更为强调儿童数学学习现实能力与潜在能力的有机关联；③更加突出儿童数学学力的综合性与结构性。这个动态变化的复杂系统，既包括通过学习数学所获得的以基础知识、基本技能、基本思维能力为核心的数学认知能力，也包括数学学习的兴趣、态度、动机等非认知品质。前者是儿童数学学力水平的核心表现，后者则是其学力发展提升的内在动力。此外，儿童学习的特定背景因素（如家庭、学校等）也会潜移默化地影响其数学学力的发展进程。三者共同决定了儿童数学学力生成的路径和程度。

宏观来看（图 1-2），儿童数学学力可以分为基础性数学学力和发展性数学学力两个层面：前者是在具体数学学习过程中形成的，以对数学特有的学习动机为内在动力，以数学基础知识、基本技能和一定的数学能力（在掌握和运用数学基础知识和基本技能过程中形成的更加稳固的个性心理特征）为核心的基本数学学力；而后者则是以数学学科的本质要求和未来更高层次数学学习为内在追求而形成的，以数学原理的分析表征和数学思想的综合应用为核心的高阶数学思维能力。

中观来看（图 1-3），儿童数学学力可分为 3 个层次：其一是以观察、记忆、想象、推理等为核心的一般认知能力，它处于儿童数学学力中观结构的最底层，其发展变化较为缓慢，是儿童数学学力发展的智力基础；其二是在掌握了相关数学基本概念、原理、技能后所形成的基本数学认知能力，它处于儿童数学学力中观结构的中间层，是儿童数学学力发展的知识经验；其三是在进一步熟悉与掌握数学学习的（元）认知策略后所体现出来的高阶数学思维能力，它处于儿童数学学力中观结构的最高层，也是儿童数学学力发展的思维表现。

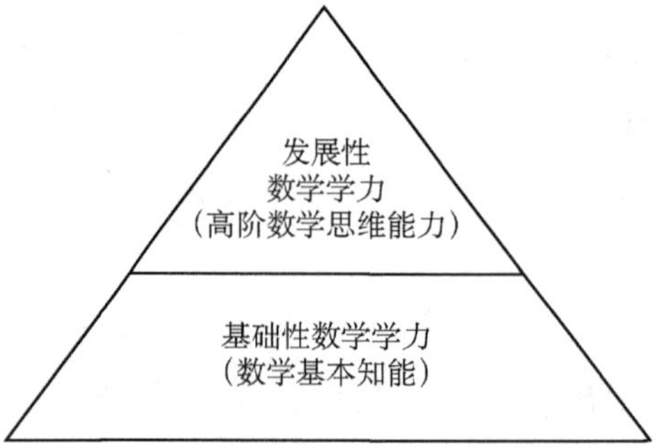

图 1-2　儿童数学学力宏观结构要素图

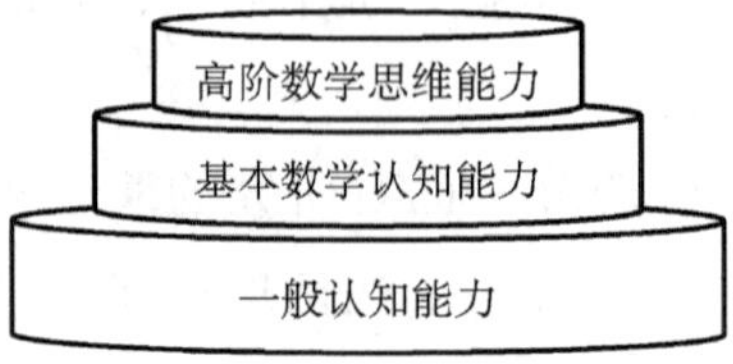

图 1-3　儿童数学学力中观结构要素图

微观来看（图 1-4），儿童数学学力包括 3 个基本结构要素。

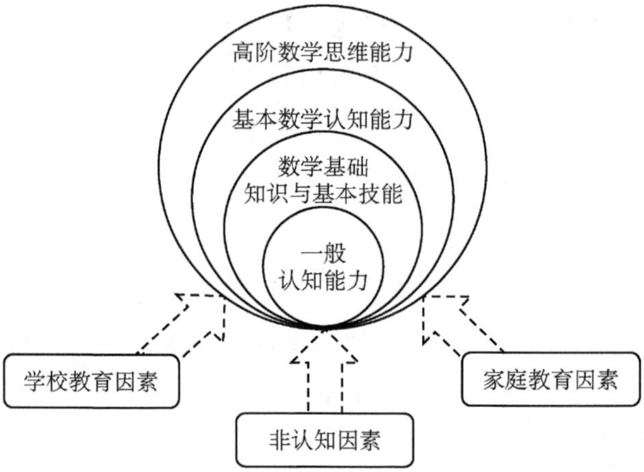

图 1-4　儿童数学学力微观结构要素图

1）由一般认知能力，以及在此基础之上形成的数学基础知识与基本技能、基本数学认知能力、高阶数学思维能力，共同构成儿童数学学力的内在认知结构。具体来看：①一般认知能力是每个正常发育的儿童应具备的基本心理特质，我们通常所论及的儿童数学学力都是在此基础上展开的。它也是儿童数学学力生成的最基本心理条件。②数学基础知识与基本技能。数学基础知识是客观事物的数形特征在儿童心理上的表征，即儿童对周围事物从数与形及其关系的角度出发所形成的数学概念、性质、公理、定理、法则及其认知经验，相关数学思想与方法是数学基础知识的核心。数学基本技能是儿童所掌握的相关数学知识内化而成的数概念、数与代数运算、动态空间观念等数学心智活动方式。二者共同构成了儿童数学学力的认知基础与依据。③基本数学认知能力。它是数学基础知识与基本技能进一步类化（系统化、概括化）的结果，是一种以基本数学思维为核心的、更为稳固的个性心理特征，也是儿童数学学力的认知核心与外在表现。一般而言，数学活动的本质是个体的数学思维活动，因此，作为人类数学活动的初级阶段，儿童数学学习也是以基本知能的应用、比较、判断和概括等抽象思维能力为核心的。④高阶数学思维能力。它是个体在数学问题解决过程中所表现出来的策略性认知、元认知和非策略性认知（领域特定的知识）之间的交互作用。在儿童数学学习中经常表现为一题多解、一题多变等高级的问题分析与解决能力，以及分析问题时的模型化思考与探索性验证能力。高阶数学思维能力是儿童数学学力的最高发展，反映了儿童对数学本质的把握程度，也是儿童数学学习潜能的最直接体现。

2）由数学学习情感、态度等非认知因素构成的儿童数学学力的内在动力结构。成就动机、认识兴趣、学习毅力、一般自我效能感等非认知因素虽不直接参与儿童对特定数学任务的认知过程，却对其学习活动与过程具有启动与强化、引导与调节的作用。例如，数学学习自我效能感既可以直接影响儿童的数学学力，也可以通过影响其学习动机、学习兴趣、焦虑、认知策略等变量间接地对数学学力产生影响。因此可以说，如果将认知因素看作儿童数学学力的潜在智慧能量，那么非认知因素便是唤醒这些潜在能量的“笛声”。

3）由家庭、学校等数学学习背景因素共同构成的儿童数学学力的外在影响因素结构。在儿童数学学习过程中，不论是数学知识、技能、能力等认知品质的培养，还是数学学习兴趣、态度、情感、意志等非认知品质的激发，都会受到外界学习环境的影响。它虽然不是儿童数学学力结构的内在组成部分，但却是其发生、发展的重要外在影响因素。

1.2.6　儿童数学学力影响因素及其结构

当前国际上较有影响力的大规模学业测评项目，如开始于 20 世纪末期的 TIMSS 和 PISA，都会在测评学生数学学力水平或学业达成度的同时，再对其各种背景因素进行广泛的调查，并在此基础上提出有针对性的教育质量改进与提高建议。它们主要采用多层线性模型方法对“学校-教师-学生”层面的多种影响因素展开研究，其中重点关注学校的软硬件资源、组织制度因素，教师的性别、年龄、学历、教龄、职称、专业化程度等背景因素，以及家庭的经济条件、父母教育背景、成员关系等生活因素对学生数学、阅读、科学等核心素养或学业成就的影响。

与国际研究相比，国内对于数学学力影响因素的系统研究相对较晚，但近年来也已引起广泛关注。如袁秀琴等（2002）、张纪水等（2005）、李晶华等（2007）、冯晓黎等（2007）的探索性研究认为，学校、家庭等外在环境因素已经成为导致儿童学习压力与困难的重要因素之一，这些因素在一定程度上促使儿童学习问题的产生，并阻碍其学习改善。而在董奇和林崇德（2011）主持的全国儿童青少年心理发育特征调查的研究中，他们也通过抚养人问卷和学校领导问卷等多种形式调查了家庭和学校等背景因素对学生学业发展的影响机制。张咏梅等（2012）基于北京市义务教育阶段大规模学业测验数据，利用多层线性模型方法对影响学生学业成绩的教师教龄、专业化程度和学生学习习惯、课外学习情况等背景因素做了深入研究。

1.2.6.1 教师因素

教师对儿童学力的影响是直接的，也是最大的（约翰·哈蒂，2017）。具体而言，在所有学校因素中，对可观察的儿童学业成就贡献最大的就是教师的教育、教学因素，其影响力甚至在一定程度上超过了儿童的自身因素、家庭因素以及其他学校因素。

（1）内涵

有学者（赵健等，2013）认为，有关教师因素的早期研究通常会聚焦于教师的专业、学历、职称、教龄等个人化静态特征。例如，在教师任职的前五年，其学历和教学经历与学生学业成就呈显著相关，但在更长时间周期内却又不呈线性相关关系。近年来，人们对教师专业化发展的内涵有了更广泛的理解，如 OECD（2009）在其发布的教师教学国际调查（Teaching and Learning International Survey，TALIS）报告中强调，教师专业发展不应单指其在校内的专业发展，而应包括培养教师适应其专业工作的一系列系统性活动，如入职指导、在职培训和学校情境中的持续性专业发展等。此外，在喻平等（2011）对国内数学教师心理发展的历时性分析中可以发现，20 世纪 90 年代以前的相关研究主要是从经验总结的层面探讨数学教师的修养、知识、能力等背景因素，但之后逐渐开始使用实证方法探讨数学教师的教育思想、教育观念、教学风格等问题。

综合以上关于教师因素内涵的广泛理解，可以认为，教师因素是在教育教学实践中所表现出来的，且足以影响教师自身专业化发展水平和学生学习进程的静态专业素养及动态心理特征。

无论是在传统的师徒式、私塾式教育方式中，还是在现代的制度化、集约化教育体系中，学生和教师之间的关系都是学校教育中最基本的人际关系。近年来，随着现代教育理念与范式的不断变革，学生的学业成就与师资水平及其特征也呈现出越来越紧密的联系，而且这一点已经成为学界的共识。当然，教育实践中的这种主体间关系也会有多层次、多样态的具体表现。例如，教师对学生学习进程的影响除了靠那种显性的、直接的知识、技能的传授之外，更多的还要靠教师以其自身对知识、学习、能力的理解与信念为基础的“不言之教”。具体到儿童数学学习中，数学教师会在积累一定教学经验的同时，形成自己独特的专业化数学技能、数学教育观和课堂教学风格，而这些都会成为影响儿童数学学习进程的重要背景因素。

（2）结构要素

根据以上对教师因素的内涵解读，可能会对儿童数学学力产生重要影响的教师因素，至少应包含教师的数学教学能力和数学教育观这两大核心要素。①数学教学能力。它不仅影响着儿童数学教学的质量，而且决定着儿童数学学习目标的达成度。根据历年来 PISA、TIMSS 等国际测评研究中对教师背景因素的结构分析，可从教师所学专业、学历、教龄、职称、教科研能力等方面对其进行测量。②数学教育观。它是教师对数学教育的内容、方法、目标和作用的理性认识，以及更好地开展数学教学的坚定信念。其核心内容包括对以下一些问题的深刻思考：第一，儿童应该学什么数学知识？是纯数学的（与数学学科知识体系的传承和创新有关），还是实用的（与生活化情境有关的实用技能，或为了后续数学以及相关学科学习而奠基），抑或是二者兼有？第二，儿童应该如何进行数学学习？是对教师所传授的知识、技能的被动接受，还是以其先备知识结构为基础的主动建构，抑或是其他？第三，教师应该如何进行教学？是以自身对数学学科体系和教学内容的理解为基础进行，还是严格地以数学课程标准和数学教材为蓝本进行，抑或是二者兼顾？当然，回答以上问题一定会受制于教师自身对数学本质的理解，如果其将数学理解为一系列概念、定理、公理、法则、问题等的线性拼联，就很可能形成单纯的技能至上、情感无涉的工具理性数学教育观；而如果其将数学理解为一种学习与生活所必需的思维方式，就很可能形成更强调思想方法融合、核心素养优先的价值理性数学教育观。依此不同思路与视角，教师还可能形成其他不同的数学教育观。

此外，从理论上分析，教师因素可能通过 3 个途径直接或间接影响儿童的数学学习：①通过课堂教学活动直接影响儿童的学习过程；②通过课外活动或其他师生交往行为间接影响儿童的学习心理；③教师将其自身因素作用于教学过程中，进而对儿童的数学学习产生隐性的影响。

总之，基于已有相关研究成果，进一步厘清教师因素对儿童数学学力发展的影响特点及规律，可以为更精准地开展儿童数学学力测评奠定基础。

1.2.6.2 家庭因素

家庭是以婚姻和血缘关系为纽带而形成的最基本的社会单位，是一个外延非常广泛的概念。广义层面的家庭，往往会涉及庞大的家族体系，其中既包括家族成员的自然血缘与地缘关系，也涵盖他们之间复杂交织的人文、政治、经济因素。而狭义的家庭则特指孩子从出生开始与父母、兄弟姐妹等直系亲属共同营造的小范围的、相对稳定的生活环境。

已有研究表明，家庭环境因素与儿童学业成就呈显著相关（张翔等，2012），它可以解释儿童学习成绩的大部分差异（Coleman et al.，1967；Peaker，1971）。尽管也有研究强调学校教育对儿童学力的重要影响，但也并不能否定“家庭是影响学生学习的主要因素之一”这一基本认识。

（1）内涵

家庭因素，主要包括物质环境和文化背景两个方面。一方面，家庭物质环境是由家庭经济条件、成员结构、受教育水平、职业状况等较为显性的家庭基本情况构成的。它与儿童的学习行为、道德修养虽不存在普遍的直接关联，但也是不可回避的、持续性的影响因素。通常，它能够为儿童的学习成长提供必需的基础条件。另一方面，家庭文化背景即家庭的心理道德环境，是指父母、子女等家庭成员在内部交往过程中所形成的一种较为隐性的思想、观念、氛围。家庭教养方式和父母教育观是其两大核心要素。其中，家庭教养方式即父母（长辈）的教养观念、行为及其对子女情感表现的一种相对稳定的组合方式，反映了亲子交往的实质（Darling & Steinberg，1993），是最典型的一种家庭文化环境，会对所有家庭成员产生潜移默化的影响，尤其是对儿童的自我认知、性格特点、道德水平、行为方式、学习习惯等诸多方面具有重要影响。而父母教育观则是父母在抚育子女的过程中对儿童发展的期望以及在儿童教育方法和理念方面所特有的看法和认识，是家庭教育质量的核心因素，会直接影响父母对儿童的成长期待与教育的态度、目标、途径、策略和行为方式。

（2）结构要素

本书所涉及的家庭因素，主要是指可能会对儿童数学学力发展产生影响的相对狭义的家庭环境，即在儿童与其父母、兄弟姐妹等直系亲属共同生活的日常环境中，自发影响其学力发展的各种家庭客观因素，这些因素可概括为家庭背景、家庭教养方式和父母数学观等 3 个主要维度。

第一，家庭背景。综合已有研究（方晓义等，2004；王冰，2008；李志峰，2013）的视角，家庭背景均被视为社会资本范畴中的重要内容，进而综合考虑不同家庭群体对组织、经济、文化、教育等资源的占有情况，据此而划分的不同家庭阶层与其子女能够接受何种层次的教育有很大关系。通常，处于优势社会阶层（如国家与社会管理者阶层、经理人员阶层、私营企业主阶层、专业技术人员阶层等）家庭中的父母一般拥有较高的职业地位、相对稳定的经济收入，以及受人尊敬的社会地位，他们会通过影响子女的学习动机，进而间接影响其学习的状态与效果。相反，处于社会较低阶层的农牧民、产业工人、进城务工人员等的家庭，其相对滞后的教育观念、较低的经济能力和消极的教养方式，可能会导致其子女接受较低层次的教育，并影响其学习能力的发展。

基于以上视角，可以对家庭背景的阶层分类为基础，对家庭背景的结构要素进行分析，以尽可能保证对其测量的可操作性。具体而言，家庭背景主要包括与儿童日常生活密切联系的家庭居住环境、家庭经济状况，以及家庭成员结构、父母受教育程度、父母职业类别。①家庭居住环境。作为儿童的主要生活空间，它会间接影响其生活、学习的效率与质量，也会像一面镜子一样反映着儿童的内在心理世界。环境超负荷理论认为，日常居住环境是对儿童心理健康最重要的“社会决定因素”之一，处于不同居住环境（城乡密度、环境污染、噪声、社区环境等）的儿童，其心理健康状况也不尽相同。一些过于拥挤、吵闹或缺乏社区沟通的居住环境，很有可能造成儿童孤僻、缺乏安全感的敏感性格和“超负荷”的紧张心理状态，进而影响其学习效率。②家庭经济状况。它对儿童学习发展的影响主要体现在两个层面（陆学艺，2002）：其一是以家庭总收入为标志的家庭整体经济水平。研究发现，经济条件较好的家庭可以满足儿童求学的各种费用（学校教育、校外培训以及其他与儿童学习有关的教育支出），这类家庭对儿童的期望值也相应较高；相反，经济条件较差的家庭则难以保障儿童的所有学习需求，因此，父母对儿童的教育期望也相对较低。其二是以父母职业类别和家庭住所等为标志的经济稳定性。如果儿童出生后始终处于一种相对比较稳定的经济环境中（无论收入高低），他们往往容易产生安于现状的心态，心理稳定性较好，但耐挫折力较差；而如果儿童持续处于一种经济状况经常发生急剧变化的家庭（如家庭变故、父母离异、职业变动等造成的家庭收入忽高忽低）中，他们的心理状态可能会受到极大冲击，甚至其学习的动机、兴趣、效能感、意志力等方面也会受到持久的负面影响。③家庭成员结构，即家庭成员的构成及其相互影响状态，以及由此形成的相对稳定的交往模式。通常依据家庭成员结构，可将家庭分为核心家庭、主干家庭和特殊家庭三大类型。不同的家庭结构会间接影响儿童个性品质与学习习惯的形成。核心家庭，即由年轻父母与子女组成的小家庭，这一结构有利于父母与子女的直接接触与交流，并促使儿童形成乐观活泼、思维敏捷、独立思考等个性优点，但也可能因为人际关系过于简单而使儿童变得不善交际，甚至形成自我中心的不良个性。主干家庭，一般由儿童、父母及祖父母三代人组成的家庭关系。在此类家庭中，儿童通常会与兄弟姐妹、父母及祖父母三代人打交道，因此有利于其形成较强的社会适应能力和人际交往能力，但众人不同教育观念的碰撞也可能会削弱儿童教育的积极效果。特殊家庭，即由于父母离异、去世、再婚、常年外出打工等特殊原因所形成的离散、单亲、重组、留守型家庭结构。特殊家庭结构往往伴随着家庭成员的缺失、错位，极易导致儿童悲观、散漫、冷漠等不良个性品质的形成，进而严重影响其学习质量，因此有必要给予这类儿童更多的教育关爱与学力支持。④父母受教育程度，即父母文化素养。在日常生活中，父母一方面会通过其自身拥有的文化资源为子女创造更多的学习条件，从而提高其学习效率与质量；另一方面也会通过塑造特定的家庭文化或父母行为特质等隐性因素对儿童的学习思维方式产生影响。因此，依据已有惯例，可将父母文化素养划分为没上过学、高中及以下、专科、本科及以上 4 个类别。⑤父母职业类别。已有研究表明，父母的职业类别差异是影响儿童学习的客观指标之一。通常父母所从事的不同职业会使其处于不同的社会阶层，进而导致不同的生活环境、学习氛围和学业期望，最终直接或间接地影响儿童学习能力的发展。根据不同职业群体对社会资源的占有情况，大体可将父母职业分为十大阶层：国家与社会管理者阶层、经理人员阶层、私营企业主阶层、专业技术人员阶层、办事人员阶层、个体工商户阶层、商业服务业员工阶层、产业工人阶层、农业劳动者阶层和城乡无业（失业/半失业）者阶层（陆学艺，2002）。

第二，家庭教养方式。即父母（或其他主要监护人）在抚养和教育子女过程中所形成的态度、行为或方法等总体特征与影响模式。综合分析国内外相关研究成果，不难发现，家庭教养方式是影响儿童学习发展，且具有跨情境稳定性的背景因素之一，它涉及许多既独立又相关的测量维度。

结合本书对儿童数学学力认知诊断测评的总体框架，在尽力兼顾简洁性、可测性与习俗性的基础上，确定了家庭教养方式的 4 个主要测量维度（即 4 种家庭教养方式）：①鼓励理解型。持这种教养方式的父母通常较为亲切，能够积极鼓励和帮助儿童克服各种困难，完成学习任务。②过分约束型。持这种教养方式的父母大多会通过各种约束性的，甚至是苛刻的要求来限制儿童的日常行为，甚至包括看什么书、做什么样的练习、吃什么零食都要有所干涉。③专制冷漠型。持这种教养方式的父母通常不大会考虑儿童自己的想法或遇到的困难，只是一味地强迫孩子按照父母的意愿做事。④限制保护型，持这种教养方式的父母大多会对儿童的行为活动采取过于敏感的保护性限制，致使儿童很少有自主的活动空间。整体来看，以上 4 种家庭教养方式的划分与已有研究所发现的家庭教养方式的两个方面，即亲子关系和家规基本相符（Peleg-Popko & Dar，2003）。

第三，父母数学观。父母教育观通常是指父母在教育和培养子女的过程中，在儿童发展、教育方式、教育途径、子女可塑性及成功教育的信心等方面所持有的观点（陈会昌，王莉，1997）。而父母数学观是其教育观在儿童数学学习活动上的具体表现。参考已有研究成果，可从 3 个测量维度来概括可能会影响儿童数学学力发展的父母数学观：①儿童数学学力发展观，即父母对儿童的数学学力发展主要受到何种因素影响的评价与认识。其中，遗传作用、自然成熟、主动探索、环境教育是现代教育理论所公认的几个最主要的因素。②儿童数学学习期望观，即父母对儿童数学学习和学力发展水平的不同期望与认识，主要包括近期期望和远期期望两个方面。③儿童数学教育观，即父母对儿童数学教育的理念与观点，主要包括对数学学习内容、父母教育的影响、自我教育能力、教育方式等几个方面的认识。

1.3 数学课程标准视域下的儿童数学学力测评理念

在众多理论与实践研究的引领之下，开始于2001年的国内新一轮基础教育课程改革所倡导的学力观也发生了重要转变，主要表现在以下三个方面。第一，更加强调学力是学生在学习过程中所习得的，是动态发展的，应该与时俱进，与终身学习相联系。第二，进一步明确了任何一门学科的教学目标大体都由4个部分组成：①关心、动机、态度；②思考力、判断力；③能力；④知识、技能。而这一教学目标的实质正是当前国内基础教育主流学力观的整体反映。第三，上述整体学力观也体现了学力的二分结构，即学力由基础性学力和发展性学力两部分构成，前者以基础知识、基本技能为主要内容，是学生的最基本素质；后者则以观察能力和自学能力等为主，是学生能在未来自由发展的能力（刘清平，李聪睿，2012）。

这些变化在“数学新课标”中也有充分的体现。与历次教学大纲（1952、1956、1963、1978、1986、1992和2000版，即前七次基础教育课程改革所确立的《九年义务教育全日制小学・数学教学大纲（试用）》）、课程标准（2001版，第八次基础教育课程改革之初颁布的《全日制义务教育・数学课程标准（实验稿）》）一样，“数学新课标”也没有直接界定儿童数学学力的概念与结构，而是仍然通过“知识与技能”“数学思考”“解决问题”“情感与态度”等四大课程目标来反映新时期国家对儿童数学学力的新要求。具体分析其内容，大致可将儿童数学学力概括为运算能力（数感、符号感、一般运算能力）、空间想象能力（空间观念、几何直观）、思维能力（形象思维能力和抽象思维能力）、问题解决能力（提出问题能力和实践能力）、推理能力（合情推理能力和演绎推理能力）、数学交流和表达能力等几个方面。不难发现，以上“数学新课标”中所规定的几种具体学力都呈现出层层递进的关系，且具有以下几个新特征。

1）数学学力的结构得以进一步扩展。在重视传统的三大数学能力（计算能力、逻辑思维能力、空间观念）的同时，“数学新课标”也表现出一些新的特点：①把数学创新精神和实践能力纳入了小学数学教学的目标体系中；②更加重视信息获取与数据处理能力的培养；③更加突出建立初步的空间观念，发展形象思维能力；④强调发展儿童的统计思想与观念，并将之应用于观察与分析现实生活中的问题。

2）数学学力的综合性被进一步强化。小学阶段数学教育的根本目的是培养儿童的数学创新精神和实践能力，使他们能综合运用数学思维与知识去解决生活中的现实问题。事实上，对任何问题的解决都不是靠某一种能力就能单独完成的，而是需要综合运用多种能力，才能达到对问题的圆满解决。因此，强调数学能力的综合性是儿童数学学力发展的必然趋势。

3）更加重视基础性学力的发展。“数学新课标”要求学生具有初步的创新精神和实践能力，且在情感态度和一般能力方面都能得到充分的发展。这里的一般能力包括观察、记忆、注意、想象、推理等基本认知与思维能力，它们共同构成了儿童数学学力的心理基础，儿童只有在此基础上才能获得数学基本概念、原理与技能，进而形成其数学学习的基础性学力。而基础性数学学力在儿童整个数学学习中，乃至在其他学科的学习中都具有重要的奠基意义，也是儿童综合性、发展性数学学力培养的前提。

4）发展性学力的重要性进一步被明确。创新是学力的最高层次表现，主要体现为综合运用有关经验、知识与各种能力，创造性地解决实际问题。“数学新课标”强调综合运用所学知识技能解决问题，发展应用意识，形成解决问题的创新性策略，体验解决问题策略的多样性，发展创新精神和实践能力。如此突出创新的根本出发点是，儿童必须学会用数学的方法去收集、整理、表述信息，然后构建模型、解决问题，进而更好地获得应对未来广泛学习要求与社会竞争的创造性学力。

当然，作为国家指导学校数学教育的基本准则，数学课程标准本身也是动态发展的。因此，我们在深刻理解“数学新课标”的数学学力教育理念时，还应将国际最新的学力评价理念——核心素养融入其中，以建构更符合现代教育发展需求的新型学力测评观。

首先，建立基于数学核心素养的儿童数学学力测评标准。根据 PISA 提出核心素养这一概念的本意来看，它是基于学生终身发展和适应未来社会的基本素养而建立的，并非基于单纯的学科知识体系。学生的问题解决能力、创新精神、社会责任感等方面的素养不是仅靠某一个学科就能够培养的，而是需要借助多个学科、多种知识与能力的共同作用。换言之，核心素养的本质即打破学科界限，形成跨学科综合能力，而它恰恰就是我们前文所述的广义层面的学力的核心要素，也是进行学力测评的基本标准。而且不可否认的是，在具体到某一学科或某一学段的特殊学力测评时，我们仍然有必要基于核心素养在其中的体现，来构建相应的关键学力测评标准。具体到儿童数学学力测评，就应首先明确儿童在完成不同年级段数学学习内容后应该达到的具体水平和程度，然后将此作为设计测评框架的根本依据。

基于数学学力测评标准的儿童数学学力诊断测评有两大优势：一方面，数学学力测评标准不再是单纯基于数学学科内容的知识性标准，而是基于关键能力和核心素养的综合性标准。数学学力测评标准是数学课程标准的一部分，与课程内容、目标有机结合，能够反映儿童在数学学习过程中所要达到的表现标准。另一方面，基于数学学力测评标准的学力测评，可以更有效地评估儿童的数学综合能力。实施科学的数学学力测评，需要根据数学学科的素养目标，筛选并确定关键学力要素，设计数学学力结构框架，并对每一个测评项目进行能力的功能定位，命题时还要考虑素材情境的生活性，考虑不同题目的难度、区分度等指标，以便给儿童留出更多的思维空间。总之，要深入挖掘测验分数之下所隐藏的儿童数学认知结构与学习策略的特征与差异。

其次，由抽象知识转向具体情境，注重测评情境的真实性。儿童数学学习的最终目的是生成高于现实数学知识的学习能力，它着力解决的是提高儿童面对更复杂数学情境下的问题解决能力，使之能够适应飞速发展的信息时代的学习需求。传统知识型数学学力测评单纯以数学学科知识点为核心，往往过于片面，难以真正测评儿童的数学实际问题解决能力，更难以评估影响儿童数学学力发展水平的情感、态度、价值观等非认知因素的影响程度与路径。因此，融入了数学核心素养的儿童数学学力认知诊断测评，应该充分体现数学对儿童的发展价值，除了要评估数学领域的知识以外，还应该能够提供一种唯有在这个学科的学习中才可能获得的经历和体验、思维与素养，甚至评估儿童所具有的对独特的数学之美的发现、欣赏和表达能力。

1.4　教育认知诊断的理论与方法基础

教育认知诊断评估（cognitive diagnostic assessment for education）将现代认知心理学与 IRT 相结合，通过对学生的知识结构、认知过程和加工技能进行测量，实现对其认知技能、策略掌握与运行机制的诊断性评估。其终极目标就是要实现“促进学习的评价，为了发展的评价”（Leighton & Gierl，2007）。当然，真正意义上的教育认知诊断，与 IRT 的发展成熟及其自身基于实质心理学的理论优势是分不开的。

1.4.1　基于实质心理学的理论拓展

作为检核教育目标达成情况的一种手段，评价本身就是教育实践活动的重要环节之一。以行为主义为主导的传统心理与教育测评理论，通常是以知识的逻辑分类与评价内容的细目划分为依据进行评价设计的，缺乏对该领域知识结构与过程的详细描述（Nichols，1994），在具体操作中往往会由于着眼于学习成果的量化表达，却忽略了对学生学习过程的形成性评价。其所导致的直接后果就是使评价只停留在学生之间的外在比较上，而学生从评价结果中所能得到的信息也只有题目的对错与分数的高低，却无法准确了解他们在学习心理结构方面的优势与不足。

IRT 虽然弥补了 CTT 的一些不足，利用更加严谨的数学模型和精致的理论假设，避免了由于单纯强调统计技术而忽视拟评估特质心理学意义的弊端（Anastasi，1988），但是，作为标准测验理论的两大代表，它们也拥有一些共同的缺点，如基于刺激-反应（S-R）的行为主义学习模式，测量结果只能报告一个宏观的测验总分或能力值 θ，而对于学生的学习过程或能力概况（ability profiles）实质的解读仍然是一个“黑箱”。换言之，它们都不能对学生在测验过程中的心理加工过程进行测量，更不用说对其知识掌握程度的个性差异进行细致诊断了。这显然与教育测评实践所要求的“提供认知诊断信息，报告学生知识结构与加工技能，并进行有针对性的补救教学以有效促进教育发展”（Nichols，1994）的理念相去甚远。

那么，如何才能实现对学生认知加工过程的测量与诊断呢？Nichols（1994）首次将认知心理学与心理测量学相结合，提出了基于潜在分类模型的CDT。Leighton 和 Gierl（2007）认为，认知诊断的实质是设计和构造被试的认知行为模型，然后将认知分析量化到特定的心理测量模型中，从而对被试的认知优势与劣势进行诊断评估。与 CTT 和 IRT 相比，CDT 的最典型特征就是具有明显的实质性假设（substantive assumptions），即能够对被试测验反应背后的认知机制和相关证据的真实性进行解释，如探讨被试在问题解决过程中会产生何种认知过程与知识结构，这些认知过程与知识结构将如何发展，高能力学生与低能力学生在认知结构上有何差异等（周骏等，2011），进而更加强调基于问题解决的认知加工模型在测验开发中的指导作用，强调对个体宏观能力水平评估与微观心理加工过程诊断并重的测评思路。而且，与单维 IRT 相比，CDT 显然更适合对那些包含多个测量维度的综合心理能力进行更为细致的诊断性测评。

1.4.1.1 跨学科的理论特性

作为新一代测量理论的代表，CDT 更好地体现了“评价即教育、评价即发展”的现代教育评价理念。当然，要想实现心理与教育测验的认知诊断功能，不仅要以现代认知心理学为理论基础，还必须依赖于心理测量学、统计学、计算机科学、教育学等学科的相互融合与支撑。正如 Sternberg 和 Wagner（1991）所言，未来测验的发展应是结合现代认知心理学、现代测量统计学和现代教育科学等几大领域的理论基础，使测验所得结果能够提供有关问题解决的诊断信息。

（1）现代认知心理学

自第二次认知革命以来的认知心理学体系不仅将个体学习活动界定为认知因素与非认知因素交互作用的综合心理过程，也更加注重从具身认知（embodied cognition）或分布式认知（distributed cognition）的视角对个体的学习心理活动进行模型化分析。这无疑为心理与教育测评的构念设计（建构更加复杂的认知模型）与工具开发（提高测验参数的预控性），提供了更切合实际的实质心理学的理论支持。尤其是在认知诊断测验的认知模型建构阶段，现代认知心理学对于知识、技能、策略及其加工过程中各种认知变量的细致分析，为获得合理、完备的心理认知模型奠定了理论基础，而这正是高质量认知诊断测评的逻辑起点。

显然，做出上述理论假设需要我们对个体学习过程中知识的习得与表征、知识的结构化加工有更深刻的理解。

首先，知识的习得与表征。众所周知，知识影响着人类的思考、判断与行为等一切身心活动。那么，知识是如何，又是以何种结构被储存于大脑中的呢？现代认知心理学家以理性主义和经验主义这两大哲学流派的知识论为基础，将知识分为陈述性知识和程序性知识两大类。前者是关于事实、想法、物体或事件的定义或描述，后者则涉及如何解决问题的动作技能、认知技能与策略。相比较而言，陈述性知识为程序性知识提供了心理运作的基础，其显著特征是在需要时能够将记忆中的知识提取出来；而程序性知识的主要特征则是在学习前期必须在意识的支配下按一定的程序进行学习，到了学习后期就会转化成自动化的过程。这两种不同类型的知识在人类认知过程中又是如何被储存、提取的呢？现代认知心理学一般强调，大脑是以有组织、有结构的方式，而非杂乱无章的方式来表征各类知识的。但是由于人类认知过程的内隐性，我们无法直接观察到大脑中知识结构的变化过程，而只能通过一些更易观察的外显行为来进行推测，即根据知识表征来推论其知识结构。作为人类对知识编码、储存及提取的特有形式，知识表征具有如下特质：①以符号为媒介；②以典型编码替代特定实物；③以特定规则呈现；④具有静态性；⑤具有抽象性（Shanon，1993）。

其次，知识的结构化加工。无论采用哪种方式，大脑都会将表征的知识组织成一个结构网络。Morton 和 Bekerian（1986）所提出的语义网络理论（semantic network theory）和图式理论（schema theory）对知识的结构化加工机制进行了探讨。语义网络理论强调，知识在大脑记忆中的组织方式是由多个概念节点之间的连接关系所形成的结构化网络。在特定知识领域中，概念之间具有某种交互联结的关系，即知识结构。根据个体对于特定知识结构的不同组织特性，我们就可以推测其对知识的不同掌握程度，如某特定领域的专家可能比刚入门的新手拥有更合理、更抽象的知识结构。正是由于知识结构具有如此特点（可以反映出不同的认知程度或学习状态），其为认知诊断评估的发展奠定了理论基础。与语义网络理论相比，图式理论更强调知识在大脑记忆中的运作过程是以抽象的知识结构来表征过去的行动或经验的。换言之，所有的知识进入大脑后都会被有组织地打包成独立的单元（即图式，schema），以更好地引导个体适时调用。近年来，随着计算机科学的发展，图式理论已经成为解释个体知识学习过程的主要理论架构，当然也为CDT中认知模型的构建提供了理论参考。

按照以上关于知识学习过程的逻辑分析，正是大脑对知识的习得与表征具有组织性与结构性等特点，才使得CDA在理论上具备了得以实现的可能性。Goldsmith和Johnson（1990）认为，知识结构的评估主要有3个基本步骤：①知识结构的诱发（elicitation），即个体是否清楚地了解概念之间的联系；②知识结构的表征，即将诱发出的知识以量尺化的程序表征为结构性的知识组织；③对知识结构表征的评价，即将个体所表征的知识结构与特定知识结构标准（通常以领域专家的知识结构表征为参照）相比较，以了解个体的知识表征水平。

可以发现，在过去，认知心理学正在试图扬弃传统的主观式投射分析，转而采用更为客观化、数量化的数学模型作为认知结构评估设计的理论基础。在此基础上兴起的CDA，至少有以下几个明显优于传统评估方式的特点：①评估的前提是基于被试认知结构的个别差异假设；②评估的目的是推测被试在特定测验项目上的认知特点；③评估的关键是与被试在特定领域所表现出的心理模式相符；④评估的方法是基于潜在特质分类的模式判别（Shanon，1993）。

（2）现代测量统计学

近年来，现代心理测量范式经历了由以S-R模式为核心的传统测量理论向以具身认知为核心的现代测量理论的转变。基于IRT与潜在特质分类思想的CDT，正是在这一过程中逐渐受到学者的广泛关注。它的最突出特征就是将个体解决问题的认知加工模型融入具有认知诊断功能的心理测量模型中，以实现对个体微观心理过程的诊断性评估。而且不像CTT仅用一个真分数模型就构成了一套解决被试能力估计和测验质量分析的测量模型，在已有CDT的一族心理测量模型中，每一个模型都对应于各自独特的对象，且模型之间从表现形式到诊断功能上都有较大差异，模型的丰富性也促成了CDT内在结构的丰富性。

此外，以IRT为核心的现代心理测量学逐渐高度数学化、模型化的特点，使其理论观点的表达与实现更加复杂。因此，一些学者在现代概率统计理论与计算机软件工程技术中找到了方法与技术的支持，不仅使相关 CDM 的开发与参数估计过程变得更加精确与高效，也从根本上提高了认知诊断技术的可操作性。例如，目前各种 CDM 所使用的（联合）极大似然估计、牛顿-拉夫逊迭代、贝叶斯条件估计、人工神经网络等参数估计方法都必须要有一定的统计与计算机软硬件的支持。而 SPSS、MATLAB、R 等基于更高运算速度、更多功能设置、更友好操作界面等理念所开发的认知诊断数据分析平台，更是离不开现代统计学与计算机网络技术的支持。

（3）现代教育科学

研究表明，学习效果的反馈与强化，使教学活动从“开放系统”中构成一个“闭合回路”（张敏强，刘晓瑜，1997）。人们对学习者的心理状态及学习效果进行科学、全面的测量与诊断后，就可以将诊断结果反馈于教学实践，加快儿童的学习进程。正因为如此，现代教育理论，尤其是课程与教学论的发展，为 CDA 中的最核心环节——认知模型构建与补救教学设计，提供了必要的理论支持与启示，使得基于个体心理过程评价的 CDA 能够紧紧围绕最新教育教学理念，而更富有时代的教育意义。

首先，儿童教育测量必须要有诊断功能。传统教育测量一般只是通过提供笼统、宽泛的分数信息来实现对学生的甄别与评价，而具有诊断功能的教育测量——教育认知诊断，则更关注复杂学习领域的知识结构与表征过程，进而推断学生反应背后的认知优势与劣势。

其次，儿童学习评价要重视对知识理解深度的评价。教育认知诊断可以利用测验题目的分析来核查儿童的知识结构，以判定儿童对知识的理解深度。而要使某个测验真正实现对特定认知结构的测量，不仅要通过对测验题目的分析来理解儿童的陈述性和程序性知识结构，也要密切结合相关课程标准或学习框架来开发高质量的测验题目，当然，还要有相应的心理测量模型来推断儿童的学习理解和能力变化规律。基于此，教师就可以设计个性化的补救教学方案来干预儿童的学习发展。

最后，教育测验应促进儿童的学习。任何教育测验在本质上就是一种加快教学进程与提高学习效率的策略，它需要更为多样化的手段评价教学过程、量化学习结果以及指导教学改革。当然，它也意味着需要诸如形成性评价、诊断性评价和终结性评价等多种评价形式，也可以采用简答、填空、选择等多种问题呈现方式。

1.4.1.2 认知诊断的核心概念

（1）诊断

诊断（diagnosis）一词的英语词根是希腊语“diagignóskein”，其基本含义是“精确地知道，决定，达成一致”（Rupp et al.，2010）。在英语语境中，其含义为：①一般意义上指对事物本质的批判性分析，根据某种分析所做的决定；②医药学领域中指通过评估病人的病史，检查和回顾相关实验数据来识别和确定病人患病或受伤的本质、原因及过程；③生物学领域中指对有机体突出特征的简短分类和描述（Rupp et al.，2010）。总之，诊断就是为了做出基于分类的决策而精确地分析一个问题，并识别其原因。

（2）认知诊断

近年来，现代测量理论体系中逐渐成熟的 CDT 为解决学力测评的问题提供了新的思路。Yang 和 Embretson（2007）认为，心理与教育领域的认知诊断测验至少应测量 3 个方面的认知特性：①特定认知领域中可作为更高层次心理能力建构基础的关键技能或核心知识；②能够表明知识、技能掌握程度的认知结构；③基于特定认知结构应用的认知加工过程。可见，认知诊断更强调综合考察个体的内在心理特征与过程，其最主要的目的就是利用特定的 CDM 把每一个被试精确地分类到若干多维能力空间中，进而提供关于他们认知优势与劣势的详细诊断信息。

当前，认知诊断以其“评价即发展、评价促发展”的理念，已经成为心理与教育测量理论的主流趋势，并且在一些方面表现出明显的优势：①继承了 IRT 的优点，有效地克服了 CTT 的局限性，因而能编制出更高质量的标准参照测验；②能够精确地测量和诊断学生的认知属性结构，极大地提高了测验的功效；③能够对学生的 KS 进行更精准的分类，更适合不做分数排名、不影响日常教学的形成性诊断测评；④与普通计算机化自适应测验相比，CD-CAT 具有更高的测验效率和更精准的学力判别率；⑤可以“因人而测、因人而评”，进而为个性化补救教学提供更确切的依据，实现提高教学质量的最终目的。

当然，它的一些固有缺陷也在一定程度上增加了其推广的难度：①测验编制所必需的认知模型建构和诊断模型参数估计较为复杂，需要由学科专家、统计测量专家、认知心理学专家、计算机专家通力合作方能高效完成，因此组织实施难度较大；②认知属性及其粒度（grain size）的确定较为困难，需要根据所测认知领域的特点结合专门的统计检验技术才能完成，因此不易向教学一线推广；③其主要以 IRT 为技术基础，也属于大样本测验理论，因此初始测验的成本较高，大范围推广的难度较大。

（3）认知属性及其层级关系

如前所述，认知诊断是对个体在特定领域的认知活动中所涉及的认知属性及其状态进行诊断的过程。其中，认知属性这一概念最早由 Tatsuoka（1990）提出，她在开发最早的认知诊断模型——规则空间模型（rule space model）时，将认知属性描述为产生式规则、程序性操作、项目类型或更一般的认知任务。她认为每一道题目后面都隐藏了一个或多个更为精细化的诊断信息，即属性，学生通过组合不同的属性来解决相关问题（Tatsuoka，1983）。属性是认知诊断研究中的核心概念，描述了学生正确作答特定题目时所需的过程、技能、知识和策略。Nichols 等（1995）也认为，认知属性就是个体成功完成特定任务的认知过程或技能。Leighton 等（2004）则强调，认知属性是个体解决某一特定问题时所必需的陈述性知识和程序性知识。之后，Leighton 和 Gierl（2007）又将认知属性描述为完成特定任务所必需的知识结构和加工技能。

总之，作为 CDA 的最基本概念，认知属性是对个体在特定问题解决过程中所必需的知识、技能、策略、过程的概括性描述。从个体心理活动的复杂性、结构性和系统性等根本特征出发，不难发现，个体在完成特定任务的过程中，相关认知属性并非独立存在，而是从属于某个相互关联、相互依托的认知层级网络，即认知模型。

Leighton 等（2004）首次提出使用 AHM 来描述不同任务的认知模型。他们认为，个体在不同的心理任务中可能会表现出线性型、收敛型、分支型和无结构型等 4 种基本的认知属性层次关系，由此可以组合成更为复杂的认知模型。在认知诊断中，研究者只需要事先界定拟测量核心概念下的若干认知属性，再结合属性间层级关系即可刻画出认知诊断的测验蓝图（Q 矩阵），然后根据 Q 矩阵就可以推导出学生的 AMP 或 KS。不同的 AMP 代表不同学生对认知属性的掌握类别，如比较“10100”和“11100”两种 AMP 可以发现，掌握了“11100”

的学生在掌握了“10100”的属性（A1、A3）之外，还多掌握了其他属性（A2）。同理，“11110”中所掌握的属性又比“11100”中多了A4。以上3个AMP存在着“10100”—“11100”—“11110”的层级关系，而且越靠近左边的AMP表明相应KS中所掌握的属性越少，学习层次越低；反之则表明掌握的属性越多，学习层次越高。

以上基于认知属性及其层级关系所推导出来的*Q*矩阵和AMP，不仅为进一步详细诊断学生的学力结构提供了依据，也为将来的个性化补救教学奠定了认知结构的基础。

（4）*Q*矩阵

*Q*矩阵是CDT的核心概念之一，最早由Embretson（1984）提出，随后经Tatsuoka（1995）、丁树良等（2009，2010，2012b）的进一步完善和拓展，形成了目前的*Q*矩阵理论（*Q*-matrix theory）。*Q*矩阵理论的关键在于，通过将被试不可直接观察的AMP与其在可观察的项目作答反应之间建立对应关系（即生成项目反应模式，构建一个能够准确描述回答每个项目所需认知属性的认知结构），然后对观察反应模式进行判别，以达到认知诊断的目的。一个*Q*矩阵就是一个CDM的载荷结构，它是关于被试正确回答每一个项目分别需要什么认知属性的假设，通常以一个由行（测验的所有项目）和列（不同测验项目所涉及的潜在认知属性）组成的二维矩阵来表达。

构建*Q*矩阵的基本方法是从测验项目与属性间的可能关系矩阵中提取邻接矩阵（adjacency matrix，*A*矩阵，即认知属性间的直接关系矩阵），然后用矩阵布尔运算生成可达矩阵（reachability matrix，*R*矩阵，即包含认知属性间的直接关系、间接关系和自身关系的矩阵），进而运用缩减算法（Tatsuoka，1995）、扩张算法（杨淑群等，2008）或渐进式扩张算法（Yang et al.，2010）等方法，提取被试的理想掌握模式（所有符合属性层级逻辑关系的AMP）、典型项目考核模式（所有符合逻辑的测验项目考核模式）和理想反应模式（被试在没有任何失误或猜测等误差时对项目的作答反应）。

如前所述，认知诊断不同于传统测验，它必须要将被试的KS与相应的CDM相结合，才能实现认知属性的诊断功能。而且，目前比较成熟的100多种认知诊断模型中的大多数都是基于*Q*矩阵开发的（辛涛等，2012），可见*Q*矩阵在认知诊断中具有非常重要的作用。

（5）CDM

CDM 是在 IRT 模型的基础上发展而来的，它将认知心理学与 IRT 有机结合，不仅能实现对被试宏观能力水平的测量，还能对其内部微观认知结构进行诊断，是一类以认知属性为基本分析单位的精细化测量模型。同时，CDM 也是一族可以将可观察类别变量转化为不可观察类别变量（即潜在变量）的数学模型，这些离散化的潜在变量又被称为技能、次级技能（subskill）、属性、知识或能力。各种 CDM 就是根据被试在测验项目上的不同反应模式，将其划分为几个潜在类别。因此，CDM 通常又被称为限制性潜在分类模型，因为根据测验项目所涉及属性生成的潜在类别的数量是有限的，如当某测验项目涉及 K 个基本认知属性时，被试将会被划分为 2^K 个潜在类别（2 是指每个属性都有掌握或不掌握两种可能）。

作为一种潜在分类模型，CDM 还代表了一种基于模型的分类方法。同时，它也被界定为一种拥有简单或复杂载荷结构（loading structure）的概率性、验证性多维潜变量模型，每一种 CDM 都表达了根据不同被试对各属性的掌握概率及其属于哪一个潜在类别而做出的潜在能力水平的不同判别方法（Lee & Sawaki，2009）。像其他验证性因素分析模型一样，在通过 Q 矩阵先验地定义潜变量这个意义上，CDM 在本质上也是验证性的，能够被用于证明测验的结构效度。

此外，更重要的是，不像传统教育心理测量模型那样，研究者期望认知过程是什么样，就给被试创设什么样的问题解决情境，CDM 则是基于被试学习情境的真实认知过程和策略的实证性证据，来判别其可能的 AMP 的。传统教育心理测量模型的目的是提供基于被试在测量情境中表现的潜变量位置信息，如 IRT 就是在一个广义潜变量范围内确定被试位置的。而 CDM 则能够提供被试在一系列单独属性关联结构中的掌握状态，这种掌握状态根据每个被试正确作答测验项目所需不同属性的掌握概率，或标明是否掌握每个单独属性的 0/1 向量来表达。例如，假设正答某个项目必须掌握 4 个属性，而一个被试已经掌握了前 2 个属性，但没有掌握后 2 个属性，这时就可能被标记为向量（1，1，0，0）或（0.95，0.87，0.26，0.30），显然，这里的向量 0 或低于 0.5 的概率就可能表明这个被试没有掌握相应属性，而向量 1 或高于 0.5 的概率则表示其掌握了相应属性。

1.4.2 教育认知诊断的基本步骤

CDT 在教育测量实践中，主要有两种应用形式：其一是对已有的非诊断测验进行事后分析（post-hoc analysis），以提取所需认知诊断信息；其二是根据诊断目的，设计和开发新的认知诊断测验。目前，对于事后分析的应用，主要集中于针对语言测验中特定知识、技能的回顾性诊断测评；而对于认知诊断测验开发的应用，则主要表现在针对各学科能力的认知诊断测验开发上。

一般而言，教育认知诊断测评包括认知诊断测验编制和被试认知过程评估两个主要阶段。其中，认知诊断测验编制包括认知模型界定、测验蓝图设计、测验项目编制以及模型与测验质量分析等几个环节；被试认知过程评估则包括 CDM 选择与参数估计、诊断结果报告、提出补救教学建议等环节。Dibello 等（2006）、涂冬波等（2012b）先后总结了更加详细的认知诊断测评步骤。综合分析国内外学者的观点，认知诊断测评应包括如下几个基本环节。

1）确定诊断目标，如在教育诊断之前，先确定拟诊断的学科、内容以及诊断形式。

2）确定认知属性及其层级关系，即构建特定问题解决的认知加工模型（亦称 Q 矩阵或测验蓝图）。这是认知诊断的核心环节，主要是确定正确作答特定测验项目所必需的认知属性及其结构。这个阶段被 Whitely（1983）称为构想效度（construct validation）的构念表征（construct representation）阶段。为了定义一个测验所必需的认知属性，诸如测验规范分析、项目内容分析、被试思维过程的口语报告分析、相关研究文献分析等操作都会有所涉及（Embretson，1991；Leighton & Gierl，2007；Leighton et al.，2004）。而在基于某个特定测验来确定所需认知属性时，一些注意事项也应该予以考虑。例如，通常每个项目所涉及的属性越多，则越有可能忽略一些重要属性的标定。这时，CDA 中最理想的属性粒度应该能够提供更加丰富的诊断信息，当然这也要取决于研究者的诊断目的。Hartz（2002）也曾建议，每个属性至少应与 3 个项目建立关联（即每个属性至少诊断 3 次），才能获得更可靠的诊断信息。Lee 和 Sawaki（2009）则称，属性粒度越细，可能越难以获得被试分类的高度一致性与准确性。

3）编制认知诊断测验，即根据前期建构的 Q 矩阵，在相关内容领域专家的配合下进行项目编制及测验组卷。

4）认知属性及其层级关系验证，CDA 的诊断能力主要取决于 Q 矩阵的理论化与实证稳健性（empirical soundness）（Lee & Sawaki，2009）。通常需要在获得试测数据后采用回归（建立项目难度与认知属性的回归）、属性层级一致性或结构方程模型等分析进行验证。

5）获取大规模实测数据，即先优选一个与实测数据拟合良好的 CDM，然后使用此模型对实测数据进行诊断分析。

6）诊断结果报告，即根据定量（学生的宏观能力水平）与定性（学生微观的认知属性掌握情况）相结合的原则，向教育利益相关者报告尽量细致的诊断信息，并针对不同学生群体的诊断信息提出个性化补救教学的措施与建议。

1.5 教育认知诊断数据分析平台——R 语言

CDT 虽然因其在“促进学习的评估而非评估学习”方面的有效性而广受关注，但它在教育测量实践的推广却有待进一步深化，究其原因，有以下几点：①与传统的 IRT 相比，CDT 还是一个全新的理论体系，许多国内学者还没有完全熟悉它的理论属性和模型特征，再加之其对统计技术的要求较高，因此限制了它的推广应用。②已有一些比较成熟的商业软件可以实现传统 IRT 的参数估计与数据分析等功能，而目前能够实现 CDT 的 Q 矩阵标定、模型拟合、参数估计、结果报告等相关功能的商业软件还很少且不易获取，因此也限制了它的推广。

不过，随着 R 语言在数据分析科学（统计学、心理测量学、机器学习）领域的逐渐流行，许多基于大数据的统计分析有了比较理想的操作平台，当然也使原本复杂的 CDT 分析更容易实现。

1.5.1 R 语言简介

R 语言是 Ihaka 和 Gentleman（1996）开发的一种基于 S 语言（一种用来进行数据探索、统计分析和图形绘制的解释型语言，20 世纪 80 年代发展为 S-

PLUS）的数据分析与可视化软件平台。作为一种基于通用性公开许可协议（general public licence，GPL）自由发行的免费开源软件，R 语言可提供各种数据分析与理解的算法，从最基础的数据操作、图形展示到最前沿的深度学习、人工智能，其无所不包。它虽然最早是以能创建漂亮的统计图形而闻名的，实际上还可以处理各种复杂的统计问题。不过，它更强大的功能来自世界各国 R 语言爱好者所开发的各种功能扩展（程序包）。

1.5.2 R-CDM 程序包

R 语言作为一个由数据分析与图形展示功能整合而成的统计语言环境，有许多内部函数能够实现心理测量与统计的基本功能。而像 SEM、IRT、CDT 等近些年才开始广泛使用的测量理论与方法，还需要额外加载相应的程序包。目前，在 CRAN 上和心理测量与统计相关的程序包已有上百个，其中涉及认知诊断的程序包主要有 CDM、ACTCD、NPCD、dina、dcmr、equateIRT 等，它们可以实现 DINA、DINO、NIDA、GNIDA、RRUM 等多种认知诊断模型的（非）参数估计、等值转换以及模型拟合检验等功能，其中以 CDM 程序包的功能最为完善。

CDM 程序包是由 Robitzsch 等开发的，适用于 DINA、GDINA 等二级计分或多级计分的 CDM 和 MIRT 模型分析的多功能程序包。它包括一个命名空间、几个内部函数（如绘图、输出、类别对象的概括，以及一些检查输入格式和计算中介信息的函数）和一系列特定功能的外部函数。此外，它还包括一些实用的基于 CDM 的人工数据模拟方法。最新版的 CDM 程序包不仅能够实现 DINA、GDINA、RRUM、PGDINA、GDM 等常用认知诊断模型的参数估计、拟合检验及其诊断结果的动态图形展示，还可以实现生成 Q 矩阵和模拟反应数据等实用功能。

在 R 语言平台上进行 CDM 分析，与进行其他数据分析的过程基本一致：①载入被试原始项目反应数据和 Q 矩阵；②加载 CDM 程序包；③模型参数估计，可以根据需要选择极大似然估计、牛顿-拉夫逊迭代、贝叶斯估计、期望后验估计、联合极大似然估计等目前较为成熟的参数估计方法，进行测验项目及被试的参数估计；④模型拟合检验，既可以通过多个竞争模型之间的拟合性比较完成相对拟合检验，也可以根据被试的项目观察反应频率与模型预测反应频率之间的比较实现绝对拟合检验。

1.5.3　基于 R 语言的教育认知诊断分析优势

目前，绝大多数与认知诊断相关的软件只能处理某一种诊断模型，如 MDLTM 只能处理广义诊断模型（general diagnostic model），Arpeggio Suite 只能处理融合模型（fusion model），Mplus 只能处理对数线性认知诊断模型。这几款软件虽有免费版本，但都有一些使用功能上的限制，而且还需要提前学习各自复杂的语法规则。为了避免复杂的编程，Templin 和 Hoffman（2013）开发了能够自动生成适用于对数线性认知诊断模型的 Q 矩阵的 SAS 宏命令，但其模型估计还必须在 Mplus 中运行，因此参数估计非常耗时，随着测验属性增加，软件运行的时间将呈指数级增加。

相比较而言，使用基于 R 语言平台的 CDM 程序包进行认知诊断分析，至少有以下 5 个明显优势：①高效，对于包含 5 个认知属性的各种常用诊断模型的参数估计，只需要不到 1 分钟时间。②全能，目前 CDM 程序包已经有能力对所有主流的 CDM 进行分析，如 DINA、DINO、NC-RUM、GDM、GDINA 等。③免费，可以随时获取最新版的程序包，且没有任何功能限制。④简单，CDM 程序包已内置了各种数据分析函数，且语法规则灵活，图形功能强大，只要具备一定的 C 语言基础，几乎不需要学习新的语法规则和复杂的编程就可以使用。此外，与 R 语言配套的 R Studio 控制台拥有诸如代码格式自动提醒、补全与校对、数据导入导出、功能程序包自动调用等非常丰富的辅助操作功能，也使各种操作更加简单、直观。⑤标准，R 语言平台不仅提供了与其他主流数据处理软件，如 MATLAB、MPLUS、SPSS、STATA、EXCEL 等的数据交换接口，而且基于 R 语言所开发的程序包已经成为专业数据分析领域的国际标准，这无疑对各种功能程序包的推广应用提供了极大的方便。

1.6　儿童数学学力认知诊断测评方案设计

如前文所述，作为一种特殊心理能力，儿童数学学力是在学习兴趣、动机、意志等内在动力因素的推动之下形成的，以一般推理能力为认知基础，以数学认知能力为核心的复杂心理结构。同时，它的形成与发展过程又会受到学校、家庭等背景因素的交互影响。而儿童数学学力认知诊断测评的主要目的就是了解儿童数学学力的内在结构特征、发展状况及其个别差异与影响关系，进而为实现既定教育教学目标提供丰富、精准、有效的反馈信息，为实施真正意义上的儿童数学学力教学提供实证参考。

基于对儿童数学学力结构的综合分析，本书拟从关键数学学力、一般推理能力、非智力因素、教师因素、家庭因素等 5 个方面对儿童数学学力的认知诊断测评方案进行整体设计（表 1-1），其中：①一般推理能力是构成儿童数学学力结构的基础，使用张厚粲和王晓平（1989）修订的“瑞文标准推理测验（中国城市版）”进行测量；②数学认知能力是儿童数学学力的核心，使用自编“儿童数学学力认知诊断测验（1—6 年级）”进行测量；③非智力因素虽然不直接参与儿童的数学学习活动，但却对其学习进程与效率具有重要的动力、导向与调节作用，使用李芳等（2008）编制的“中小学生非智力因素量表”进行测量；④教师的数学教学能力、数学教育观，以及儿童的家庭背景、家庭教养方式和父母数学观作为重要的背景因素，也会在一定程度上影响儿童数学学力的发展，使用自编“儿童数学学力影响因素调查问卷”（教师版和家庭版）进行测量。

表 1-1　儿童数学学力认知诊断测评框架

<table>
<tr><th>项目</th><th>儿童数学学力结构</th><th>测评维度</th><th>测评工具</th></tr>
<tr><td rowspan="11">儿童数学学力认知诊断测评</td><td rowspan="6">关键数学学力
（核心认知因素）</td><td>数感</td><td rowspan="6">儿童数学学力认知诊断测验
（1—6 年级）（自编）</td></tr>
<tr><td>动态空间观念</td></tr>
<tr><td>数据整理意识</td></tr>
<tr><td>确定性运算能力</td></tr>
<tr><td>探索性运算能力</td></tr>
<tr><td>化归推理能力</td></tr>
<tr><td rowspan="5">一般推理能力
（内在基础因素）</td><td>知觉辨别能力</td><td rowspan="5">瑞文标准推理测验（中国城市版）
（张厚粲和王晓平于 1989 年修订）</td></tr>
<tr><td>类同比较能力</td></tr>
<tr><td>比较推理能力</td></tr>
<tr><td>系列关系能力</td></tr>
<tr><td>抽象推理能力</td></tr>
</table>

续表

项目	儿童数学学力结构	测评维度	测评工具
儿童数学学力认知诊断测评	非智力因素（内在动力因素）	成就动机	中小学生非智力因素量表（李芳等于 2008 年编制）
		认识兴趣	
		学习热情	
		学习责任心	
		学习毅力	
		好胜心	
		一般自我效能感	
	教师因素（外在影响因素）	数学教学能力	儿童数学学力影响因素调查问卷（教师版）（自编）
		数学教育观	
	家庭因素（外在影响因素）	家庭背景	儿童数学学力影响因素调查问卷（家庭版）（自编）
		家庭教养方式	
		父母数学观	

第 2 章

儿童数学学力认知诊断测验编制

学校教学的本质在于发现儿童学习中的优势与不足，进而充分利用这些反馈信息不断完善其心理结构，而认知诊断测评恰好能与之相契合。Leighton 和 Gierl（2007）认为，认知诊断测评的主要任务是通过测验获得学生在特定问题解决过程中的可观察反应模式，判别其不可观察的真实知识状态，最终对学生在特定学科领域的知识结构或加工技能方面的优势与劣势做出诊断性评价。很显然，要完成这一任务并非易事，它至少要涉及相应认知属性及其层级关系确定、认知诊断测验设计及编制、认知诊断模型开发（选择）、诊断结果报告等基本环节，尤其是特定测量工具——认知诊断测验的设计与编制，更是直接影响着认知诊断测评的效果和质量，因此也是其成败的核心所在。

2.1 研究目的与内容

本章的目的之一是基于 Q 矩阵理论，设计和编制一套涵盖小学 1—6 年级儿童关键数学学力的认知诊断测验，为最终实现对跨年级儿童关键数学学力属性的整体诊断测评做好工具准备。

国内已有相关研究大多是针对小学阶段的某种特定数学学力，或某特定年龄段儿童的数学学力进行认知诊断评估来展开的，而对于小学阶段跨年级数学学力整体性认知诊断的研究还较少见，对于跨年级认知诊断测评的等值分析研究更是欠缺。因此，本章的目的之二是尝试基于跨年级锚测验的垂直链接设计，利用大规模实测数据实现对 1—6 年级儿童数学学力的纵向等值分析。

前已述及，认知诊断测验的优势在于对被试 KS 的诊断性分析，而已有部分研究所使用的基于对原有测验进行事后分析以获得 Q 矩阵，进而修订测验项目的方法却很难保证诊断结果的精确性。因此，本章的目的之三是尽力严格按照认知诊断评估的技术规范，尝试采用自上而下的方法设计和编制跨年级儿童数学学力认知诊断测验，并通过质性分析与实证验证相结合的方法，多视角检验自编诊断测验的各项信效度指标，以保证其质量。具体而言，本章主要关注以下问题：①如何采用自上而下的方式编制高质量的认知诊断测验？②如何验证所确定认知属性的完备性与认知模型的合理性？③如何验证测验的整体质量？

基于上述研究目的和对所涉及核心问题的思考，本章确定以下拟完成的基本内容。

1）基于 Q 矩阵理论，以自上而下的方式设计和编制跨年级儿童数学学力认知诊断测验。

2）采用质性分析与实证验证相结合的方式，确保儿童关键数学学力认知模型的合理性与完备性。

3）严格按照 CDT 规范检验儿童数学学力认知诊断测验的各项测量学指标，确保测验的整体质量。

2.2　诊断设计方案选择

目前，国内外学者公认的认知诊断设计方案主要有 Embretson（1998）提出的 CDS 和 Mislevy（1994）提出的 ECD。

CDS 重点考虑了测验编制时基于结构表征（测验任务所涉及的潜在认知成分）和规则广度（测验分数的意义）方面的效度证据。因此，它要求先于项目编写建立一个合理的认知理论（模型）来解释完成某种类型任务时所需的认知过程，且强调一旦拥有较为成熟、合理的认知理论或模型，那么项目解决时所需的认知过程就能充分代表测验的结构。虽然CDS采用认知模型来指导测验编制，且大大改善了传统方法对测验结构效度的削弱的状况，但其所提供的仍然是一个笼统的能力分数，并不能实现真正意义上对被试加工过程、使用策略和知识结构的诊断，因此实质上仍属于传统的测验编制理论的范畴。

与CDS不同，ECD更重视能够支持做出个体统计推断的证据收集。此类证据可分为3个过程或子模型，分别是学生模型（即确定诊断目标，明确拟诊断的认知技能、知识和策略）、证据模型（即诊断的证据，包括描述被试对技能、知识、策略掌握情况的可观察行为与成绩等外部证据）和任务模型（即包含诊断证据的任务，如任务的呈现、条件与特征）。只有3个子模型间的关系得到清晰界定，且拥有实质心理学理论的支持，才能进一步提高认知诊断的有效性。

比较分析发现，CDS与ECD都强调对任务解决的认知模型在测验编制中的指导作用，但ECD却因为更注重对认知结构和加工技能的诊断评估，而使得在其指导下所编制测验的诊断功能更为突出。为此，本章基于ECD的设计思路，认为儿童数学学力认知诊断测验的编制可以由以下几个基本环节组成：①基于特定任务领域评价标准的认知模型构建；②基于认知模型的测验项目编制；③与认知模型相契合的认知诊断模型选择；④诊断数据的统计分析与结果报告。

2.3 诊断目标确定

相比较而言，小学阶段数学学习中所涉及的概念是最基础的，所涉及的原理与方法也是最初等的。儿童系统地学习这些较为“原始”的知识、技能，可为学习更为抽象、复杂的数学原理与方法奠定思维基础。而这些抽象的原理与方法又将成为未来学习更加深奥的数学理论与知识的基础。在这个连续、抽象的数学结构中，儿童如果不能概括化地掌握和运用这些原始的数学知能，进而形成自己的基础性数学学力，也就不能很好地理解建立在这个基础之上的更为抽象、庞杂的数学知识体系，也必然会影响其更高层次的发展性数学学力的获得。因此，在小学阶段及时、准确、连续地诊断儿童掌握和运用数学知能的基本情况和学力发展特征，不仅可以为儿童准确定位自己的数学学力水平提供量化依据，也可以为教师实施有针对性的补救教学提供更多有价值的反馈信息。而本章编制的诊断测验正是为了实现这一目的，具体而言：首先，运用自编儿童数学学力认知诊断测验，宏观描述 1—6 年级儿童数学学力的发展水平与结构特征；其次，通过 IRT 垂直链接技术，建立不同年级段儿童数学学力的统一测量参照体系，以实现其数学学力的跨年级比较分析。

2.4　诊断教材选择

教材，即教科书，通常与学科、课程或教学内容等作为同义词使用。它是构成教学过程的基本要素之一，也是对课程标准的一次再组织与再创造。而小学阶段的教材内容设计必须要有利于改善儿童的学习方式，提高其学习能力。

“一纲多本”是目前我国基础教育实践中各学科教材的主要特征。不同版本的教材虽然都是依据统一的国家课程标准而编制的，但是由于编写者的编写意图与选择的知识结构体系有所不同，其表达方式、材料组织、呈现顺序等各方面都会有所差别，这就使得学力认知诊断测验的编制必须提前考虑究竟以哪一个版本的教材为建构测验目标与框架的依据。当然，如果考虑到诊断测验要推广到更大的学生群体，也可以不同版本教材的共性内容和共同学习目标为依据。所以，编制认知诊断测验之前的教材分析，主要目的就是要梳理出所依托教材的学习目标与知识体系，为建构测验的内容标准、编制更高质量的测验项目奠定基础。

综合考虑国内现行各不同版本小学数学教材的使用范围，以及被试取样地区的实际情况，选用人民教育出版社出版的《义务教育教科书·数学》（1—6 年级，2016 年版，以下简称“数学教材”）作为本章编制儿童数学学力认知诊断测验的内容基础，分别按照年级、关键学力属性框架进行测验内容的梳理，并最终归纳出儿童数学学力发展应达到的具体目标，为下一步编制诊断测验提供坚实的理论依据。

2.5 诊断内容分析

如前所述，小学数学教材的内容安排要基于课程标准，至少应覆盖课程标准所规定知识领域的核心概念和重要法则。换言之，数学学力的诊断测评应涵盖具有良好结构的知识、概念和原理，以及应用性较强的数学技能，同时又能够体现儿童的综合理解水平和思维能力，而不应只是偏重记忆零散枝节的知识与技能。

因此，本章认为，小学阶段的数学学习内容中所蕴含的四基（基本知识、基本经验、基本思想和基本活动经验）构成了儿童数学学力诊断测评的认知核心，是认知诊断测验编制的根基所在。而数学学习的 4 个主要认知维度（数与代数、图形与几何、统计与概率、综合与实践）及其核心内容标准则规定了认知诊断的主要考查点及其绝对难度或认知要求，也决定了整个测验应该覆盖的内容领域与主题。

比较分析“数学新课标”和“数学教材”中关于儿童数学学习的 4 个认知维度领域的核心内容要素，可以发现，“数学教材”的学习内容中共包括 41 个诊断测评主题，其中涉及数与代数的有 21 个，涉及图形与几何的有 13 个，涉及统计与概率的有 5 个，涉及综合与实践的有 2 个。

按照“数学新课标”中“重要的数学概念与数学思想方法宜体现螺旋上升式的原则”，“数学教材”将主要学习内容分为“数与代数”“图形与几何”“统计与概率”“综合与实践”4 个模块，而且在每个年级的教材中都对这 4 个模块内容的呈现进行了分层递进、螺旋上升的穿插编排，使这些内容能够贯穿于 1—6 年级的整套教材之中。显然，如此编排方式是以布鲁纳（1982）的结构化教学理论为基础的，他曾提出并详细阐述了“螺旋式课程”理念，即以与儿童数学思维与能力发展特征相符的形式，将学科结构置于课程的中心地位，随着年级的提升，不断拓宽、加深学科的基本结构，使之在课程中呈现出螺旋式上升的趋势。而 Blanton 和 Kaput（2004）也强调，采取“麻花状”而非“多层蛋糕式”编排的中小学数学教学，将产生一个有强大的垂直连续性、能在儿童教育经验的范围内把数学的“根”和“叶”连接起来的纵向结构。它更注重主要知识的阶段化学习，即在某一阶段内只学习某一知识模块的一部分，在后续的教学中再逐步地加以深化与延展，达到不断拓宽、强化、提高的结果。总之，合理的课程结构安排会使教学内容得到更加有效的组织。螺旋式上升的教学内容编排体系充分考虑了儿童数学学力发展的阶段性与思维发展的顺序性特点。合理的螺旋式结构也可以最大限度地满足不同发展阶段儿童的学习需求。

根据以上分析，儿童数学学习的不同阶段对不同关键数学学力的掌握深度、广度和侧重点的要求有所不同，即使对于同一种能力，不同阶段的侧重点也有所不同，但是也基本上遵循了由简单到复杂、由单一到综合、由具体到抽象的螺旋式上升原则。比如，数感是儿童在小学阶段的核心数学学力，所以其在各个年级段都有不同深度与广度的体现，且始终是学习的重点；而动态空间观念的获得受到低龄儿童抽象思维能力的发展限制，因此在一年级时只涉及常见图形的认识，而到了四年级则开始侧重于图形的测量与计算；同样，低龄儿童在具备了初步数感之后就会对数据的分类整理产生浓厚兴趣，所以在二年级的学习中就比较注重数据的简单分类、整理与呈现，直到五、六年级儿童已经具有了相当的抽象运算思维能力，学习的重点就转换到了强调数据的解释与运用上。依此可以发现其他几种学习能力的呈现规律：一年级儿童数学学力发展的重点是数感（100 以内数的认、读、写、拼、比、数）、确定性运算能力（20 以内退位减和进位加运算、100 以内整十数加减运算）；二年级儿童数学学力发展的重点是数感（万以内数的认、读、写、拼、比、数）、确定性运算能力（100 以内加减混合运算、表内乘除法）；三年级儿童数学学力发展的重点是动态空间观念（正方形、长方形及其面积的认识）、确定性运算能力（万以内数的加减运算、万以内多位数乘法、除数是一位数的除法运算）；四年级儿童数学学力发展的重点是数感（亿以内大数的认、读、写，小数的读、写、比）、动态空间观念（三角形、平行四边形、梯形的认识）、确定性运算能力（三位数乘两位数乘法、除数是两位数的除法、四则混合及小数的加减运算）、探索性运算（角的度量）、化归推理能力（加法、乘法运算定律及其简便计算，策略优化）；五年级儿童数学学力发展的重点是数感（因数、倍数、分数的认识）、动态空间观念（长方体与立方体的表面积、体积计算）、数据整理意识（复式折线统计图的表示）、确定性运算能力（小数乘除法、分数计算）、探索性运算能力（多边形面积计算）、化归推理能力（简易方程的解法）；六年级儿童数学学力发展的重点是数感（比和百分数的认识）、动态空间观念（圆、圆柱、圆锥的认识）、确定性运算能力（分数的乘除法，百分数与分数、小数的互化）、化归推理能力（比与比例的应用）。

2.6 诊断测验构念设计

如前述已知，儿童数学因其特有的基础、起源和初等等基本性质，而成为儿童发展认知理性的核心。可以说，对于儿童来说，数学既是一种自我认知建构所必需的知识形式，也是一个日常生活所必需的经验过程，当然还是一种与未来更广泛学习密切联系的思维方式。正是在此基础之上，本书将儿童数学学力界定为儿童在数学学习过程中所形成的相对稳定的、特殊的综合心理能力。它虽然是儿童在当下数学学习的过程中所形成的现实能力群，但又在一定程度上作为一种潜在能力影响着儿童未来学习的走向与效率。

2.6.1 诊断维度分析

基于以上对于“数学新课标”和“数学教材”中有关数学学力评价内容及标准的分析，考虑到儿童数学学力的结构性、发展性与可测性，对其诊断测验的构念模型应至少包括 4 个维度（图 2-1）：①情境维度，包括生活的和数学的两种问题情境；②内容维度，包括数与代数、图形与几何、概率与统计、综合与实践 4 个主要学习领域；③过程维度，包括符号化表达、数学化运算与关系化建模 3 个主要认知过程；④能力维度，包括数感、动态空间观念、数据整理意识，以及确定性运算能力、探索性运算能力、化归推理能力等 6 种核心能力。

（1）情境维度

根据数学问题情境与儿童经验的关系，以及特定情境中问题的明确程度，可将儿童数学学力认知诊断测验的问题情境分为两大类：①生活情境，与儿童的个人日常生活直接相关，它要求儿童细致地观察周遭环境广泛存在的数与数量关系，然后激活自己的数学知识、技能与思维，思考可能对生活产生影响的外部情境的各个因素。基于此情境的数学问题能够立刻影响儿童对各个生活元

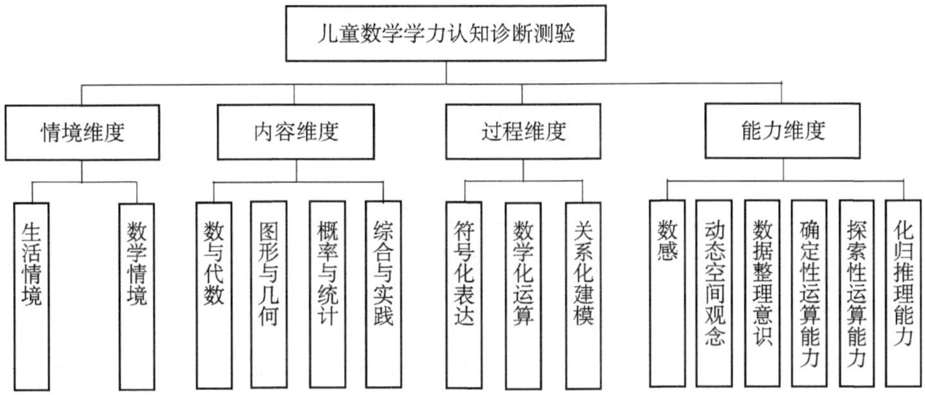

图 2-1　儿童数学学力认知诊断测验维度框架

素间关系的理解方式，及其知觉问题背景的思维方式。②数学情境，这是一种更加抽象的“数学内”情境，会涉及对一些数学概念原理、方法过程或公理法则的理解。此类情境中通常会包括更多明确、纯粹的数学元素，而且一些问题所必需的符号化、抽象化、形式化的呈现方式，也决定了其不可能被放置到更广泛的生活经验背景中。比较而言，在儿童的数学学习过程中，生活情境是更为熟悉的、经常体验的、具体经验更为丰富的情境；而儿童对数学情境则相对更为陌生与抽象。在不同情境中，数学问题的明确程度也会有所不同，有些问题会以儿童非常熟悉的数学概念、关系、结构来呈现，而另一些则可能隐含在抽象的数学符号语言之中。这两种情境相结合，可以更全面地评估儿童在不同情境下重新组织数学元素，发现数学问题，提炼数学方法，形成数学思想的创造性学力。

（2）内容维度

按照诊断测评所涉及的不同学习内容，也可以将儿童数学学力认知诊断测验的内容分为四类，分别是数与代数、图形与几何、概率与统计、综合与实践。其中：①数与代数，重点是帮助儿童发展初步的数感和符号意识，并具备一定的运算能力，进而形成模型化的数学思想，主要内容包括：数的认识、表示、比较、运算和估计；用字母表示数，代数式及其运算；方程、方程组、不等式、函数等。②图形与几何，重点是帮助儿童建立初步的根据物体特征抽象几何图形，或根据几何图形想象实际物体的动态空间观念，主要内容包括：空间和平面基本图形的性质与分类；各种图形（立体和平面）基本性质的认识；

各种图形的平移、旋转、轴对称等变换。③概率与统计，重点是帮助儿童逐渐建立起数据的整理分析观念，主要内容包括：数据的收集、整理和图表描述；数据特征的描述，包括平均数、中位数、众数等基本指标的计算；利用已有数据提取信息并进行简单的分析、判断与预测；认识简单随机事件及其发生的可能性等。④综合与实践，这部分主要体现的是一种以具体问题为载体，帮助儿童积累数学经验、培养实践能力与创新思维的应用意识。针对不同问题情境，儿童可以综合所学知识和生活经验，独立思考或与他人合作，经历发现、提出、分析和解决问题的全过程，感悟数学各内容领域之间、数学与生活之间、数学与其他学科之间的内在联系，进而加深对所学数学内容的理解。它对于培养儿童的抽象逻辑思维能力、发展高阶数学学力非常有益。

（3）过程维度

通常而言，与激活儿童数学知能并成功解决数学问题相关的思维过程，即“数学化”思维过程。儿童在运用数学概念与原理描述事物规律并解决问题时，至少包括以下 3 个方面的思维过程：其一是抽象地表现事物特征的过程；其二是运用逻辑原理进行抽象思维、发现新关系的过程；其三是判断数学关系对特定问题是否适用的过程。以上思维过程具体表现为 3 个方面：①符号化表达，即对实际问题的数学化表达，是运用各种数学符号抽象、概括、表述事物的关系、特征及规律的过程。在数学学习中，儿童不仅可以对具体的事物或过程加以抽象，并用符号表达出来，也可以对多个变量关系进行更复杂的抽象化表达。只有在对事物的共性特征进行深入的抽象化思考与明确的符号化表达之后，才能更有效地利用数学思维解决具体问题。当然，数学问题解决之后，还需要把所获得的数学结果代入现实情境中，以检查其是否适用，并再次用数学化语言表述结果。在小学阶段主要涉及各种数（整数、小数、分数的性质与认识）、形（平面、立体图形及其位移）、位（方向、位置与运动）、表（简单、复式统计图表）等关系的符号化表达。②数学化运算，即根据实际问题需求确定相应的计算精度，进而通过一系列数学运算规则发现数量之间的新关系，并有效解决问题的过程。在数学化运算过程中，有些运算有明确的目标和确定的运算结果，而有些运算则需要根据已有条件和要求进行各种探索性的转化、估算与验证。只有当儿童把现实问题转化为数学问题后，其才能运用所掌握的数学知识、技能予以运算求解，其中可能包括简单的确定性计算、探索性估算，或使用符号化、形式化的方式进行数学化的逻辑论证与归纳。在小学阶段主要涉及各种数量关系的确定性运算（加、减、乘、除及四则混合运算）能力和探索性运算（重量、大小等的估算，简便运算定律，面积、体积计算等）能力的熟悉与运用。③关系化建模，即利用数学原理解决实际问题的过程。一般需要儿童在抽象和符号化表达的基础上，根据实际问题建立或选择适当的关系模型，以发现和建构深藏于事物表面之下的数学关系。其核心是数学抽象，也体现了广义的化归思维，是儿童理解数学与现实世界之间联系的基本途径。当儿童面对一个现实生活情境时，其首先要能够从中发现可以运用数学规则的问题元素，并依据相关数学概念和原理对其进行模型化再组织。关系化建模一般包括以下基本环节：提出简单假设→概括整合信息→有效呈现问题、条件及其关系→理解符号化、形式化的数学语言，找出隐含的规律与模式→把所有已知数学公理、定理与需求解的问题建立联系，确定一个适当的数学模型。在小学阶段主要涉及“路程＝速度×时间”“总价＝单价×数量”等典型模型及其变式的应用。

（4）能力维度

儿童数学学力必须要有各种具体数学能力的支撑。“数学新课标”特别强调儿童在数学学习中的主体地位，要求教师应重视知识的形成过程，引导儿童在运用所学知识灵活解决现实生活情境问题的过程中提升数学能力，强调要让学生运用数学的思想方法经历过程，体验数学、探索数学成为小学数学教育的核心理念。因此，“数学新课标”中明确提出要注重儿童数学思维能力的培养，应当注重发展儿童的数感、符号意识、空间观念、几何直观、数据分析观念、运算能力、推理能力、模型思想。为了适应时代发展对人才培养的需要，数学课程还要特别注重发展儿童的应用意识和创新意识。这实质上就是“数学新课标”所强调的儿童应该具备的 12 种基本数学思维能力，也是本章分析、确定儿童关键数学学力的基础。

2.6.2 关键数学学力属性分析

以上关于儿童数学学力内容与维度的分析，为下一步的测验编制奠定了基本的学科理论基础。但问题还在于，究竟应该着重诊断和分析儿童的哪些数学学力，这些学力都以何种方式表现出来，这些学力与现行课程标准和教材之间又有着怎样的内在联系呢？

从某种意义上来说，正是数学的抽象性使其具有了广泛的通用性，而这也正是数学的魅力所在。那么，对于这样一门特殊的学科而言，究竟哪些学力才是儿童最根本的核心素养呢？米山国藏（1986）曾强调，对于学生而言，作为知识的数学通常是出校门后一两年内就都忘掉了。然而，不管从事什么工作，那些深深铭刻于他们头脑中的数学精神、思维能力、探究意识、推理方法却会随时发生作用，让他们受益终生。很显然，这些忘掉了所有的东西之后所剩下的就是儿童的关键数学学力。之所以说是关键数学学力，是因为这些学力对于儿童数学学习具有奠基性和不可替代性，是更接近儿童数学学习本质的潜在数学特质，甚至如有缺失就足以影响其整体学力的发展水平。当然，这些关键数学学力也都是可以通过各种教育教学手段的培养来获得的。

根据已有相关文献，国内外众多学者都对儿童数学学力的关键认知成分及其结构提出了各自的理论与设想。其中，在国内小学数学教学改革过程中影响较大、最具代表性的如表 2-1 所示。

表 2-1　关于儿童数学学力关键认知成分的理论出处列举

理论出处	儿童数学学力的关键认知成分
《小学算术教学大纲（修订草案）》（1952）	空间想象、逻辑思维、判断能力
《全日制小学算术教学大纲（草案）》（1963）	运算、逻辑思维、空间想象等三大能力；后又拓展为运算、逻辑思维、空间想象、分析问题、解决问题等五大能力
《中小学生数学能力心理学》（克鲁捷茨基，1983）	概括、抽象、运算、推理、简化、逆向思维、灵活思维、记忆、空间概念等九大能力
《小学生数学能力的测查与评价》（赵裕春，1987，1989，1990）	思维概括能力、可逆思考能力、函数思考能力、空间关系直觉与想象能力
九年义务教育全日制小学数学教学大纲（试用）（1992）	思维、运算、空间想象、解决实际问题等四大能力
《全日制义务教育数学课程标准（实验稿）》（2001）	数感、符号感、空间观念、统计观念、应用意识、推理能力
《学习与发展——中小学生心理能力发展与培养》（林崇德，2003）	3 种基本数学能力（运算能力、逻辑思维能力、空间想象能力）、5 种数学思维品质（思维的深刻性、灵活性、独创性、批判性、敏捷性）
《义务教育数学课程标准（2011 年版）》（2011）	数感、符号意识、空间观念、几何直观、数据分析观念、运算能力、推理能力、模型思想、应用意识和创新意识

综合分析上述代表性理论观点及其研究方法，对于儿童数学学力关键认知

成分的分析大致有 3 个基本步骤：①研究者依据某些理论、经验并结合自身的观察与归纳，提出关于数学学力关键认知成分的假设，并对其进行初步的定性分析；②针对假设认知成分进行一定范围的实证验证；③根据实证数据，修正关键认知成分，确定儿童的关键数学学力。在具体操作时，可以按照 CTT 的实验验证法，即为了验证某个假设因素作为数学学力关键认知成分是否合理，可编制一套与此因素有关的数学测验和另一套与此因素有关的非数学测验，然后对同一实验对象进行测试，通过两次测试成绩的相关系数来确定该因素是否为所假设数学学力的一种关键认知成分，通常如果相关系数很低，说明该因素应该被确定为数学学力的一种成分（喻平，1997）。也可以按照 IRT 的项目分析方法，使用因素分析技术对学力测验的项目进行单维性检验，以确认学力测验的关键认知成分。此外，还可以运用 CDT 的 *Q* 矩阵验证法，通过学生出声思维报告、专家评定或回归检验等方法来验证关键认知成分的合理性与完备性。本书将在后文中使用基于 CDT 的 *Q* 矩阵验证法进行儿童关键数学学力属性的验证。

当然，鉴于儿童关键数学学力属性结构的复杂性，还可借鉴 Greeno（1976）所提出的评价儿童认知结构形成的 3 个标准：①表征的内部整合程度（整合性）；②表征与有关事物之间联结的程度（可理解性）；③表征和所要表征事物之间的一致性程度（一致性）。并据此确定如下几个标定儿童关键数学学力属性的基本原则：①以当前国内小学数学课程标准和学习内容中所规定的“四基”（基础知识、基本技能、基本思想、基本活动经验）的获得与发展为导向。只有如此，才能真正充分体现儿童数学学力诊断在教学实践中的教育意义。②以对数学问题认知结构的分析为主线。只有抓住数学问题中所隐含认知结构的特点，以及影响问题的难度、区分度等参数的诸多因素，才能更好地理解儿童的数学认知加工过程。③通过对儿童数学问题解决过程的问题表征、策略选择过程进行分析，进而研究影响儿童数学问题解决的认知特征。这也是深刻理解儿童数学学力结构与发展趋势的心理基础。④通过儿童数学认知结构的评价标准来衡量关键学力成分的合理性。这也是为进一步保证关键数学学力属性的内容效度与构念效度所做的必要准备。

根据上述关键学力属性分析的基本步骤、标准与原则，并综合对“数学新课标”中数学学力的诊断目标及“数学教材”中学习内容的分析解读，本章最终提炼出构成儿童数学学力结构的 6 个关键认知要素，即本书拟诊断分析的 6

个关键数学学力属性。

第一，数感，主要是指关于数与数量、数量关系、运算结果估算等方面的感悟。它是儿童对数与运算的一般理解，可以帮助儿童灵活地运用不同方法与策略做出数学化判断，并运用数学思维解决实际问题。因此，它是儿童学会数学化思考的前提与基础。

第二，动态空间观念，主要是指根据实际物体特征抽象出几何图形，或根据几何图形想象出其所描述的实际物体；想象出物体的方位及其相互位置关系；用数学语言描述图形的运动和变化特征；依据语言描述绘制相应图形。它是儿童认识客观世界的重要保障。

第三，数据整理意识，主要是指通过简单调查研究收集数据，然后分类进行分析、判断，体会数据中所蕴含的数学信息。当然，在具体的问题情境中，可能还会涉及需要根据不同问题情境选择合适的数据归类与分析方法。它是儿童处理和利用信息的基本素养。

第四，确定性运算能力，是儿童数学学力结构中的一项基本能力，主要是指儿童能够根据特定的数量关系与运算律，快速、准确地进行数据运算的能力。小学阶段主要包括万以内整数、一位小数或分母是两位数的分数运算。其特点在于各种运算都有其不同的准确意义、法则（公式）和运算律，都要求结果具有唯一性和最简性。

第五，探索性运算能力，其最核心的是儿童对运算情境的把握、运算算理的理解和运算技巧的选择。小学阶段主要包括各种数量关系的估算，以及简单代数式、方程、极限、可能性等需要进行更复杂尝试性运算的能力。其主要特点在于根据特定问题情境的需要，适时选择虽不一定最精确，但更有利于问题解决的运算方法与策略。

第六，化归推理能力，是贯穿于整个儿童数学学习过程中的高层次思维方式，需要儿童从已有事实出发，凭借经验或直觉，通过归纳、类比或演绎等方式抽象出复杂的数学问题，总结其隐藏的数量关系和变化规律，用数学符号建立式与方程、函数等初等数学模型。其整个思考过程充分体现了数学思维的符号化与模型化、逻辑性与推理性的本质特征。

2.7　关键数学学力认知模型界定

认知诊断测评的核心就是要对学生作答反应背后所隐藏的潜在认知优势与不足做出精确判别。为实现此目的，首先必须要确定拟测量领域问题解决的内部心理加工机制模型，即学生在作答指定项目或解决特定问题时所涉及的认知加工成分、策略或知识、技能。在测评实践中，其主要表现为确定认知诊断测验所涉及的关键认知属性及其逻辑关系。

2.7.1　认知属性的确定方法

由于儿童在完成某个具体领域的任务时，通常会涉及知觉、注意、记忆、问题解决、推理、智力以及其他特殊能力等多项能力，Leighton 和 Gierl（2007）曾强调认知诊断测评必须明确提出并描述认知模型，而不是像传统测验那样根据研究者的期望主观确定，还必须要有实际的证据支持学生究竟是如何思考及解决问题的。因此，他们提出了确定认知属性的多种方法，如专家评定法、口语报告法、文献回顾法等（Roberts et al.，2014）。其中，专家评定法，即由若干学科专家分别凭借各自丰富的教学经验给特定测验项目确定具体的认知属性，然后再共同讨论选出最有代表性的一些属性。口语报告法，是指在实施测验时，要求被试在作答测验项目的同时大声报告其思维过程，或在测验后要求其回忆并追述解题的思维过程。这种方法可以使被试作答测验项目的内部认知过程外显化，以便于深入分析其认知反应的内部过程。文献回顾法，是指回顾众多已有研究成果，并从中抽取出特定学科领域中广受认可的关键认知属性。

基于对上述不同方法的理解，本章首先通过文献回顾法初步确定儿童数学学力认知诊断测验的关键学力属性及其层级关系；然后再综合运用口语报告、专家评定和回归分析等方法，对所确定的属性层级关系（即儿童关键数学学力认知模型）的完备性与合理性进行质性与量化的综合验证。

2.7.2 关键数学学力属性确定

综合前文对“数学新课标”中的学力培养目标，以及对“数学教材”中数学学习内容的细致梳理，本书认为，儿童数学学力是儿童在系统的结构化数学学习过程中形成的数学综合认知能力，同时它又是一个由情境、过程、内容和能力等 4 个维度纵横交错的立体层级结构。

在此基础之上，综合考虑众多学者对儿童数学学力关键认知成分的研究成果，以及现有 CDM 对认知属性数量的限制（如 Q 矩阵中的认知属性数量低于 8 个时可以获得较高的模式判准率）（涂冬波等，2012a），首先邀请经验丰富的小学数学一线教师、教研员、教育测量学者等不同领域专家 10 人（其中教育测量学者 2 人，一线教师 5 人，教研员 3 人），对儿童数学学力认知诊断测验的设计思路及关键数学学力属性的提取进行了广泛研讨。最终他们一致认为，儿童运用自身学力解决数学问题的过程可以概括为符号化表达、数学化运算和关系化建模等 3 个主要环节。其中，符号化表达过程需要涉及数感、动态空间观念、数据整理意识等 3 个关键数学学力属性；数学化运算过程主要涉及确定性运算能力和探索性运算能力等 2 个关键数学学力属性；而关系化建模过程则主要涉及化归推理能力这 1 个关键数学学力属性。各关键数学学力属性及其含义如表 2-2 所示。

表 2-2 儿童关键数学学力属性及其含义解读

认知过程	关键学力属性及代码	属性含义
符号化表达	数感（A1）	关于数与数量、数量关系、运算结果估计等方面的一般理解，是儿童学会数学化思考的前提与基础
	动态空间观念（A2）	根据实物特征抽象几何图形，或根据几何图形想象实物，或用数学语言描述图形运动变化特征的意识与能力
	数据整理意识（A3）	通过简单调查，收集数据，然后分类分析判断，体会数据中蕴含的数学信息的意识
数学化运算	确定性运算能力（A4）	根据特定运算法则准确且快速地进行数学化运算的能力
	探索性运算能力（A5）	根据特定运算法则对不同数量关系及策略的尝试性运用，其核心是对运算算理的理解和运算技巧的选择、应用能力
关系化建模	化归推理能力（A6）	通过归纳、类比或演绎等方式从不同情境中抽象数学问题，总结数量关系和变化规律，建立式、方程、函数等初等数学模型，是儿童数学学习的高阶思维能力

2.7.3　关键数学学力属性层级关系确定

在确定了关键学力属性之后，还需根据儿童数学学习的认知过程，确定各属性间的层级关系（认知模型），即通过对各属性的上下层级进行搭配，以更准确地体现它们之间的内在逻辑关系，进而为下一步编制高质量的诊断测验奠定基础。

综合文献分析与学科专家意见，本书得到儿童关键数学学力属性层级关系（图 2-2）。①数感（A1）是儿童学习一切数学知识的重点与基础，它应该是其他 5 个学力属性的先决条件，即只有在具有一定数感的基础上，儿童才有可能更好地理解图形与几何原理，具备相关数据整理和运算能力，进而完成更抽象的探索性运算和推理过程。②确定性运算能力（A4）又是探索性运算能力（A5）的先决条件，因为探索性运算是对基本的数运算的拓展，它需要儿童灵活运用各种运算规则与技巧去探索更复杂的数学问题，但前提是需要掌握较为扎实的确定性运算能力。③数感（A1）、动态空间观念（A2）、数据整理意识（A3）、确

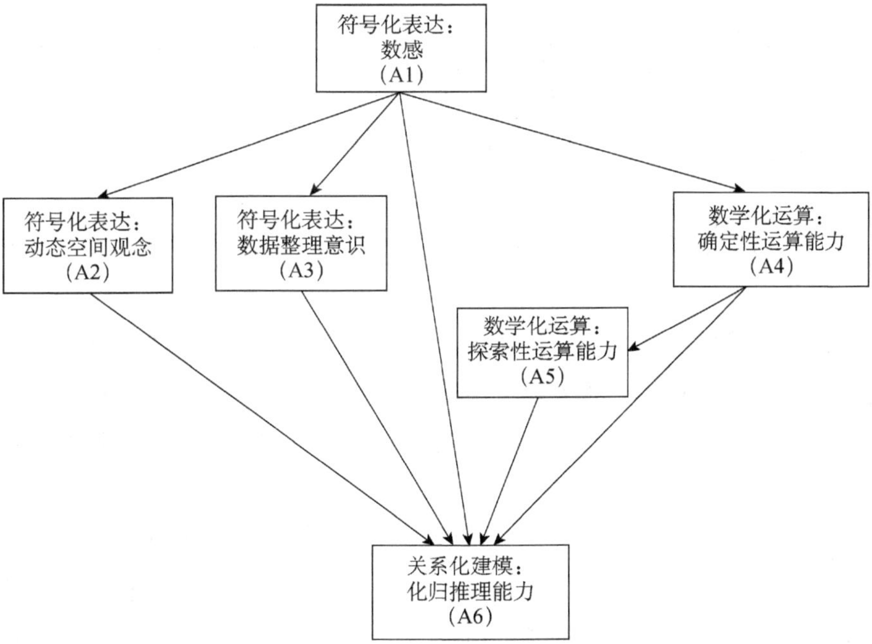

图 2-2　儿童关键数学学力属性层级关系

定性运算能力（A4）、探索性运算能力（A5）又是化归推理能力（A6）的共同先决条件，化归推理能力是儿童数学学习过程中需要掌握的最高层次的数学思维能力，它能帮助儿童处理各种复杂、抽象、综合的数学问题，但它的形成必须要以掌握其他各属性为基础。

当然，在确定儿童关键数学学力属性层级关系时，专家也是在设定了一些条件之后才达成了基本一致。首先，考虑到目前现有的认知诊断模型只有针对不超过8个认知属性的认知模型时才能获得比较理想的模式判准率，因此没有将“数学新课标”中明确提出的数学创新意识、综合实践能力、问题解决能力等更适合用多级评分问题来考核的学力属性纳入该认知模型中。其次，上述能力与其他所测属性都是密不可分的，儿童在获得和应用任何关键数学学力的过程中都有可能涉及对它们的掌握与运用，因此将对它们的考核渗透在不同项目情境的表达中，如在生活情境的项目中考察儿童的综合实践能力，而在数学情境的项目中考察儿童的数学创新意识。

此外，以上6个儿童关键数学学力属性及其层级关系的确定基本符合如下几个基本原则：①以认知心理学中关于儿童数学学习的认知过程理论为基础；②以众多关于儿童数学学力测评的研究成果为经验借鉴；③基本体现国内基础教育对儿童数学学习的综合质量监测要求，且与“数学新课标”及“数学教材”的评价目标及学习重点相吻合；④基本符合儿童数学思维由具体到抽象、由简单到复杂，同时又多维并重的发展特点。

2.7.4 测验的Q矩阵

确定认知属性及其层级关系之后，就可以依据Q矩阵理论建立一个能够表征测验项目与认知属性之间依存关系的测验考核结构，即测验的Q矩阵。它是实现儿童数学学力认知诊断的测量基础，也是进一步对其KS进行诊断分析的重要依据（涂冬波等，2012b）。

Q矩阵理论通常被认为是一个将潜在概念外显化的操作基础理论，Q矩阵允许通过合并定性的先验知识结构，并以分别赋予行（项目）和列（属性）不同值（1或0）的形式，来表示某个项目是否考察了某（几）个属性。Q矩阵通常采用$K\times I$的关系矩阵来表示，其中，K表示属性的数目，I表示可能的题目类型。Leighton 等（2004）在研究 AHM 时发现，利用属性层级关系和相关算法可以分别生成邻接 *A* 矩阵和可达 *R* 矩阵（分别用 0 表示属性间没有关系，用 1 表示属性间存在着各种关系）。基于 *A* 矩阵和 *R* 矩阵就可得到满足相应属性层级关系的所有项目考核模式。

2.7.4.1　可能属性考核模式标定

图 2-3 为儿童数学学力认知诊断测验的 *A* 矩阵和 *R* 矩阵。采用缩减算法，就可以确定测验所有可能的 64（$2^6=64$）种项目考核模式（属性组合模式）。

$A=$

	*A*1	*A*2	*A*3	*A*4	*A*5	*A*6
*A*1		1	1	1		1
*A*2						1
*A*3						1
*A*4					1	1
*A*5						1
*A*6						

$R=$

	*A*1	*A*2	*A*3	*A*4	*A*5	*A*6
*A*1	1	1	1	1	1	1
*A*2		1				1
*A*3			1			1
*A*4				1	1	1
*A*5					1	1
*A*6						1

图 2-3　儿童数学学力认知诊断测验的 *A* 矩阵和 *R* 矩阵

2.7.4.2　*Q* 矩阵导出

丁树良等（2010，2011，2015，2016）曾在理论上验证了 *R* 矩阵在认知诊断测验组卷中的重要作用，并通过模拟研究证明了在认知诊断测验中出现包含 *R* 矩阵的项目越多，则认知诊断测验的模式判准率也越高。因此，在测验组卷时，有必要根据实际情况尽量增加包含 *R* 矩阵的项目。

基于以上分析，为了保证儿童数学学力认知诊断测验考核模式的充分性和诊断的准确性，首先从所有可能项目考核模式中排除部分零概率（即不可能）的考核模式，同时遵循认知诊断测验编制的第一个原则（即为了实现对所有 KS 的诊断分类，必须保证测验蓝图中包含 *R* 矩阵），最终确定了符合逻辑要求（属性层级关系）和教学实践要求（1 节课 40 分钟内完成测验）的测验项目考核模式共 25 种，然后再从中排除“A000000”和“A111111”这两种模式，因为这两种考核模式虽然符合属性之间的逻辑层级关系，但显然与儿童数学学力测验的实际不相符，因为在学力诊断测验中不可能出现都不考察任何属性的项目和一次性考察所有属性的项目。换言之，对于符合 6 个关键数学学力属性层级关系的儿童数学学力认知诊断测验，其所有的项目考核模式只有 23 种（表 2-3）。因此，可将它确定为儿童数学学力认知诊断测验的编制蓝图——Q 矩阵。

表 2-3　儿童数学学力认知诊断测验 Q 矩阵

项目序号	典型项目考核模式	*A*1	*A*2	*A*3	*A*4	*A*5	*A*6	考核属性数目
1	A100000	1	0	0	0	0	0	1
2	A110000	1	1	0	0	0	0	2
3	A101000	1	0	1	0	0	0	2
4	A111000	1	1	1	0	0	0	3
5	A100100	1	0	0	1	0	0	2
6	A110100	1	1	0	1	0	0	3
7	A101100	1	0	1	1	0	0	3
8	A111100	1	1	1	1	0	0	4
9	A100110	1	0	0	1	1	0	3
10	A110110	1	1	0	1	1	0	4
11	A101110	1	0	1	1	1	0	4
12	A111110	1	1	1	1	1	0	5
13	A100001	1	0	0	0	0	1	2
14	A110001	1	1	0	0	0	1	3
15	A101001	1	0	1	0	0	1	3
16	A111001	1	1	1	0	0	1	4
17	A100101	1	0	0	1	0	1	3
18	A110101	1	1	0	1	0	1	4
19	A101101	1	0	1	1	0	1	4
20	A111101	1	1	1	1	0	1	5
21	A100111	1	0	0	1	1	1	4
22	A110111	1	1	0	1	1	1	5
23	A101111	1	0	1	1	1	1	5
属性考核次数		23	11	11	15	7	11	

注：表中的“1”表示此项目考核了该关键学力属性，“0”表示未考核

如前文所述，按照“数学新课标”的总体设计理念与评价框架，6 个年级不仅学习目标维度（包括知识技能、数学思考、问题解决和情感态度）相同，而且学习内容维度（数与代数、图形与几何、统计与概率、综合与实践）也都是一样的，不同之处只在于目标和内容展开的过程是按照由浅入深、由易到难的螺旋上升的方式逐步呈现的。因此，将 6 个年级的儿童数学学力测验设计为具有相同的属性层级结构和 Q 矩阵，即可编制 6 套针对不同年级儿童学习内容的

关键数学学力认知诊断测验。

2.8　诊断测验试测项目编写

测验项目编写是对拟诊断关键数学学力属性及其关系的进一步具体化与形式化表达。为了验证初步确定的关键数学学力属性的完备性及其层级关系的合理性，根据已经初步确定的属性及其层级关系，并参考“数学新课标”和“数学教材”中所涵盖的各年级重点学习内容，本章分别编制了“儿童数学学力认知诊断测验（1—6 年级）”（试测卷）。其中每个年级的诊断测验各有 23 个项目，分别对应 23 种典型考核模式。

最后，将试卷交由样本学校部分数学教师和所在学区教研室学科专家进行讨论、审核，重点对题目表述方式是否符合儿童的语言习惯、难度是否适度，以及题目与各年级教学目标的相关度等方面进行分析，并据此对部分题目进行调整、修改与替换，将通过审核的题目组合形成测验（试测）题本。

各年级测验的所有项目均为填空题，这可以在一定程度上避免儿童仅凭猜测而正答某项目的情况。各项目均采用 0、1 二级计分的方式，正确作答某个项目计 1 分（即认为儿童掌握了该项目所涉及的所有关键数学学力属性，且正答该项目），否则计 0 分（即认为至少有 1 个学力属性没有被该儿童所掌握，且错答该项目）。

2.9　认知模型验证

虽然前文已经采用文献回顾法和专家评定法初步确定了儿童数学学力认知诊断测验的认知模型，但研究者与各领域专家在对小学数学知识结构的理解、解题策略方法的运用等方面都与儿童存在很大差异。换言之，由成人初步确定的数学学力认知模型并不一定可被直接用来代表儿童在解决特定数学问题时的真正认知结构。此外，认知诊断测验的编制也是在确定好关键数学学力属性及其层级关系的前提下完成的，可以说，前期确定的学力属性的完备性及其层级关系的合理性直接决定着诊断测验的信效度。因此，还需要对其做进一步的验证。

通常，对于认知属性及其层级关系的验证，主要有质性验证和实证验证两大路径。本章在广泛借鉴已有研究成果的基础上，尝试从以上两个路径进行综合验证。

2.9.1 质性验证

Tatsuoka（2009）曾提出验证和改进认知模型的最好方法之一就是采访学生。他认为，通过学生的口语报告，可以清楚地知道他们在完成特定问题时所运用的知识点和认知技能。因此，本章选择运用口语报告法对初步确定的认知模型进行质性验证。

2.9.1.1 方法选择

口语报告法，即通过让被试以口头言语的形式报告自己的特定心理活动过程，进而研究其行为表现的研究方法（Ericsson & Simon，1984）。目前，它已被广泛应用于个体认知加工过程的研究中，同时也是通过被试完成特定任务或解决特定问题的口语报告来识别和确认所需认知属性的主要方法（Gierl et al.，2008）。通常根据报告的时间和方式不同，口语报告法可分为同时性口语报告和追述性口语报告（Ericsson & Simon，1984）。前者是让被试在处理任务的同时大声报告其心理活动与思维过程，主要是对短时记忆中的信息进行加工和提取；后者则是让被试在完成特定任务后再回忆其思维过程，所提供的是被试长时记忆中的信息。相比而言，追述性口语报告不如同时性口语报告更准确，主要是因为被试在追忆过程中可能结合原有经验对思维内容进行再次推理和补充（Ericsson & Simon，1993；李菲菲，刘电芝，2005）。

在充分比较两种口语报告法的特点之后，本章确定了通过对儿童完成相应测验项目的同时性口语报告进行分析，来考察其在数学问题解决的思维过程中是否涉及事先已经确定的关键数学学力属性，以验证这些属性的完备性及其层级关系的合理性。

2.9.1.2　被试选取

按照 Gierl 等（2008）的观点，口语报告被试的选择应符合以下几个基本条件：①自愿在完成特定测验项目的同时做认知过程的出声思维报告；②有较强的口头表达能力，以便能更准确表达他们的思维过程，这一点对于低年级儿童尤为重要；③数学学习成绩达到中等或中等以上水平，此类儿童更有可能提供正确、合理的解题过程；④参与儿童中的男生和女生人数相当，以便能够更全面地考察不同性别儿童的数学认知过程。

基于目的抽样的原则，首先从 HH 市 SH 区抽取数学整体教学水平处于上、中、下 3 个层次的 3 所小学，再分别从 3 所学校中随机抽取 1—6 年级数学成绩处于中等水平的儿童各 2 名（其中男、女生各 1 名），共计 36 名。

2.9.1.3　测试材料

采用自编“儿童数学学力认知诊断测验（1—6 年级）”（试测卷）作为测试材料。在要求儿童进行出声思维的同时，也提醒他们尽量详细地写下解题过程。此外，根据需要准备了录音笔、铅笔、橡皮、直尺、白纸等必备材料。

2.9.1.4　分析过程

根据参与儿童的口语报告记录，整理形成其数学思维的认知流程图，以备进一步分析。通常，认知流程图分析主要有 4 个步骤：①首先由研究者在回听儿童的出声思维录音的同时，画出其认知流程图，然后再根据其作答反应，在认知流程图上标记出初级认知过程；②将认知流程图中所标记的初级认知加工过程编码成更有概括性的具体属性类别；③比较前期通过文献分析与专家评定所确定的认知模型与基于儿童口语报告所创建的认知流程图之间的匹配程度；④与学科专家共同讨论，并做出关键数学学力属性完备性程度的判断。

按照上述分析步骤，本章对参与儿童的解题过程进行了分析，图 2-4 是六年级的 3 名男生和 3 名女生在完成六年级诊断测验（试测卷）中第 8 个项目（鲜蘑菇经晾晒后失去的重量是原重量的 85%，现有干蘑菇 20 千克，是由多少千克鲜蘑菇晾晒成的？并列出算式）的认知流程图。

其中有 2 名儿童采用算术方法列出算式，但计算错误；另外 4 名答对该项目的儿童中，有 3 名使用算术方法解答，1 名使用代数方法解答。虽然方法有所不同，但他们均报告该项目属于根据已知量求未知量的等量关系问题，需要运用除法运算或设未知数 x 的方法，列出已知量与未知量之间的数学关系式，再求解。因此，基本可以判断正确解答该项目必须先掌握属性 $A1$（数感）和 $A4$（确定性运算能力），然后再掌握属性 $A5$（探索性运算能力）和 $A6$（化归推理能力），否则可能无法正确理解题意，或不能正确使用相关方法进行求解。

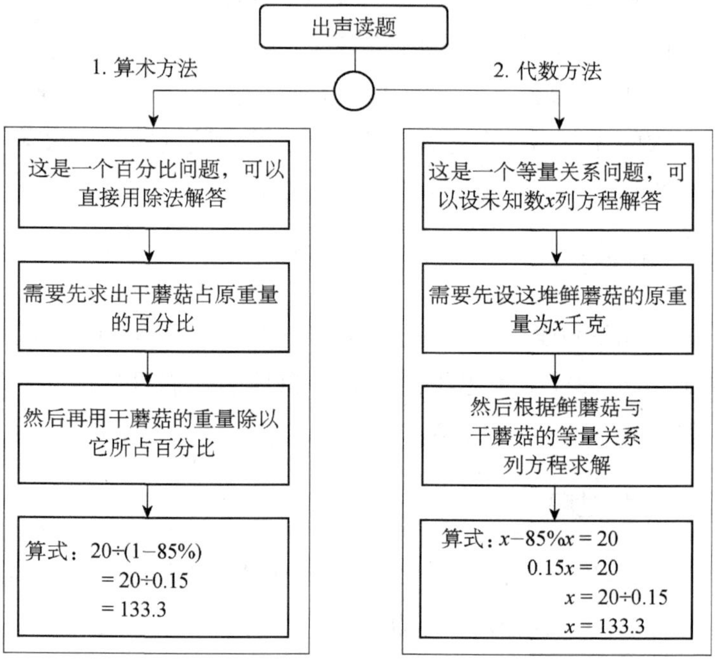

图 2-4　儿童数学认知分析流程图举例

按照上例中的程序，分别对其他儿童的口语报告做了细致分析；之后，又分别对照基于文献回顾法和专家评定法的认知模型，以及基于口语报告法的儿童认知模型之间的匹配程度；最后经过与各专家讨论，认为二者在关键数学学力属性的认定上基本吻合，儿童的解题过程基本能反映研究者初步确定的 6 个关键数学学力属性，但在其层级关系上存在一些差别。分析认为，主要原因可能是研究者和专家的数学学力水平要显著高于儿童，且在知识的结构与运用方面都与儿童有非常大的差异。他们虽然教学经验丰富，但也很难完全从儿童的视角判断正答每一个项目所必需的能力。因此，在最终确定认知模型时，应该更多地关注儿童口语报告分析的结果。至于准确的差异定位与修正方案的确定，还需要经过下一步的实证验证后再做具体分析。

2.9.2 实证验证

对认知模型的实证验证通常可从两个方面展开：一方面需要验证所认定属性是否完备，即诊断目标下的重要认知属性是否都予以准确认定。根据 Tatsuoka（2009）和涂冬波等（2008）的研究，通常可采用回归分析法建立项目难度对认知属性的回归，以考察认知属性对项目难度的解释能力，如果所认定的属性能解释项目难度的 60%以上，就可以基本确定认知属性的完备性与准确性。另一方面则需要验证属性层级关系的合理性。可以根据 Tatsuoka 等（2004）在规则空间模型的研究中所提出的方法，“通过用被试的属性掌握概率来预测其对测验原始总分的变异”，进而验证认知模型的结构效度。此后，Leighton 和 Gierl（2007）、李峰等（2009）、康春花等（2013）也分别通过多次实证研究证明了此方法的有效性。他们认为，认知属性掌握概率描述了学生对于各个认知成分的掌握程度，是其属性掌握模式和知识状态的外显表现，因此可以把属性视为影响学生作答项目的潜在因子，把属性掌握概率作为学生在潜在因子上的得分，进一步通过属性掌握概率对测验总分的回归分析来验证认知模型的层级关系。如果潜在因子得分能够较好地解释测验总分的变异，则说明潜在因子的结构（即认知模型的结构）是合理的。

2.9.2.1 参与者与工具

1）参与者。采用整群抽样法，在 HH 市 XC 区选取 3 所完全小学（sh1 为城区优势学校、sh2 为城区普通学校、sh3 为城区薄弱学校），1—6 年级参加测验的儿童人数分别为 585 人、627 人、624 人、566 人、667 人、497 人。

2）工具。采用自编“儿童数学学力认知诊断测验（1—6 年级）”（试测卷）。

2.9.2.2 数据处理

所有测验数据的处理全部在 R 语言平台上进行：①使用 mice 程序包进行初始数据的清理，剔除部分录入错误的数据或无效数据，并对缺失数据进行插补。②使用 TAM 程序包进行项目难度值的估计。③使用 CDM 程序包进行儿童各关键数学学力 PAM 的估计。④使用 ltm 程序包分别进行 6 个关键学力属性对 23 个测验项目难度的回归分析，以及儿童 PAM 对测验总分的回归分析。

2.9.2.3 结果分析

1）学力属性完备性验证。利用 ltm 程序包，以项目难度值为因变量，以 6 个关键学力属性为自变量，建立难度对属性的回归方程。回归分析结果如表 2-4 所示。

表 2-4 数学学力认知诊断测验项目难度对属性的回归分析结果

年级	R	R^2	修正后的 R^2	SE	F
一年级	0.816	0.666	0.568	0.625	6.769***
二年级	0.927	0.860	0.819	0.150	20.880***
三年级	0.884	0.782	0.718	0.243	12.190***
四年级	0.909	0.827	0.776	0.165	16.200***
五年级	0.920	0.847	0.802	0.168	18.870***
六年级	0.923	0.851	0.807	0.165	19.350***

注：* $p<0.05$；** $p<0.01$；*** $p<0.001$。全书同

根据“预测力或解释量在 60%以上则认为所确定的认知属性是充分可靠”（康春花等，2013）这一原则，各年级测验的预测力全部超过了 60%，可以认为所确定的儿童关键数学学力认知模型中的各属性较为可靠，所确定的属性结构基本上是完备的，而且可以较好地预测项目的难度。

2）学力属性层级关系验证。在从质性和实证两方面论证了各关键学力属性的完备性之后，还需要进一步对其层级关系进行实证验证。首先，利用 CDM 程序包分别对各年级儿童的测验总分进行汇总，并对其 PAM 进行估计；其次，利用 ltm 程序包进行 PAM 对测验总分的回归分析（表 2-5）。结果表明，各年级诊断测验的学力属性层级关系是合理的，测验具有很好的结构效度。

表 2-5 儿童关键数学学力 PAM 对测验总分的回归分析结果

年级	R	R^2	修正后的 R^2	SE	F
一年级	0.874	0.764	0.761	1.908	309.3***
二年级	0.920	0.846	0.845	1.943	931.8***
三年级	0.934	0.872	0.870	1.723	558.1***
四年级	0.901	0.812	0.810	1.479	403.5***
五年级	0.924	0.854	0.852	1.782	544.9***
六年级	0.900	0.809	0.806	1.784	344.9***

2.10　测验质量分析

认知诊断测验的质量分析，即利用试测数据来分析测验及项目的各项测量学指标，主要包括模型拟合检验、项目拟合检验、项目参数分析、测验信效度分析等多个方面。

2.10.1　模型拟合检验

和其他统计模型一样，CDT 框架之下的认知诊断模型也需要通过检验模型预测反应模式与实际观察反应模式之间的拟合程度，来解释所估参数的有效性。Chen 和 Thissen（1997）认为，有两种方式可以描述认知诊断模型的拟合情况：①检验所指定模型与实测数据拟合程度的绝对拟合统计量；②比较指定模型与其他竞争模型的相对拟合统计量。

CDM 程序包中也提供了一系列检验模型拟合的拟合指数，主要有模型似然比检验统计量 *Log-Likelihood*，其值越大，表明模型的参数拟合效果越好；相对（局部）拟合统计量 *AIC*、*BIC*，其值越小，表明模型拟合情况越好；绝对（全局）拟合统计量 χ^2，它是对实际观察反应概率与模型期望反应概率之间拟合程度的衡量，当二者非常近似时，通常可以得到一个很小的 χ^2 值，表明模型拟合较好。此外，与结构方程模型类似，CDM 程序包还提供了一些比较被试观察反应与模型期望反应方差（或相关）的绝对拟合统计量，如 *MRESIDCOV*、*MADaQ3*、*SRMSR* 等。同样，以上统计量值越小，表明模型拟合效果越好。

本章使用 CDM 程序包进行了 DINA、DINO 和 GDIINA 三种诊断模型与试测数据的拟合指标分析，结果见表 2-6。

表 2-6　拟选认知诊断模型与试测数据拟合检验结果

模型拟合指标	诊断模型	一年级	二年级	三年级	四年级	五年级	六年级
Log-Likelihood	DINA	−7 160.75	−14 140.19	−13 877.62	−6 194.32	−13 891.65	−5 879.52
	DINO	−7 156.35	−14 234.22	−14 010.99	−6 185.32	−13 970.17	−5 877.00
	GDINA	−6 879.37	−13 717.56	−13 544.82	−5 913.44	−13 483.28	−5 459.32

续表

模型拟合指标	诊断模型	一年级	二年级	三年级	四年级	五年级	六年级
AIC	DINA	14 539	28 498	27 973	12 607	28 001	11 977
	DINO	14 531	28 686	28 240	12 589	28 158	11 972
	GDINA	14 430	28 107	27 761	12 498	27 638	11 590
BIC	DINA	15 015	29 036	28 510	13 080	28 543	12 436
	DINO	15 006	29 224	28 777	13 062	28 700	12 431
	GDINA	15 897	29 764	28 097	13 956	29 309	11 926
χ^2	DINA	17.209**	22.484***	14.981*	11.498	21.483***	35.976***
	DINO	17.877**	29.076***	34.371***	11.982	23.227***	33.579***
	GDINA	21.238***	9.182	25.301***	7.154	16.221*	10.538*
SRMSR	DINA	0.051	0.047	0.038	0.047	0.043	0.075
	DINO	0.050	0.050	0.045	0.047	0.044	0.073
	GDINA	0.041	0.030	0.028	0.038	0.027	0.048
100**MRESIDCOV*	DINA	0.779	0.871	0.677	0.587	0.698	1.051
	DINO	0.767	0.923	0.790	0.583	0.739	1.034
	GDINA	0.587	0.555	0.450	0.450	0.436	0.663
MADaQ3	DINA	0.041	0.043	0.031	0.041	0.038	0.061
	DINO	0.041	0.040	0.033	0.041	0.037	0.063
	GDINA	0.039	0.029	0.029	0.040	0.029	0.046

综合以上对各拟合统计量的分析，不难发现，DINA 和 DINO 两个模型与各年级测验数据的拟合都能达到可接受的程度，且差别不大，而 GDINA 则在总体拟合性上表现更好一些。结合前文关于儿童数学学力认知模型的理论假设：其一，基于儿童对所有关键学力属性的掌握情况进行知识状态的分类；其二，各关键学力属性之间存在非补偿关系，儿童只要有一种必需的学力属性没有掌握，就有可能错答该项目。本书最终决定选用 GDINA 作为各年级测验参数估计的认知诊断模型。

2.10.2 项目拟合检验

在 CDT 框架之下，项目拟合检验表达了一个项目与指定诊断模型之间的拟合程度（Kunina-Habenicht et al.，2009），是衡量测验信度的重要指标之一。它针对每一个项目，在其考察的不同能力维度上，比较模型预测的项目反应概率与其预测的正确反应概率之间的差异，并据此检验项目与模型的一致性程度。在 CDM 程序包中，关于项目拟合检验的统计量主要有 *RMSEA*。Kunina-Habenicht 等（2009）推荐的项目拟合检验的经验法则是：*RMSEA*＜0.05 表示很好的拟合，*RMSEA*＜0.10 表示较好的拟合，而当 *RMSEA*＞0.10 时，则表示不拟合。

本章使用 CDM 程序包估计了各年级测验的项目拟合统计量。各年级所有测验项目的 *RMSEA* 取值区间为 0—0.059，表明所有项目都与所选 GDINA 有较好的拟合效果。

2.10.3　项目参数分析

2.10.3.1　项目难度与区分度

与 IRT 一样，CDT 也将特定的测验项目视为测量被试潜在特质水平的基本单位，并使用一些参数指标来描述项目的基本属性，具体包括：*a* 参数，即区分度参数，其值越大，表示项目对不同被试能力水平的鉴别力越强，一般在 0—2.5 取值；*b* 参数，即难度参数，其值越大，表示项目越难，一般在−3—3 取值。在传统的常模参照测验中，通常希望能够实现对学生能力的最大程度区分，这就要求测验项目具有非常高的区分度。而教育认知诊断测验本质上是一种标准参照测验，其目的不在于甄别学生，而在于详细考察学生对测验所涉及各认知属性的掌握程度，因此并不要求像常模参照测验那样具有很高的难度与区分度，对于项目质量的考察，也可结合诊断目标与内容的具体分析进行综合评价。

使用 TAM 程序包中 IRT 的 2PLM 进行项目参数估计。各年级测验项目以中等及偏低难度（难度值为−2—2）项目为主，只有少量较难的题目（难度值为 2—3）或较容易的题目（难度值为−3— −2）。结果表明，各年级测验均有超过 50%的项目区分度接近或超过 1，表明在各年级测验中，除极个别项目外，其余项目都对儿童的不同数学学力水平具有较好的区分能力（表 2-7）。

表 2-7　儿童数学学力认知诊断测验项目参数估计结果

项目	一年级		二年级		三年级		四年级		五年级		六年级	
	难度	区分度	难度	区分度	难度	区分度	难度	区分度	难度	区分度	难度	区分度
z1	−1.629	1.256	0.270	0.356	−0.308	0.709	−2.398	0.654	0.407	*−0.022*	*−4.261*	0.980
z2	−1.020	0.665	0.574	0.466	−1.451	1.884	0.518	0.731	−0.672	1.218	0.077	0.122

续表

项目	一年级		二年级		三年级		四年级		五年级		六年级	
	难度	区分度	难度	区分度	难度	区分度	难度	区分度	难度	区分度	难度	区分度
z3	−2.111	0.655	−0.118	1.304	0.382	0.453	−1.193	0.579	−0.440	1.204	0.080	0.401
z4	−1.198	0.218	−0.822	1.454	−1.374	1.872	*−3.642*	0.692	−1.577	2.022	**−2.337**	1.236
z5	**−2.270**	1.040	0.385	0.981	−0.166	0.926	**2.503**	0.658	−0.479	1.385	1.001	0.336
z6	0.079	1.031	1.174	0.125	0.048	0.934	0.855	0.654	0.614	0.408	**−2.175**	0.540
z7	**−2.401**	1.343	−0.470	1.364	0.826	0.540	1.225	0.816	0.060	1.120	−1.264	0.674
z8	−1.958	1.339	0.083	0.801	0.564	0.589	**2.735**	1.172	0.074	0.867	1.165	0.465
z9	−0.328	0.420	0.622	0.756	0.427	0.741	0.084	0.773	−1.411	2.300	**−2.475**	0.741
z10	−0.088	0.336	0.334	1.072	−0.460	1.586	−0.305	0.708	−0.049	1.110	**−2.287**	1.161
z11	−1.790	0.859	−0.888	1.654	0.597	0.729	0.957	1.110	−0.711	1.342	0.457	0.680
z12	−0.993	1.067	−0.406	1.796	0.024	0.955	1.474	0.924	0.820	0.574	**−2.324**	1.217
z13	−1.286	0.775	1.018	0.881	1.398	0.278	*3.409*	0.476	0.274	0.998	−0.948	1.957
z14	−0.593	0.690	0.390	1.078	0.169	1.337	1.516	0.674	−0.738	1.880	−1.564	1.354
z15	−1.413	1.092	0.564	0.971	0.519	1.145	−0.757	1.632	1.898	*−0.303*	−1.455	1.368
z16	0.820	0.868	0.020	0.845	−0.301	1.759	*3.225*	0.586	0.954	0.433	1.039	1.795
z17	0.799	0.565	0.477	1.015	0.212	1.241	1.171	0.961	0.294	1.121	−0.387	0.776
z18	−1.386	1.167	1.584	*−0.079*	0.426	1.318	1.945	0.091	0.810	0.921	1.062	*2.645*
z19	−1.509	1.292	0.189	1.005	0.263	1.222	−0.017	1.057	1.091	0.286	−0.158	1.526
z20	−1.606	1.644	0.011	1.143	0.942	0.528	−0.626	1.522	−0.106	1.370	−0.313	0.786
z21	0.562	0.548	0.085	1.100	1.307	0.371	1.212	1.129	0.003	1.323	−0.503	1.432
z22	0.518	0.863	0.383	1.214	0.490	1.196	1.144	0.352	−0.751	2.065	0.425	1.315
z23	−1.285	1.197	0.266	1.705	0.751	1.310	1.555	1.132	1.959	*−0.083*	1.295	0.908
均值	−0.960	0.910	0.249	1.000	0.229	1.027	0.721	0.829	0.101	1.023	−0.689	1.062

注：表中斜体下划线部分表示参数超出正常范围；加粗部分表示参数虽属正常范围，但不够理想

2.10.3.2 项目信息指数

从项目参数分析中可以发现，各年级测验都有个别低质量项目，需要在大规模实测前进行重新修订或更换。因此，为了更细致地分析各年级测验中的项目质量，以更准确地定位需要重新修订或更换的项目，本章利用 CDM 程序包，对各年级测验项目的 CDI 进行估计。

CDI 是 Chang 和 Ying（1996）基于库理信息量（Kullback-Leibler information）提出的一个用于指示认知诊断测验中项目鉴别力的相对鉴别指数，其目的在于为编制具有高鉴别力的认知诊断测验选择更合适的项目。通常可以选择那些 CDI 相对较大的项目组成认知诊断测验（Henson & Douglas，2005）。

表 2-8 是儿童数学学力认知诊断测验的 CDI 估计结果。由此可以看出，各年级测验中均有个别项目的 CDI 小于 0.5。

表 2-8　儿童数学学力认知诊断测验的 CDI 估计结果

项目	一年级	二年级	三年级	四年级	五年级	六年级
z1	0.41	0.14	0.09	0.06	0.01	0.03
z2	0.15	0.43	0.53	0.13	0.40	0.06
z3	0.15	0.44	0.52	0.08	0.75	0.31
z4	0.03	0.43	0.60	0.22	0.69	1.12
z5	0.50	0.39	0.49	0.42	0.67	0.09
z6	1.37	0.26	1.06	1.55	0.31	0.52
z7	0.43	2.32	1.67	1.78	0.57	1.02
z8	0.45	0.25	0.18	0.60	0.35	1.04
z9	1.37	0.95	1.38	0.34	1.65	0.73
z10	0.41	0.25	0.46	2.33	2.54	2.10
z11	0.23	1.20	1.04	0.34	0.47	1.22
z12	1.63	0.53	1.20	1.80	0.59	2.10
z13	3.32	1.46	1.77	0.47	1.49	3.78
z14	1.19	1.47	1.84	4.10	3.42	2.56
z15	3.02	2.04	2.44	2.84	0.78	1.77
z16	4.29	1.91	2.61	0.87	0.82	3.34
z17	2.15	0.62	1.82	1.61	1.98	3.28
z18	4.94	1.80	1.90	1.00	1.98	4.41
z19	4.14	1.59	1.47	2.87	0.60	2.61
z20	5.20	3.63	4.35	3.80	2.54	3.90
z21	4.57	3.11	1.45	3.30	3.38	3.86
z22	4.02	4.54	2.94	4.88	4.18	4.85
z23	4.28	3.15	1.85	3.78	0.90	3.47
总计	48.25	32.91	33.66	39.17	31.07	48.17

综合对各年级测验的项目难度与区分度分析，可考虑对以下项目进行重新修订：一年级的 z2、z3、z4；二年级的 z1、z2、z6、z18；三年级的 z1、z3、z13；四年级的 z4、z13、z18；五年级的 z1、z15、z23；六年级的 z1、z6、z9。

2.10.4　测验信度分析

在 CDT 框架之下，报告学生测验分数的目的并非参照常模进行排序与筛选，而是提供具有标准参照解释的属性掌握与未掌握的分类诊断结果（Rupp & Mislevy，2007）。因此，它所特有的诊断信息对于数学测验项目的编制、学力评价的改进，以及补救教学的设计与实施，都具有无法替代的作用。当然，前提是要保证测验内容、结构及其实施结果等方面的准确性与一致性，即要确保测验本身具有较高的信度。

因为基于 CDT 所编制的测验是在离散潜在特质空间中对被试进行分类诊断的，它利用 CDM 实现了多维认知属性的测量，而传统的连续潜在空间下的信度评估方法并不完全适用（Henson & Douglas，2005；Roussos et al.，2007），所以，Roussos 等（2007）提出通过模拟平行测验的方法得到分类一致性的指标。此方法可用于估计重测一致性，只是需要模拟平行测验的反应数据对被试进行分类，再计算两个测验的分类一致性。Gierl 等（2009）还基于经典的 α 系数提出评价认知诊断测验属性信度的 α 指标。但关守义（2009）认为，这一指标的理论要求在实践中很难得到满足。Rupp 等（2010）借鉴 IRT 中经验信度的定义，根据认知诊断测验中被试 PAM 的标准误，提出了属性经验信度系数，随后他们又提出使用四分格相关系数来定义属性信度的方法。但汪文义等（2014，2016）指出，使用相关系数评价认知诊断测验的信度并不合适，而如果使用一致性的比率应该会更契合其离散的分类结果。此外，Cui 等（2012）提出了认知诊断测验中被试反应模式的分类一致性和准确性指标，只是此方法会随着被试可能反应模式的增加而使运算量剧增。丁树良等（2012a）又提出用理论构想效度来评价 Q 矩阵的方法，进而作为评价测验信度的证据之一。

由上可见，已有认知诊断测验的信度检验方法主要包括基于模拟的方法、α 系数、相关系数或模式分类指标等。综合分析不同方法的特点，并考虑其与不同诊断模型的拟合性、相关参数估计软件的可得性、可操作性与可解释性等因素，本书决定使用 CDM 程序包进行各年级儿童数学学力认知诊断测验的模式分类一致性与准确性检验。

2.10.4.1 基于内部一致性的验证

首先，以 GDINA 模型为诊断模型估计了各年级测验项目的 EAP 信度；然后，将测验项目按序号分成奇偶两组，获得了采用斯皮尔曼-布朗（Spearman-Brown）公式校正之后的分半信度系数和 α 系数（表 2-9）。

表 2-9　儿童数学学力认知诊断测验信度估计结果

信度指标	一年级	二年级	三年级	四年级	五年级	六年级
EAP 信度	0.746	0.826	0.826	0.734	0.830	0.814
α	0.744	0.814	0.815	0.699	0.807	0.770
分半信度	0.702	0.801	0.770	0.657	0.811	0.600

从各信度指标来看，各年级测验在内部一致性、项目参数估计的准确性等方面的系数（即 α 系数和 EAP 信度）都处于 0.699—0.826，基本达到了大于 0.7 的一般标准（除四年级 α 系数为 0.699 外）。这表明各年级测验均已经达到了一般能力测验的信度标准，只是由于测验长度（只有 23 个项目）所限，在一定程度上影响了分半信度的指标（如四年级和六年级测验的分半信度仅为 0.657 和 0.600）。

2.10.4.2　基于分类有效性的验证

为了进一步验证各年级测验对于儿童关键数学学力属性分类结果的一致性和准确性，继续采用 GDINA 模型对各年级儿童的项目反应模式进行归类，并分别获得了各年级测验对 6 个关键数学学力属性的掌握概率，在此基础上，进一步估计出它们在不同学力属性上的 CAI 与 CCI。

分析发现，各年级儿童归类率超过 90%，表明 Q 矩阵中的 23 种知识状态较为完备，可以涵盖绝大多数儿童的数学知识状态。此外，各年级测验的总体属性 CAI 为 0.537—0.745，CCI 为 0.561—0.993，表明各年级测验都具有较高的分类信度。

2.10.5　测验效度分析

测验效度的验证过程即寻求与测验效度有关的证据的过程，它是贯穿于整个测量研究中的方法论问题，通常要依赖一个系统的假设来解释其理论结构是如何与观察结果相联系的。儿童数学学力认知诊断测验的 Q 矩阵就是这样一种假设。很显然，它会面临一系列重要问题：测验是否最大限度地反映了理论假设的模型？测验的属性层级关系是否合理？测验项目是否对所测属性具有充分的解释力？一言以蔽之，即需要对测验解释拟测心理特质的有效性进行理论和实证的验证。

在 CDT 框架之下，测验的效度验证可以分别从其内容、结构、内部一致性、效标等方面获取证据。

2.10.5.1 基于测验内容的验证

基于测验内容的效度证据，能够描述测验项目对拟测领域内容取样的适当程度。这方面的证据一般可通过学科领域专家对测验项目所涉及的内容范围进行符合性与代表性的评价。

前已述及，6 个儿童关键数学学力属性的确定，经过了诊断教材与课标分析、学科专家讨论、试测检验等多个环节。可以说，在 Q 矩阵设计、项目编制的全过程中，我们都始终保持与相关学科专家的密切沟通与合作，这无疑已经在测验编制流程上最大限度地保证了测验的内容效度。

2.10.5.2 基于测验结构的验证

基于 Q 矩阵编制的认知诊断测验的最大优势就在于其结构效度方面。首先，与传统的测验双向细目表相比，它的认知模型对于相关知识、策略、认知过程的表征更加细致、精确，而且它允许在一个项目中考察多个认知属性的理论构想，也更符合儿童学习的多维性认知过程的本质特征。其次，与传统双向细目表的测验编制思路相比，认知诊断测验拥有更易于量化操作的结构效度评价指标，即认知属性对项目难度的预测力和 PAM 对测验总分的预测力。总之，CDT 可以充分利用其理论优势，并结合学科专家和一线教师的丰富教学经验，编制更加精细化、结构化的学力诊断性测验。

通常，对于测验结构有效性的验证，除了可以通过儿童的出声思维进行质性分析之外，还可基于实测数据的统计分析来实现。Tatsuoka（1995）在规则空间模型的研究中曾提出两个验证 Q 矩阵合理性的实证性指标：①每个项目中的属性对该项目难度的预测力；②儿童的 PAM 对测验总分的解释比例。Tatsuoka 认为，通常一个项目中所考察的属性越多，则该项目的难度就越大。因此，可以根据 Q 矩阵所描述的项目-属性关系，进行项目难度的事前分析，然后与实测之后所获得的项目难度（基于项目通过率估计）做比较，如果事前分析的难度可以很好地解释实测难度，那么就可以认为事前的项目难度分析较为准确。

按照这一原理，首先以 6 个关键数学学力属性为自变量，以项目难度为因变量，分别对各年级测验进行回归分析。结果表明，各年级测验由 6 个学力属性预测项目难度的决定系数 R^2 为 0.666—0.860，即各测验中的认知属性分别能够解释难度 66.6%—86.0%的变异。这表明各测验的认知属性认定是基本完备且合理的。然后用儿童的 PAM 预测其测验原始总分的变异。Tatsuoka 认为，认知属性是影响学生项目作答的潜在因子。因此，PAM 值可以作为学生在潜在因子上的得分来描述学生对各学力属性的掌握程度。如果学生在测验中的潜在因子得分能够较好地解释该测验总分的变异，那么就表明该测验的潜在因子结构较为合理。

根据这一原理，使用 CDM 程序包分别估计了各年级儿童对 6 个学力属性的掌握概率，并分别用各年级儿童的 PAM 对其原始测验总分进行回归分析。结果显示，决定系数 R^2 为 0.764—0.872，即各年级儿童 PAM 分别能够解释测验总分 76.4%—87.2%的变异。由此可以认为，测验所测量的结果能够很好地解释观测分数的变异，各年级测验都具有较好的结构效度。

2.10.5.3　基于测验内部一致性的验证

认知诊断测验对被试的分类是将被试划分到某个理想反应模式，然后基于理想反应模式就可以得到被试的理想得分，如果被试的理想得分与原始得分变化趋势不一致，即高分的被试被归入低分组，或相反，则说明分类误差较大。因此，被试原始总分与理想总分之间的关系可以在一定程度上反映测验诊断分类的有效性，而通过理想总分与原始总分之间的关系，就可以进一步辅助验证诊断测验的内部效度。

为了进一步验证各年级诊断测验的内部效度，首先使用 CDM 程序包分别获得各年级儿童的测验理想总分与原始总分，然后对二者分别进行相关与回归分析（表 2-10）。

表 2-10　儿童数学学力认知诊断测验原始总分与理想总分的相关与回归分析结果

项目	一年级	二年级	三年级	四年级	五年级	六年级
r	0.979***	0.979***	0.978***	0.976***	0.962***	0.956***
R^2	0.958	0.958	0.957	0.953	0.925	0.914

结果发现，各年级儿童的测验理想总分与原始总分之间都存在极其显著的

正相关，且各年级儿童的测验原始总分几乎可以解释其理想总分的全部变异，表明二者拟合程度较高，即利用该测验能够对各年级儿童的数学知识状态进行有意义的归类，诊断评估具有较好的内部效度。

2.10.5.4 基于预测能力的效标验证

效标效度，即以测验分数与作为外在标准的效标行为之间的关联程度，来表示测量结果的有效性程度。根据不同测验目标，效标效度又可分为同时效度和预测效度，前者多用于诊断当下的状态，后者则用于预测将来的结果。

本章编制各年级儿童数学学力认知诊断测验的最主要目的，就是为各年龄段儿童的数学学力发展与教育提供准确、细致、有效的诊断信息，因此，预测效度是考察各年级诊断测验综合质量的最主要指标之一。

（1）数学学力对学业成就的预测

效标的选择是直接影响预测效度客观性与准确性的最主要因素。虽然最理想的效标应该是能够周期性地更新常模的标准化测验分数，但在实践中，尤其是对于小学生来说，这样的“金标准”往往难以获得。已有研究大多选取儿童的学业成绩作为效标。因此，考虑到效标的客观性与真实性，本章决定选取3所试测学校所有儿童在参加完数学学力认知诊断测验之后的学区内期末数学统考成绩，作为本次学力认知诊断测验的测量效标。该期末考试由各学校所在学区教学研究室依据“数学课程标准”和“数学教材”统一命题，统一组织考试，在一定程度上可以代表学生的真实数学学业水平，也保证了该成绩作为效标本身的良好效度。

具体操作中，首先使用CDM程序包对各年级儿童的数学学力θ值进行估计，然后对所得学力值与其数学学业成绩（进行标准化处理）进行相关分析（表2-11）。

表2-11 儿童数学学力与其数学学业成绩相关分析结果

项目	一年级	二年级	三年级	四年级	五年级	六年级
学力原始总分与学业成绩	0.783***	0.815***	0.865***	0.813***	0.792***	0.794***
学力θ值与学业成绩	0.776***	0.806***	0.851***	0.789***	0.728***	0.708***

可以发现，各年级儿童数学学力θ值与其标准化数学学业成绩呈显著正相关，表明各年级诊断测验具有较高的预测效度。

（2）属性掌握的学校类型差异预测

认知诊断测验的效标效度还可以通过考察测验自身的分类结果与外部分类结果的一致性来验证。在实践操作中，通常可以将学校类型作为一个客观的外部标准，考察诊断测验结果与其类型之间的关系。康春花等（2013）认为，对不同类型学校学生的属性通过率和 PAM 进行方差分析时，如果能检测出不同类型学校学生在各个属性上的掌握差异，则表明该测验的诊断结果与外部标准具有一致性，即测验具有较好的外部效度。

本章以 3 所试测学校的综合发展水平（sh1 为城区优势学校、sh2 为城区普通学校、sh3 为城区薄弱学校）为分类标准，使用 ltm 程序包对各学校儿童的各学力属性通过率和 PAM 分别进行了方差分析及多重事后检验。结果表明，不同类型学校儿童对 6 个学力属性的掌握人数和通过率都存在显著差异，只是其差异程度有所不同。例如，sh3 和 sh2、sh2 和 sh1、sh3 和 sh1 分别在属性 A1 和属性 A6 这两个相对最容易和最难的属性上差异相对较小，而在其他属性上则差异相对较大。此外，综合来看，sh3 和 sh2、sh2 和 sh1 在各个属性上的差异更明显，而 sh3 和 sh1 之间的差异程度则相对小一些。

2.11　正式诊断测验组卷

在儿童数学学力认知诊断测验中，数学问题（即测验项目）是儿童数学学力的有机载体，因此，每一个测验项目都应涵盖或表达至少 1 个特定的关键数学学力。当然，还要保证满足以下 4 个基本原则：①为了真正体现认知诊断测验的教学价值，每一个项目对相关学力属性的表征必须要符合儿童数学学习的认知过程（问题表征和问题解决）和问题情境（数学情境和生活情境）特点。②测验的项目考核模式必须包含 R 矩阵，以确保实现典型项目考核模式对所有关键数学学力属性的诊断。③每个学力属性的测量次数不应少于 3 次，以尽可能提高儿童项目反应模式分类的判准率。④应尽量选择测量误差较小的项目，而在项目合成组卷时，还要充分考虑围绕诊断目标的内容平衡、题型适当、难度与区分度适合等相关因素。

根据已验证过的 Q 矩阵和试测分析结果，并充分考虑上述基本组卷原则，再次组织学科专家对各年级测验项目进行审核，对其中不符合属性层级关系或“数学新课标”要求、表述不符合儿童思维习惯的个别项目进行修订与润色，最终形成了正式的“儿童数学学力认知诊断测验（1—6年级）”，每个年级测验均由与 Q 矩阵中典型项目考核模式一一对应的23个项目组成。

此外，为了满足下一步儿童数学学力等值分析的需要，从 Q 矩阵中抽取出全部 R 矩阵所对应的11种典型项目考核模式，编写了针对不同年级的锚测验项目，然后按年级进行组合，其中：适合一、六年级儿童的各有11个项目；适合二年级儿童的则包括一年级项目11个和三年级项目11个；适合三年级儿童的则包括二年级项目11个和四年级项目11个；适合四年级儿童的则包括三年级项目11个和五年级项目11个；适合五年级儿童的则包括四年级项目11个和六年级项目11个。

2.12 小　结

基于CDT编制一套高质量的儿童数学学力认知诊断测验，必须解决如下几个根本问题：基于认知分析、专家评定和儿童口语报告法所确定的数学学力认知模型（Q 矩阵）能否能得到实测数据的支持？测验（项目）的信效度指标是否能够达到理想水平？测验的整体质量又该如何评价？所选择的认知诊断模型是不是多个竞争模型中最优的一个？当然，这也是本书所关注的核心问题。

（1）认知诊断测验编制思路

以 Q 矩阵理论为基础，采用自上而下的方式编制儿童数学学力认知诊断测验，基本技术路线是：构建认知模型→编制测验初稿→试测及测验质量分析→项目修订及正式组卷。在测验的具体编制过程中，Q 矩阵的确定以及编制符合 Q 矩阵的测验项目是关键所在。正如丁树良等（2010）所言，由于要实现对人脑中不可直接观测的潜在特质进行认知诊断，所以认知诊断测验的质量将直接关系到对潜在特质的测量质量。从国内目前关于认知诊断研究的成果来看，如何编制一套高质量的认知诊断测验仍然是一个值得深入研究的课题。

（2）Q 矩阵验证

本书综合使用认知分析、专家评定和口语报告法确定了儿童数学学力认知

诊断测验的 Q 矩阵，并利用小范围试测数据，分别从质性和量化两个维度对 Q 矩阵的属性完备性和层级关系的合理性进行了验证。

（3）认知诊断模型选择

认知诊断模型的实质是用一个适合的数学函数来拟合项目特征曲线，因此，选择一个优质诊断模型将能够有效地促进对项目和被试间关系的精准分析，进而为准确分类和诊断不同被试的知识状态奠定基础。本章选择了几个比较成熟且相对简洁的认知诊断模型，即 DINA、DINO 和 GDINA，通过模型拟合检验、项目拟合检验、项目参数分析等多个程序对模型-数据的拟合性进行了验证。结果表明，GDINA 的拟合效果要明显好于 DINA 和 DINO，因此，本章最终选择了 GDINA 作为试测数据的诊断模型。

（4）测验项目分析

在认知诊断测验中，每一个项目都与 Q 矩阵中的一种典型项目考核模式相对应，以实现对特定属性关系模式的测量。因此，项目的难度与区分度将直接影响对被试知识状态的准确分类。本章分别对各年级诊断测验的项目质量进行了综合分析。总体来看，各年级测验项目难度均属于中等水平，区分度属于中等偏高水平，而且大多数项目的 CDI 指数都较为理想。当然，仅仅用以上几个传统指标，还不足以全面、真实地衡量儿童数学学力认知诊断测验的项目质量，因为测验的最终目的并不是对项目掌握情况的判定，而是对 6 个关键数学学力属性掌握情况的诊断，即需要从儿童的项目反应模式中抽取出其在数学认知的过程和水平上的信息。因此，在后面章节中还会利用大规模实测数据，从儿童的学力属性掌握概率和项目作答模式等维度，对其不同知识状态的特征与差异进行诊断分析。

（5）测验信度分析

一般而言，CTT 基于整个测验的随机误差来分析测验信度，IRT 基于单个项目的随机误差来分析测验信度，而 CDT 则基于认知属性的随机误差来分析测验信度。虽然不同理论假设下的信度估计方法各有特色，并不能完全相互替代，但总体而言，CDT 对测验信度估计的要求要更加微观和精确一些。不过，目前 CDT 中对测验信度的分析尚无统一的方法与标准，往往不同的认知诊断模型与参数估计方法会提供不同的信度思想与指标。当然，它们也有一些共性，即无论何种思想与方法，大多是基于属性分类的判准率来进行信度估计的。因此，本章尽可能全面地对各年级测验的 α 系数、分半信度、EAP、CCI 和 CAI 等信度指标进行了估计，结果表明，各年级测验的各项信度指标均达到了测量学的基本要求。

（6）测验效度分析

有效性对于任何测验来说都是非常重要的，直接关系到一个测验是否可以被用于测量实践。本章的分析结果表明，儿童关键数学学力属性及其层级关系基本合理且完备，测验具有较好的内容、结构、内部一致性和效标效度。

第3章

儿童数学学力影响因素调查问卷编制

3.1 研究目的

儿童的学习状况不仅与其自身心理特质有关，还会不可避免地受到来自学校和家庭等客观环境，尤其是教师数学教学能力与数学教育观、家庭教养方式与父母数学观等因素的影响。

为进一步研究学校和家庭因素对儿童数学学力发展的影响机制，本章基于对已有相关研究的综合分析，分别选取学校因素中与儿童数学学力发展直接相关的教师数学教学能力与数学教育观这两个主要因素，以及家庭因素中与儿童数学学习最密切相关的家庭背景、家庭教养方式和父母数学观等因素，构建了儿童数学学力影响因素关系模型，并据此编制“儿童数学学力影响因素调查问卷”，以期深入考察教师和家庭因素对儿童数学学力发展的影响关系与路径，为下一步儿童数学学力的诊断分析与补救教学提供科学依据。

3.2 研究假设

学校是儿童数学学习活动的最主要场所，其环境特征对于儿童数学学习具有直接的重要影响。而对于学校来说，教师无疑是其最重要的人力资源，他们与儿童的身心成长具有最为紧密的关系，同时也对其系统的数学学习具有重要的影响。已有相关研究大多是分别对不同教学水平（如新手型、成熟型和专家型）或持不同数学教学观的教师与儿童数学学业成就的关系进行深入研究，却很少将二者纳入同一个影响因素模型中，共同考察它们对儿童数学学力的交互作用。

已有对于家庭因素的影响研究，大多也是从它们对儿童数学学业成就的直接影响入手，而对于其中是否通过其他中介变量间接影响数学学力的相关研究则相对较少。例如，家庭物质环境既可以作为衡量家庭对儿童教育投入（更好的物质条件和更多的学习资源）的变量直接影响其数学学力，也可以通过影响父母教育观进而间接影响儿童的数学学力。同样，父母数学观除了可以作为儿童数学学力的直接影响因素外，也可以通过家庭教养方式间接地对儿童数学学力产生影响。

总之，在学校和家庭影响因素的变量选择上，已有研究大多是将学校背景因素（如学习环境、学校风气及学校资源等）和家庭社会经济指标（如家庭经济收入、父母受教育程度及职业背景等）作为影响其学业成就的主要因素，而很少考虑将教师数学教学能力与教育观、家庭教养方式与父母数学观等变量也纳入影响因素模型中来综合考察其结构效应。因此，为了探讨所设想的儿童数学学力影响因素的理论构想与实际情况的适宜性，基于对已有研究成果的综合分析与梳理，以及研究初期对 20 余名小学数学教师和儿童家长进行的开放式访谈结果分析，本章确定了儿童数学学力影响因素假设模型（图 3-1）。

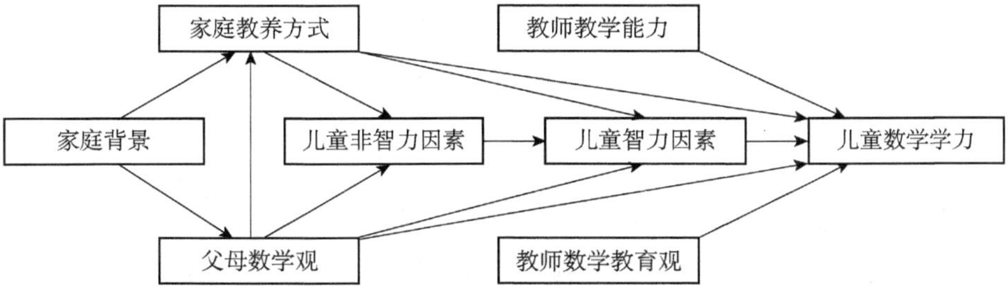

图 3-1　儿童数学学力影响因素假设模型

3.3　问卷结构设计

以上述假设模型为基础，可分别确定可能影响儿童数学学力的教师因素变量及其结构（图 3-2）、家庭因素变量及其结构（图 3-3）。

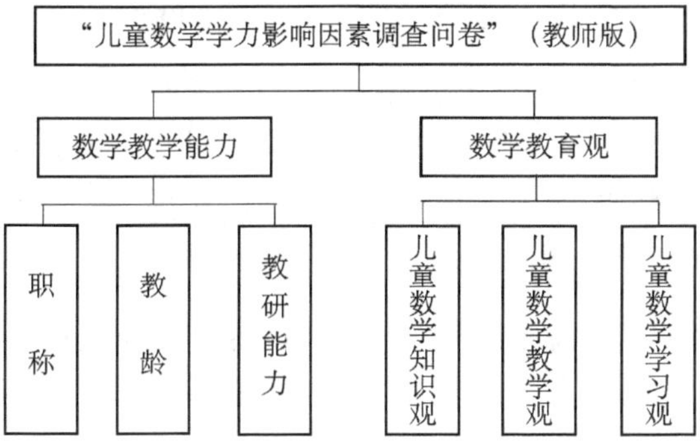

图 3-2　“儿童数学学力影响因素调查问卷”（教师版）结构

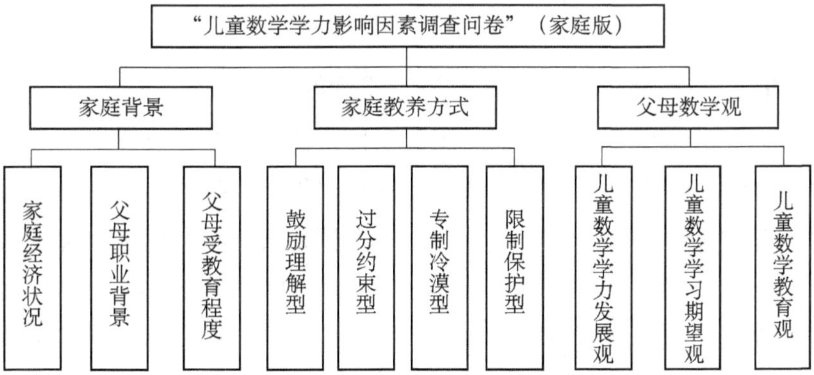

图 3-3　“儿童数学学力影响因素调查问卷”（家庭版）结构

3.4 初始问卷的形成

对“儿童数学学力影响因素调查问卷”（教师版）（以下简称“教师因素问卷”）和“儿童数学学力影响因素调查问卷”（家庭版）（以下简称“家庭因素问卷”）项目的搜集与编写主要通过两个途径完成。①文献回顾。重点参考了黄秦安（2004）、黄毅英等（2004）、易凌云和庞丽娟（2006）、郑毓信和肖红（2010）对教师数学（教育）观的结构界定与调查分析，以及 Walker 等（2005）的“父母教育卷入动机信念量表”和“家长感知到的生活情境量表”、邹萍和杨丽珠（2005）的“父母教育观念调查问卷”、程灶火等（2011）的“家庭教养方式问卷”、吴艺方等（2013）的“小学生父母教育卷入行为问卷（父母回答版）”中的问卷题项设计思路。②开放式访谈。首先，围绕“数学是什么？”“小学数学教育中最重要的是什么？”“家庭经济条件和父母素养是不是影响儿童数学学习的主要因素？”“什么样的家庭教养方式最有利于儿童数学学力的提升？”“父母应该以何种数学教育观来面对儿童的数学学习？”等具体问题，对 20 余名小学数学教师及家长进行了开放式访谈。其次，与部分一线教师和相关专家重点针对问卷的内容效度（主要包括各题项是否贴近本地区学校和儿童家庭生活实际情况、表述是否恰当、问卷结构的理论构想是否合理等）进行了小范围研讨。

3.4.1 教师因素问卷

初步编制的教师因素问卷包括以下 2 个维度。

1）数学教学能力维度，共有 14 个项目，其中主要涉及 3 个变量：①教师教龄：以教师填答的实足教龄为准；②教师职称：以教师填答的本人最高职称为准；③教师教研能力：以教师填答的本人教科研活动及成果数量为准，主要包括一些与数学教学和研究有关的项目（如发表学术论文与著作、教科研活动、获奖等）。结合已有研究（孟攀，胡克祖，2012；孟迎芳等，2004），将教师划分为新手型教师（教龄≤2 年，职称为小教三级及以下，且无教科研课题、论著或奖励）、熟手型教师（2 年＜教龄≤15 年，职称为小教一、二级，且有 5 项以下教科研课题、论著或奖励）和专家型教师（教龄＞15 年，且职称为小教高级，且有 5 项及以上教科研课题、论著或奖励）三类。

2）数学教育观维度，共有 21 个项目，分别对应小学数学教师数学教育观的 3 个变量：儿童数学知识观（1—5 项）、儿童数学学习观（6—12 项）、儿童数学教学观（13—21 项）。所有题项均采用李克特自评式 5 点计分法，“很不符合”记 1 分，“不太符合”记 2 分，“不确定”记 3 分，“比较符合”记 4 分，“很符合”记 5 分，其中部分反向计分题项在数据录入时进行转换，以相反的方式重新计分加总。

以上所有题项均采用陈述式语句表述，以随机顺序排列，全部由测试学校的数学教师填答。

3.4.2　家庭因素问卷

初步编制的家庭因素问卷包括以下 3 个维度。

1）家庭背景维度，共有 5 个项目，主要涉及以下相关变量：①家庭经济状况：以家长填答的月收入为准，可分为 5 个等级（3000 元以下、3000—4999 元、5000—7999 元、8000—9999 元、10 000 元及以上）；②父母职业背景：由父母亲的职业情况转换而来，可分为五大类（外来务工、个体经营者、普通职员、专业技术人员、行政事业管理人员）；③父母受教育程度：可分为 5 个等级（没上过学、高中及以下、大学专科、大学本科、研究生）。

2）家庭教养方式维度，共有 22 个项目，分别对应四种不同方式：鼓励理解型（1—6 项）、过分约束型（7—11 项）、专制冷漠型（12—17 项）、限制保护型（18—22 项）。

3）父母数学观维度，该部分包括 15 个项目，分别对应 3 个方面：儿童数学学力发展观（1—5 项）、儿童数学学习期望观（6—8 项）、儿童数学教育观（9—15 项）。

以上所有题项均采用陈述式语句表述，以随机顺序排列，全部由参与测试儿童的父母或主要监护人填答。其中，家庭教养方式和父母数学观等部分所涉及的题项均采用李克特自评式 5 点计分法，“很不符合”记 1 分，“不太符合”

记 2 分，“不确定”记 3 分，“比较符合”记 4 分，“很符合”记 5 分，其中部分反向计分题在数据录入时进行转换，以相反的方式重新计分加总。

3.5 试测及结果分析

3.5.1 参与者及施测

为了进一步考察问卷结构的合理性和各题项的适宜性，采取整群抽样的方式，在 HH 市 XC 区选取 3 所完全小学分别进行教师因素问卷和家庭因素问卷的试测。

首先，选取一所小学，将其全体学生的父母或其他监护人（共 797 名）作为家庭因素问卷的调查样本，共发放问卷 797 份，回收 779 份，回收率为 97.7%。根据以下 3 个原则剔除无效问卷 13 份：①规律作答；②有漏选项目；③明显胡乱作答。最终获得有效问卷 766 份，有效率为 98.33%。然后，选取另外 2 所小学，将其全体数学教师（共 49 名）作为教师因素问卷的调查样本，共发放问卷 49 份，回收 49 份，回收率 100%，全部为有效问卷。

3.5.2 统计分析方法

使用 SPSS23.0 分别做相关分析与探索性因素分析，使用 R 语言的 ScoreGGUM 软件包和 GUMM2004 软件做项目分析与参数估计，使用 AMOS23.0 做验证性因素分析。

3.5.3 基于 CTT 的问卷质量分析

3.5.3.1 项目相关分析

基于 CTT，有学者（郑日昌，孙大强，2013）认为，区分度大于 0.4 的项目为很好的项目，区分度为 0.3—0.39 的项目为良好项目，区分度为 0.2—0.29

的项目则需修改后使用。据此可确定以下项目筛选规则：①计算每个项目的得分均值与标准差，据此剔除极端值项目；②计算各项目与总分的相关系数，据此剔除相关系数低于 0.3 的项目。

（1）教师因素问卷

从教师因素问卷数学教育观维度的项目-总分相关分析结果（表 3-1）中可以发现，大部分项目均与总分呈显著正相关，表明问卷具有较好的内部一致性。但儿童数学学习观维度的 1 个项目和儿童数学教学观维度的 3 个项目与总分的相关系数均低于 0.3，需要在形成正式问卷时予以剔除或重新修订。

表 3-1　教师因素问卷数学教育观维度的项目-总分相关分析结果

项目	js1	js2	js3	js4	js5	js6	js7	js8	js9
均值	4.73	4.53	4.88	4.76	4.80	2.84	0.31	3.90	3.53
标准差	0.446	0.680	0.331	0.434	0.456	0.943	0.548	0.872	0.793
项目-总分相关	0.732**	0.737**	0.688**	0.731**	0.632**	0.347**	0.139	0.598**	0.481**
项目	js10	js11	js12	js13	js14	js15	js16	js17	js18
均值	1.45	4.33	2.04	2.33	4.49	4.10	3.98	4.65	4.20
标准差	0.647	0.689	0.889	1.008	0.582	0.848	0.777	0.597	0.790
项目-总分相关	0.352*	0.620**	0.307*	0.412**	0.265	0.522**	0.702**	0.675**	0.693**
项目	js19	js20	js21						
均值	3.31	4.08	3.73						
标准差	0.871	0.838	0.758						
项目-总分相关	0.408**	0.570**	0.223						

（2）家庭因素问卷

从家庭因素问卷的项目-总分相关分析结果（表 3-2）中可以看出，大部分项目均与总分呈显著正相关，表明问卷具有较好的内部一致性。但还有家庭教养方式维度的 4 个项目和父母数学观维度的 1 个项目与总分的相关系数均低于 0.3，需要在形成正式问卷时予以剔除或重新修订。

表 3-2　家庭因素问卷的项目-总分相关分析结果

项目	bj1	bj2	bj3	bj4	bj5	jy1	jy2	jy3	jy4
均值	2.15	2.22	2.12	2.30	2.29	3.99	4.37	4.10	4.13
标准差	1.141	0.702	0.656	1.478	1.518	0.970	0.874	0.972	0.962
项目-总分相关	0.735**	0.698**	0.667**	0.818**	0.853**	0.424**	0.492**	0.348**	0.442**

续表

项目	jy5	jy6	jy7	jy8	jy9	jy10	jy11	jy12	jy13
均值	3.96	4.52	3.04	3.57	3.82	2.78	3.97	4.48	4.07
标准差	1.088	0.868	1.129	1.269	1.140	1.337	1.062	0.905	1.097
项目-总分相关	0.498**	0.411**	0.454**	0.432**	0.561**	0.359**	0.541**	0.408**	0.484**
项目	jy14	jy15	jy16	jy17	jy18	jy19	jy20	jy21	jy22
均值	4.18	3.56	4.10	3.82	4.36	2.96	4.46	4.24	4.01
标准差	1.151	0.229	1.034	1.174	0.932	1.366	0.870	0.925	1.057
项目-总分相关	0.521**	0.344**	0.505**	0.563**	0.262**	0.263**	0.307**	0.196**	0.297**
项目	sx1	sx2	sx3	sx4	sx5	sx6	sx7	sx8	sx9
均值	3.61	3.86	3.03	4.33	4.11	4.40	4.36	4.47	4.27
标准差	1.095	1.159	1.149	0.851	0.925	0.834	0.859	0.771	0.978
项目-总分相关	0.327*	0.290**	0.329**	0.488**	0.491**	0.428**	0.511**	0.443**	0.326**
项目	sx10	sx11	sx12	sx13	sx14	sx15			
均值	3.24	3.46	3.79	3.55	3.53	4.17			
标准差	0.965	1.212	1.074	1.206	1.146	0.930			
项目-总分相关	0.446**	0.547**	0.561**	0.447**	0.549**	0.494**			

3.5.3.2 项目区分度分析

为了进一步考察自编儿童数学学力影响因素调查问卷中各项目的区分度，使用SPSS23.0首先对问卷的所有项目分数进行标准化处理；然后将各问卷总分分为高分组和低分组；最后再通过独立样本 t 检验，分析高低分组之间的差异是否显著。

（1）教师因素问卷

由表3-3可知，教师因素问卷中有3个项目的 t 检验结果不显著，表明这3个项目的区分度较低，有必要在正式调查前予以剔除或修订，而其他各项目均具有较高的区分度。这一结果也与项目相关分析的结果基本一致。

表3-3 教师因素问卷项目区分度分析结果

项目	js1	js2	js3	js4	js5	js6	js7
t	−5.940***	−5.596***	−2.854*	−5.339***	−3.684**	−1.950	−0.731
项目	js8	js9	js10	js11	js12	js13	js14
t	−5.103***	−2.734*	−3.093**	−3.595**	−2.154*	−2.348*	−1.868
项目	js15	js16	js17	js18	js19	js20	js21
t	−3.758**	−6.086***	−3.917**	−4.765***	−3.644**	−3.475**	−2.414*

（2）家庭因素问卷

由表 3-4 可知，家庭因素问卷中各维度所有项目的 t 检验结果都达到 $p<0.001$ 的显著性水平，表明所有项目都具有较好的区分度。

表 3-4 家庭因素问卷项目区分度分析结果

项目	bj1	bj2	bj3	bj4	bj5	jy1	jy2	jy3	jy4
t	−28.50***	−14.99***	−14.15***	−43.54***	−48.53***	−10.91***	−11.09***	−8.66***	−9.98***
项目	jy5	jy6	jy7	jy8	jy9	jy10	jy11	jy12	jy13
t	−12.21***	−7.93***	−10.31***	−11.47***	−14.85***	−9.63***	−15.22***	−9.73***	−12.06***
项目	jy14	jy15	jy16	jy17	jy18	jy19	jy20	jy21	jy22
t	−12.54***	−9.18***	−12.64***	−15.78***	−5.53***	−6.81***	−6.24***	−4.20***	−7.96***
项目	sx1	sx2	sx3	sx4	sx5	sx6	sx7	sx8	sx9
t	−8.41***	−7.45***	−7.59***	−12.08***	−12.02***	−11.85***	−12.84***	−11.51***	−8.10***
项目	sx10	sx11	sx12	sx13	sx14	sx15			
t	−9.92***	−16.14***	−14.26***	−12.14***	−13.98***	−13.75***			

3.5.3.3 测验信度分析

通过对教师因素问卷和家庭因素问卷各维度分别进行信度分析（表 3-5），结果表明，这两个分问卷都具有较好的内部一致性信度。这也为下一步使用基于 IRT 的等级展开模型（graded unfolding model）分析问卷质量提供了信度保障。

表 3-5 儿童数学学力影响因素调查问卷的 α 系数

项目	教师因素问卷			家庭因素问卷	
	儿童数学知识观	儿童数学学习观	儿童数学教学观	家庭教养方式	父母数学观
α	0.753	0.737	0.717	0.763	0.706

3.5.3.4 结构效度分析

结构效度是指问卷能够测量到理论假设的结构或特质的程度。目前广泛使用的验证方法之一是因子分析法，即通过多变量之间的内部依赖关系来探索数据间的基本结构，最终实现用少数几个假设变量来解释数据结构的目的。本章在测验项目分析和信度检验的基础之上，又对家庭因素问卷的结构进行了探索性和验证性因素分析，以进一步验证其结构效度。而教师因素问卷因样本量太小，故不做此分析。

（1）家庭背景

首先，对家庭背景维度的 5 个项目进行巴特利特球形检验，结果为：$KMO=0.761$，$\chi^2=1425.57$，$p<0.001$。根据 Kaiser（1974）所提出的数据是否适合做因素分析的 KMO 检验标准（大于 0.7 时适合），表明家庭背景维度的数据适合继续进行探索性因素分析。

其次，在探索性因素分析中，根据对问卷结构的理论分析，提取出特征值为 2.932 的 1 个公共因子，该因子可解释项目总变异的 58.642%，而且各项目因子负荷均在 0.7 以上。综合考虑以上分析指标，可以认为，所提取的 1 个公共因子与前期理论假设的家庭背景因素相对应，包含 5 个项目。

（2）家庭教养方式

首先，对该问卷的 22 个项目进行巴特利特球形检验，结果为：$KMO=0.833$，$\chi^2=2624.30$，$p<0.001$，表明调查数据适合继续进行探索性因素分析。

其次，在探索性因素分析中，根据前期对问卷结构的理论构想，以及一些学者（何晓群，2013）的相关研究成果，提取了特征根大于 0.985（在主成分分析实践中虽然习惯于保留特征值大于 1 的那些主成分，但这种方法缺乏完善的理论支持）的 4 个公共因子，其特征根分别为 3.740、1.881、1.198、0.985，累积贡献率为 48.776%。在对提取的 4 个因子结构进行极大方差旋转后，各项目因子负荷均为 0.432—0.738。综合考虑以上分析指标，将家庭教养方式划分为 4 个维度，并根据每个维度所对应的项目对其命名：因子一为鼓励理解型，包含 6 个项目；因子二为过分约束型，包含 5 个项目；因子三为专制冷漠型，包含 6 个项目；因子四为限制保护型，包含 5 个项目。

最后，对上述问卷结构进行验证性因素分析，结果表明，模型拟合指数（表 3-6）基本符合理论要求，具有较好的拟合度，表明家庭教养方式的维度结构与本章的理论构想相符合。

表 3-6　家庭因素问卷验证性分析模型拟合指数

项目	χ^2	df	χ^2/df	NFI	$NNFI$	GFI	CFI	IFI	$RMSEA$
家庭教养方式	517.09	183	2.82	0.81	0.84	0.94	0.86	0.86	0.048
父母数学观	413.78	87	4.75	0.78	0.78	0.93	0.82	0.82	0.070

（3）父母数学观

首先，对该问卷的 15 个项目进行巴特利特球形检验，结果为：$KMO = 0.756$，$\chi^2 = 1762.17$，$p < 0.001$，表明调查数据适合继续进行探索性因素分析。

其次，在探索性因素分析中，根据前期对问卷结构的理论构想，提取了特征根大于 1 的 3 个公共因子，其特征根分别为 3.395、1.766、1.505，累积方差贡献率为 44.442%。在对提取的 3 个因子结构进行极大方差旋转后，各项目因子负荷均为 0.497—0.800。综合考虑探索性因素分析的结果，根据每个维度所包含的项目对其命名：因子一为儿童数学学力发展观，包含 5 个项目；因子二为儿童数学学习期望观，包含 3 个项目；因子三为儿童数学教育观，包含 7 个项目。

最后，对上述问卷结构进行验证性因素分析，结果表明，模型拟合指数（表 3-6）基本符合理论要求，具有较好的拟合度，表明父母数学观维度的结构与本章的理论构想相符合。

3.5.4　基于 IRT 的问卷质量分析

Embretson 和 Reise（2000）曾建议，在应用 IRT 进行测验分析之前，可先进行 CTT 的项目分析，删除个别区分度较低的项目，以最大可能地保证 IRT 等级展开模型与观测数据的拟合效果。因此，本章在进行了基于 CTT 的家庭因素问卷质量分析之后，又进一步对其进行了基于 IRT 等级展开模型的测验质量分析。

3.5.4.1　参与者取样分析

利用 GGUM2004 软件，运用 EAP 对 766 名被调查家长进行了影响因素潜在特质 θ 值的估计，并生成不同 θ 值在潜在特质连续体上的分布图（图 3-4），可以发现，θ 值的分布接近正态分布，表明本次调查所抽取参与者的样本具有一定的代表性。但是特质水平在 0.75—1.25 这个区间内的取样不足，而这也可能是造成部分项目参数估计值不够理想的重要原因之一。

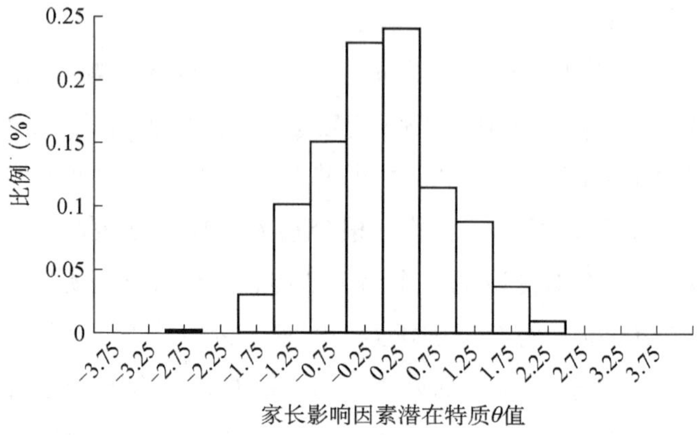

图 3-4　家长影响因素潜在特质 θ 值的 EAP 结果分布

3.5.4.2　项目单维性与局部独立性检验

在基于 CTT 的项目分析之后，仍然不能直接对问卷进行 IRT 分析，因为潜在特质空间单维性是 IRT 理论的主要假设之一，即需要检验所有问卷项目是否都是测量同一个潜在特质。当然，在测量实践中，潜在特质的单维性要求是相对的，只要满足影响被试反应的因素中只有一个因素占绝对主导作用即可。

余嘉元（1992）认为，基于 CTT 的单维性检验有许多统计学指标可供参考，如哥特曼复制系数、α 系数、第一特征值与第二特征值之比、χ^2 检验、公共因素方差指标等。王秀玲和李金波（1997）也认为，测验的单维性检验方法中，CFA 最为有效，它特别强调模型对观测数据要具有良好的拟合性。研究者可先假定公共因素为 1，并指定某些典型项目变量的因素负荷为 1 或其他固定值；也可让全部项目变量的因素负荷均为自由参数，然后用极大似然估计法或加权最小平方法来估计自由参数，并计算一系列模型对观测数据的拟合指数，如果拟合良好，则测验的单维性可得到证实。

使用 AMOS23.0 软件对问卷的单一因子模型进行验证性因素分析时，所获得的家庭因素问卷各维度模型拟合指数主要有：①χ^2，χ^2/df；②*RMSEA*；③*GFI*；④*NFI*；⑤*NNFI*；⑥*CFI*；⑦*IFI*。其中，指数①—②为缺乏性拟合指数，取值区间为（0，+∞），接近 0 表示拟合良好，但容易受样本容量的影响；指数③—⑦为拟合良好性指数，取值区间为（0，1），接近 0 表示拟合极差，接近 1 则表示拟合良好（王秀玲，李金波，1997）。

根据上一小节的验证性因素分析结果，可以认为本章自编家庭因素问卷基本符合单维性要求和局部独立性假设，可以使用 IRT 等级展开模型对其做进一步分析。

3.5.4.3　项目反应模型拟合检验

首先，利用 ltm 程序包，使用近似极大似然估计法对等级反应模型与家庭背景维度的数据进行了模型-数据拟合检验。结果显示，在限制项目区分度参数时，各拟合指数分别为：*Log-Likelihood*＝−1234.197，*AIC*＝8516.395，*BIC*＝8627.783；而在不限制参数时，各拟合指数分别为：*Log-Likelihood*＝−4088.632，*AIC*＝8233.263，*BIC*＝8363.216。可见，在不限制项目参数的情况下，模型-数据的拟合效果更好。

其次，使用 GGUM2004 对家庭教养方式和父母数学观这两个维度的模型与数据的拟合情况进行了检验。

GGUM2004 通过对被试期望反应值与观察反应值之间的分组平均反应差异进行比较，来展示给定模型与观察数据的拟合情况。需要先分别估计所有被试潜在特质和项目位置参数（θ，δ），再根据二者的差值进行分组，将分组的观察反应均值和期望反应均值用图形显示出来，通过小圆点与曲线的接近程度就可以直观地判断模型与数据的拟合情况。图 3-5 和图 3-6 分别是家庭因素问卷中家庭教养方式和父母数学观两个维度的测验观察反应与期望反应拟合图，图中的小圆点为每组的平均观察反应，单曲线为每组的平均期望反应。可以看出，整个测验的观察值全部分布于期望值附近，表明二者拟合较好。

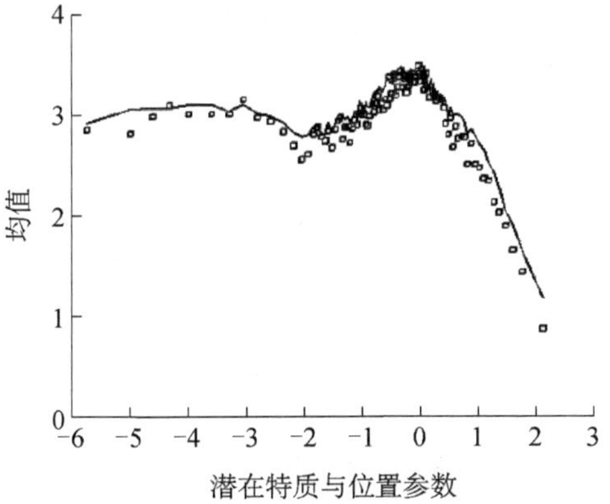

图 3-5　家庭教养方式维度观察反应与期望反应拟合图

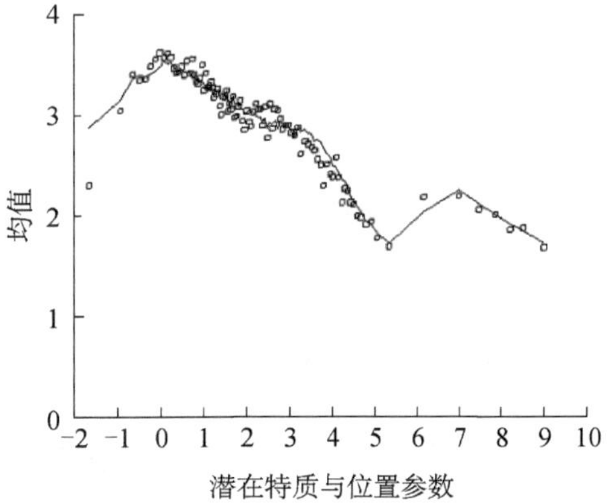

图 3-6　父母数学观维度观察反应与期望反应拟合图

3.5.4.4 项目拟合检验

在 GGUM2004 中，首先将所有被试按照其潜在特质 θ 值进行分组（分组数量可指定），然后将每一个被试组的平均观察项目反应和平均 θ 值在一个图中显示出来（图中的小圆点表示每组的平均观察项目反应值，曲线表示每组的平均期望反应值，垂直短竖线表示估计的置信区间）。而小圆点与曲线间的差异（如有一些点落在置信区间之外）则代表了该项目与指定模型的不拟合程度。当然，需要注意的是，图中所显示平均值的变化要依赖于用于计算每个平均值的数据点的数量，即要取决于所选取的被试量和所指定的分组数量。有研究（Roberts et al.，2006）指出，这种项目拟合图是评估项目拟合情况的非常有价值的工具。

从图 3-7 中可以看出，项目 jy1 的全部潜在特质参数均在合理范围之内，且所有数据点也都落在置信区间之内，表明该项目数据与指定模型拟合较好；而项目 jy7 的潜在特质参数中则有部分数据点落在置信区间之外，表明拟合效果不够理想，有必要结合其他指标综合考虑是否需要在正式调查时予以剔除或重新修订。

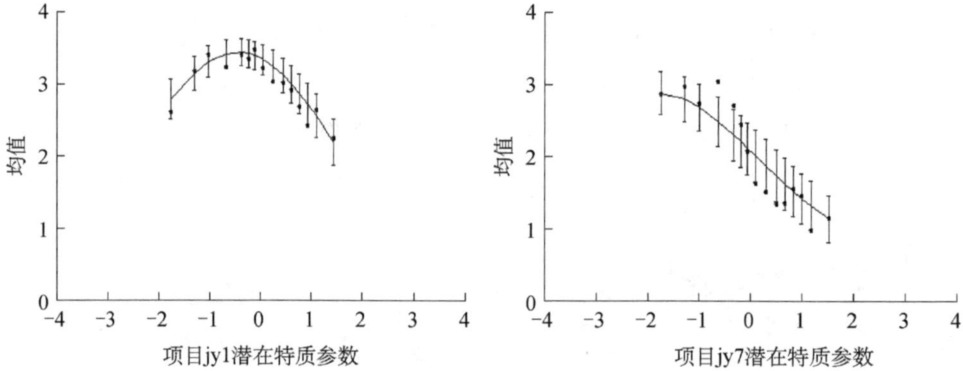

图 3-7　家庭因素问卷部分项目潜在特质参数拟合曲线图（部分）

3.5.4.5 项目参数分析

分别使用 IRT 等级反应模型和拓广等级展开模型对家庭因素问卷 3 个维度的 42 个项目进行了参数估计（表 3-7），可以看出，有 39 个项目的位置参数为 −4—4，40 个项目的区分度为 0.3—2。根据一些学者（Baker & Kim，2004；杨业兵等，2008；刘国庆等，2015）的观点，区分度参数 $\alpha<0.3$ 时说明项目不能很好地区分被试的潜在特质，但 $\alpha>4$ 也很少见，且会对测验结果产生影响。而本问卷各项目的区分度虽整体不高，但基本符合 IRT 中 $0.3<\alpha<3$ 的理论要求（罗照盛，2012），这表明本问卷各项目在一定程度上能够较好地测量并区分出不同家长影响儿童数学学力的潜在特质水平。

表 3-7　家庭因素问卷各维度项目位置及区分度参数估计结果

维度	项目	位置参数	区分度	维度	项目	位置参数	区分度
家庭背景	bj1	−1.488	0.008	家庭教养方式	jy2	0.502	1.330
	bj2	−0.241	−0.015		jy3	0.873	0.700
	bj3	0.174	0.016		jy4	0.668	0.919
	bj4	0.007	−4.158		jy5	0.392	0.982
	bj5	0.011	−1.492		jy6	0.508	0.873
父母数学观	sx1	−0.654	0.309		jy7	−0.065	0.792
	sx2	−0.506	0.266		jy8	−0.183	0.750
	sx3	−7.843	0.198		jy9	−0.033	1.293
	sx4	−2.025	1.026		jy10	−0.308	0.616
	sx5	−1.861	0.883		jy11	−0.088	1.501
	sx6	−1.080	1.271		jy12	0.013	1.007
	sx7	−1.045	1.732		jy13	0.021	0.977
	sx8	−0.918	1.429		jy14	0.116	0.936
	sx9	−1.156	0.346		jy15	−0.122	0.450
	sx10	−4.252	0.470		jy16	0.236	1.082
	sx11	−3.868	0.564		jy17	0.162	1.044
	sx12	−3.662	0.631		jy18	1.515	0.539
	sx13	−1.874	0.246		jy19	−0.654	0.325
	sx14	−3.803	0.567		jy20	1.578	0.650
	sx15	−3.124	0.599		jy21	4.558	0.333
家庭教养方式	jy1	0.354	0.750		jy22	3.217	0.460

进一步结合家庭教养方式和父母数学观两个维度的项目位置参数 δ 值的估计结果（图 3-8 和图 3-9），可以发现，家庭教养方式维度的大多数项目反应的位置参数 $\delta>0$，说明这些项目对于家长来说有一定难度，但家长仍可以做出真实反应；而父母数学观维度的大多数项目反应的位置参数 $\delta<0$，说明测验项目对于绝大多数家长来说都比较容易理解，且家长能够顺利地做出真实反应。

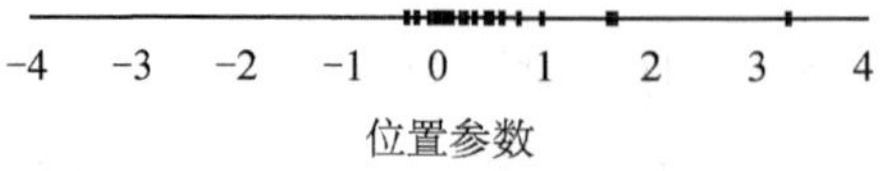

图 3-8　家庭教养方式维度项目位置参数估计图

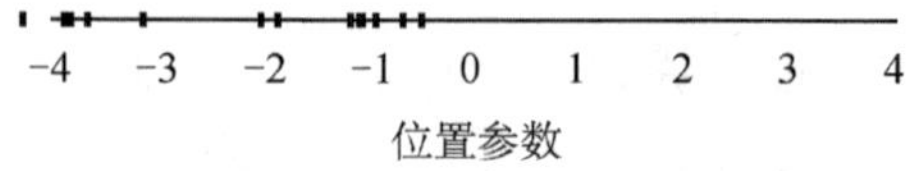

图 3-9　父母数学观维度项目位置参数估计图

3.5.4.6　测验信息曲线分析

相比于 CTT，IRT 的一大优势与特色就是可以较为精确地估计不同特质水平被试的潜在特质测量误差，并利用该误差，根据测验信息函数 $I(\theta)=\dfrac{1}{SE(\theta)^2}$ 得到测验的总信息量。在 IRT 框架下，通常测验的信息量越大，对被试特质水平估计的标准误差就越小，测量精度就越高；根据测验的每个项目都可以独立地估计其信息量，且所有项目信息量之间具有累加性（相加之和即测验总信息量）。因此，测验项目增多，测验信息量也会随之增大，进而使测验的测量精度得到增加。有学者（漆书青，戴海崎，1992）认为，在累积模型中所估计的测验信息量大于 16 时，表示测验可以用于实测。但也有学者（罗照盛，2012）认为应达到 25 以上才可使用。目前，学界对于拓广等级展开模型的测验信息量仍然没有一个统一的标准，大多参照累积模型来使用，即更高的测验信息量通常有助于获得更精确的测验参数估计。

从图 3-10、图 3-11 和 图 3-12 的测验信息曲线图中分析可知，家庭因素问卷的测验信息量已超过 16，表明本问卷能够更精确地估计家长影响儿童数学学力的潜在特质水平。

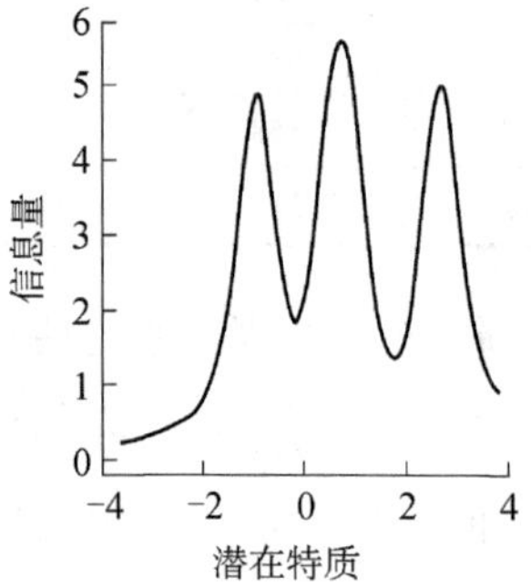

图 3-10　家庭背景维度测验信息曲线

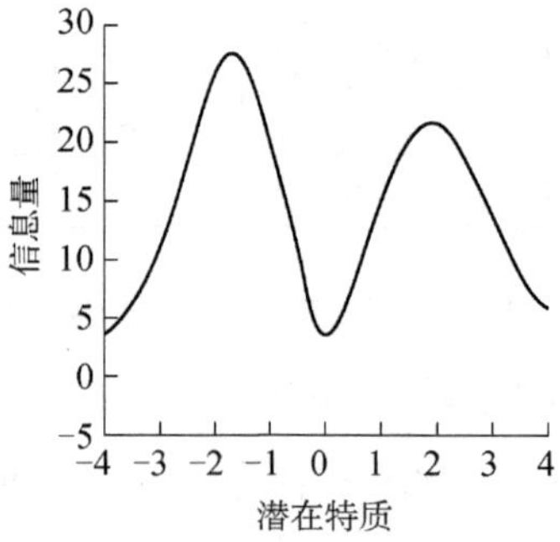

图 3-11　家庭教养方式维度测验信息曲线

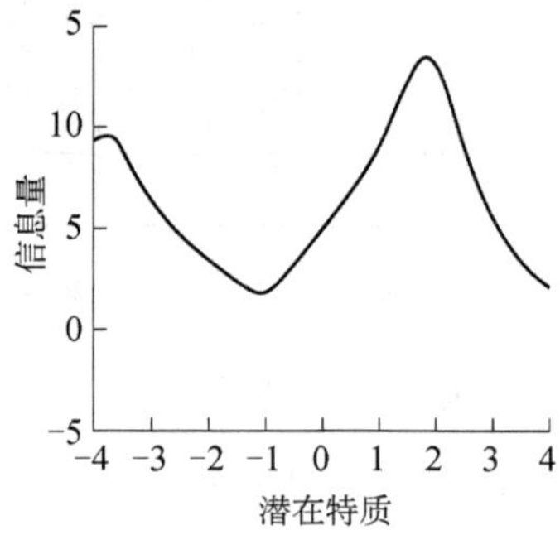

图 3-12　父母数学观维度测验信息曲线

3.6 正式问卷形成

3.6.1 教师因素问卷

综合分析上一小节关于问卷信度、项目-总分相关及分组 t 检验结果，可分别删除儿童数学学习观维度中的 1 个项目（js7）和儿童数学教学观维度中的 2 个项目（js14，js21），由此形成了由儿童数学知识观（5 个项目）、儿童数学学习观（6 个项目）和儿童数学教学观（7 个项目）组成的正式教师因素问卷。

3.6.2 家庭因素问卷

使用 CFA 检验家庭因素问卷的单维性假设，其优势在于可以提供被试潜在特质因子对各项目变量的方差贡献大小的信息，这些信息蕴含在公共因子载荷量之中。而问卷的结构效度通常用公共因子载荷量的平方之和占项目变量总方差的比率来度量，因此，如果问卷的单维性假设能够成立，也就意味着其结构效度得到了验证（王秀玲，李金波，1997）。

在上一小节项目分析中可以发现，家庭因素问卷的整体结构较为合理，对于被调查家长来说，各项目表述通俗易懂，能够使家长顺利地做出真实反应，并较好地对不同潜在特质水平做出了区分。但也有个别项目（bj4、jy21、sx3、sx10）的位置参数 δ 和区分度参数 α 超出了合理阈限，因此，结合儿童数学学力影响因素的理论假设，将项目-总分相关与旋转因子负荷最低，且 δ 和 α 参数均不够理想的项目（jy19、jy21、sx3）予以删除，对一些指标不够理想的项目（bj4、jy18、sx2、sx10）进行适当修订，最终形成由家庭背景（5 项）、家庭教养方式（20 项）和父母数学观（14 项）3 个维度组成的正式家庭因素问卷。

3.7 小结

儿童的数学学习状况与学力发展水平，不仅直接受限于其身心特质，还会受到学校、家庭等客观环境的影响。本章分别选取学校因素中可能与儿童数学学力发展直接相关的教师的数学教学能力与数学教育观这两个主要变量，以及家庭因素中可能与儿童数学学习最密切相关的家庭背景、家庭教养方式和父母数学观等变量，构建了儿童数学学力影响因素的理论模型，并据此编制“儿童数学学力影响因素调查问卷”（教师版和家长版）。

为了保证自编问卷的综合质量，本章分别对其结构和项目进行了必要的分析与修订。首先根据已有相关研究成果设定了问卷的假设模型；然后结合开放式访谈结果和同类研究中的测量工具分析，编制了试测问卷项目。显然，这种理论与实践相结合的方式可以确保问卷具有较好的内容效度。在随后的探索性和验证性因素分析中，又进一步验证了教师因素问卷和家长因素问卷的结构效度。通过对个别低质项目加以删除或修订，由此形成了最终的正式问卷。

第 4 章

儿童数学学力认知诊断测验实施与结果分析

4.1 研究目的

基于对儿童数学学力认知模型和影响因素模型的理论建构，以及利用试测数据进行的测验与问卷质量分析，我们已经拥有了较为可靠和有效的儿童数学学力认知诊断与影响因素调查工具。但是仍有必要通过正式施测获取大规模实测数据，以期为下一步进行儿童数学学力的发展特征与影响因素分析做好数据准备。

4.2 研究方法

如前所述，儿童数学学力认知诊断测验是严格按照国家课程标准所规定的小学各年级段所应达到的学习目标而编制的。因此，结合调查取样地区各小学的数学教学进度，在 6 月中旬（即第二学期期末），各年级都已基本完成一学年的教学任务，即使是一年级儿童，在经过一学年的系统学习之后，也已初步形成了各自的数学认知结构。在这一时期对他们进行阶段性的诊断测验，更有利于获取各年级段儿童的真实数学学力数据。

4.2.1 参与者取样

采用整群抽样法，首先分别确定内蒙古自治区中部的HH市XC区和西部的WH市HBW区为抽样学区。然后按照家长和教育主管部门对各学校近年来数学教学整体水平的综合评价，分别从这两个学区各选择3所完全小学（其中优势学校、普通学校和薄弱学校各1所，学校代码见表4-1），共6所小学作为本次测验的样本学校，以这6所学校中1—6年级的所有儿童共8289人为参与者。各年级参与者人数及其平均年龄分别为1262人（7.39±0.55周岁）、1483人（8.39±0.55周岁）、1519人（9.32±0.56周岁）、1379人（10.39±0.56周岁）、1533人（11.49±0.60周岁）、1113人（12.45±0.58周岁）。

表4-1 儿童数学学力认知诊断测验正式测试学校代码

学区	城区优势学校	城区普通学校	城区薄弱学校
XC	zh1	zh2	zh3
HBW	zw1	zw2	zw3

4.2.2 测试工具

1）自编并经试测修订的“儿童数学学力认知诊断测验（1—6年级）”各1套（由所有参与儿童作答）。

2）自编并经试测修订的教师因素问卷1套（由参与学校的全体数学教师作答）。

3）自编并经试测修订的家庭因素问卷1套（由所有参与儿童的家长或其他监护人作答）。

4）张厚粲和王晓平（1989）主持修订的“瑞文标准推理测验（中国城市版）”1套（由所有参与儿童作答）。

5）李芳等（2008）编制的“中小学生非智力因素量表”1套（由所有参与

儿童作答）。

4.2.3　组织实施

各测试学校分别以年级为单位统一组织测试。为保证测试过程的可靠性，各学校分别由分管数学教学的副校长或教导主任负责各项测试的组织管理与监督，各年级组长与班主任协商确定本年级各项测试的具体时间，并负责测试的实施与试卷回收。各年级学力诊断测验的测试时间为 40 分钟（1 课时），瑞文标准推理测验的测试时间为 40 分钟（1 课时），中小学生非智力因素量表的测试时间为 40 分钟（考虑到一、二年级儿童的阅读理解能力可能会影响问卷填写质量，因此他们的问卷由其带回家后在家长的辅助下填写），家庭因素问卷由儿童家长或其他监护人填写。

4.2.4　测验计分

1）学力诊断测验全部项目均为填空题，采用 0、1 计分方式计分，答对记 1 分，答错记 0 分。

2）非智力因素问卷、教师因素问卷（除教师教学能力外）和家庭因素问卷（除家庭背景外）全部采用李克特 5 点计分，每一个项目的陈述均有“很符合”“比较符合”“不确定”“不太符合”“很不符合”5 个选项，分别记为 5、4、3、2、1 分，其中部分反向计分项目需做分值转换。

3）瑞文标准推理测验全部为选择题，采用 0、1 计分方式计分，答对记 1 分，答错记 0 分，并转换为标准分。

4.2.5　数据处理

4.2.5.1　录入与清理

首先采用 EXCEL2016 创建统一格式的数据库模板，并进行数据录入与合成；然后用 SPSS23.0 对数据进行初步清理，重点对误录、漏录数据进行检查和修改；用R语言平台的dplyr程序包对部分缺失数据进行插补。

4.2.5.2 参数估计

使用R语言平台的ltm、CDM、equateIRT等程序包进行各测验项目参数和被试参数的估计、模型-数据拟合检验、参数等值处理，以及相关结果的图形处理。

4.3 学力诊断测验结果分析

4.3.1 基本作答情况

表4-2为学力诊断测验的基本作答情况，一、六年级测验满分为34分，其他4个年级测验满分为45分，各年级儿童的测验项目平均得分率为47.22%—66.20%，属于中等水平。得分率明显低于其数学学业成绩测验的主要原因在于，为了建立各年级测验分数之间的垂直链接，进而能够将各年级儿童的数学学力值放在同一个量尺上进行比较分析，除六年级外，各年级测验中都有部分题目是与其高一年级测验做等值链接的锚题，这些题目对于他们而言难度都相对较高，所以这在一定程度上拉低了各年级的整体得分率。另外，直观分析各年级儿童的测验均分，可以发现，一、二年级稍高一些，三、六年级次之，四、五年级相对较低。但各年级儿童的真正数学学力差异及其显著性究竟如何，各自在KS上又有何特点，还需结合IRT与CDA诊断模型的参数估计结果进行更细致的分析。

表 4-2 儿童数学学力认知诊断测验基本作答情况

年级	项目构成	参与儿童数（人）	满分（分）	均分（分）	标准差	平均得分率（%）
一年级	正测 23+锚测 11	1262	34	22.51	6.55	66.20
二年级	正测 23+锚测 22	1483	45	29.10	8.55	64.67
三年级	正测 23+锚测 22	1519	45	27.51	8.52	61.12
四年级	正测 23+锚测 22	1379	45	21.25	7.44	47.22
五年级	正测 23+锚测 22	1533	45	25.53	7.49	56.73
六年级	正测 23+锚测 11	1113	34	20.77	6.22	61.07

4.3.2　参数估计结果

因数学学力认知诊断测验全部为填空作答项目，这在一定程度上可以避免儿童因没有掌握相关关键数学学力属性而猜测作答的情况。我们使用 ltm 程序包中 IRT 的 2PLM 对各年级测验项目的难度和区分度，以及被试的能力参数进行估计。参数估计方法选用的是基于条件独立假设的极大似然估计法。参数估计过程使用混合算法进行优化。具体过程为：首先使用最大期望算法（expectation maximization algorithm，EM）进行迭代，获得较为稳健的极大似然估计值，然后再切换到准牛顿-拉夫逊迭代，直到结果达到收敛。

4.3.2.1　各年级测验项目参数估计

各年级测验的项目参数估计结果分析如下。

一年级正式测验（23 个项目）的难度为−1.07—2.50，均值为 1.00，标准差为 0.98，且大部分项目的难度都超过 0，因此，测验整体难度属于中等偏高水平；区分度为 0.35—1.77，均值为 1.05，标准差为 0.37，且除 3 个项目外，其他项目的区分度都超过 0.5，说明这部分测验项目对不同学力水平的儿童具有较好的区分能力。而锚测验（11 个项目）的难度为−0.86—2.38，均值为 0.75，标准差为 0.94，全距为 3.24；区分度为 0.68—1.97，均值为 1.38，标准差为 0.42。整体来看，锚测验的难度略低于正式测验，区分度略高于正式测验，也属于中等偏高水平。

二年级正式测验（23 个项目）的难度为−1.88—2.21，均值为 0.54，标准差为 0.91，且大部分项目的难度为 0—2，即测验整体难度属于中等水平；区分度为 0.18—1.91，均值为 0.94，标准差为 0.40，且除 2 个项目外，其他项目的区分度都在 0.5 以上，说明这部分测验项目具有较高的区分能力。而锚测验（22 个项目）的难度为−0.68—2.73，均值为 1.25，标准差为 0.95，全距为 3.41；区分度为 0.74—1.84，均值为 1.31，标准差为 0.29。整体来看，锚测验的难度和区分度都高于正式测验，但也在合理范围内。

三年级正式测验（23 个项目）的难度为−1.51—2.33，均值为 0.37，标准差为 0.93，且有超过一半项目的难度都接近或低于 0；而区分度为 0.39—1.69，均值为 0.94，标准差为 0.38，且除 3 个项目外，其他项目的区分度都超过 0.5，说明这部分测验项目属于中等难度水平，且具有较好的区分能力。锚测验（22 个项目）的难度为-2.19—3.04，均值为 1.05，标准差为 1.25，全距为 5.23；区分度为 0.26—2.02，均值为 1.33，标准差为 0.42。整体来看，锚测验的难度与区分度均高于正式测验。

四年级正式测验（23 个项目）的难度为-3.54—4.08，均值为-0.58，标准差为 1.76，且有超过一半的项目难度都小于 0；区分度为 0.2—1.77，均值为 0.89，标准差为 0.34，且除 2 个项目外，其他项目的区分度均大于 0.5，说明这部分测验项目的整体难度水平偏低，但区分度达到了中等偏高程度。锚测验（22 个项目）的难度为-3.07—2.63，均值为 0.37，标准差为 1.51，全距为 5.7；区分度为 0.4—1.75，均值为 1.29，标准差为 0.32。整体来看，锚测验的难度与区分度都略高于正式测验，但难度属于中等偏低水平，区分度达到了中等偏高水平。

五年级正式测验（23 个项目）的难度为-2.17—2.7，均值为 0.45，标准差为 1.25，属于中等难度水平；区分度为 0.13—1.24，均值为 0.66，标准差为 0.28，除 2 个项目外，其他项目的区分度都超过了 0.5，达到中等水平。锚测验（22 个项目）的难度为-1.75—4.35，均值为 0.45，标准差为 1.58，全距为 6.1；区分度为 0.72—1.95，均值为 1.34，标准差为 0.33，且所有项目的区分度均大于 0.5。整体来看，锚测验的难度与正式测验相当，为中等偏高水平，区分度高于正式测验，达到了中等偏高水平。

六年级正式测验（23 个项目）的难度为-1.17—2.38，均值为 0.72，标准差为 1.17，且难度大于 0 的项目占多数，总体属于中等偏高难度；区分度为 0.23—2.38，均值为 1.14，标准差为 0.59，除 3 个项目外，其他项目的区分度均大于 0.5，总体达到了中等偏高水平。锚测验（11 个项目）的难度为-1.57—3.6，均值为 0.72，标准差为 1.52，全距为 5.17；区分度为 0.29—1.76，均值为 1.05，标准差为 0.45。锚测验的难度和区分度均与正式测验较接近，且都达到了中等偏高水平。

综合以上分析，除四年级的正式测验难度略低于中等水平外，其他各年级测验（包括正式测验和锚测验）的难度和区分度均达到或超过中等水平。此外，各年级的锚测验不仅在难度与区分度的分布区间与均值上与正式测验相近，而且在难度上也具有较大的全距（分别为 3.24、3.41、5.23、5.7、6.1 和 5.17）。这在一定程度上保证了锚测验的代表性与稳定性，为下一步测验项目参数的等值链接奠定了基础。

4.3.2.2　各年级被试参数估计

（1）各年级儿童数学学力总体分布

表 4-3 是使用 ltm 程序包中的准牛顿-拉夫逊迭代算法估计所得各年级儿童的数学学力 θ 值分布情况。

表 4-3　儿童数学学力 θ 值总体分布情况

项目	一年级	二年级	三年级	四年级	五年级	六年级
分布区间	[−3.26, 2.02]	[−3.17, 2.27]	[−3.22, 2.60]	[−3.12, 0.65]	[−3.05, 2.48]	[−3.19, 2.28]
均值	−0.016	−0.055	−0.014	0.003	−0.011	−0.062
标准差	0.865	0.910	0.918	0.904	0.921	0.876

各年级儿童的数学学力 θ 均值都非常接近 0，说明总体上都属于中等水平。但进一步分析发现，四年级儿童数学学力均值略高于其他年级，这与该年级测验整体难度偏低有关，而其他年级儿童虽然数学学力均值略低一些，但也非常接近。当然，要想准确判断各年级儿童之间的学力差异及其显著性，还需下一步做完等值链接之后才能进一步比较分析。

此外，结合各年级儿童数学学力的总体分布来看，除四年级儿童数学学力水平达到了正态分布的显著性水平以外，其他 5 个年级虽然不严格符合正态分布，但其均值非常接近 0，标准差接近 1，且样本量较大。根据中心极限定理，在样本容量很大时，总体参数的抽样分布是趋向于正态分布的，最终都可以依据正态分布的检验方法对其进行下一步分析（茆诗松，周纪芗，2000）。因此，可以认为，本书所选取的各年级儿童具有较好的总体代表性。

（2）年级内各学校儿童学力分布

进一步分析各年级内不同学校儿童数学学力分布情况：①每个年级中只有一部分学校的儿童数学学力均值符合正态分布，这主要是由具体到各年级内不同学校的儿童人数相对较少造成的。②一、二、四年级段内各学校的儿童数学学力均值由高到低排序为 zh1＞zw1＞zh2＞zw2＞zw3＞zh3，这正好与其学校类型相匹配，即优势学校（zh1，zw1）最高，普通学校（zh2，zw2）次之，薄弱学校（zw3，zh3）最低。而其他 3 个年级的排序虽然基本保持了优势学校好于普通学校，普通学校又好于薄弱学校的经验预期，但 zw1、zh2、zw3 这 3 所学校又各有其特别之处。其中，在三年级各学校的排序中，2 所优势学校仍然保持最高的数学学力均值，只是薄弱学校 zw3 的均值（−0.072）要略高于普通学校 zw2 的均值（−0.617）；在五年级各学校的排序中，优势学校 zw1 的均值（−0.156）相对较低，与薄弱学校的均值（zw3，zh3）（−0.112，−0.565）相当；在六年级各学校的排序中，也是优势学校 zw1 的均值（0.075）略低于普通学校 zh2 的均值（0.130）。

当然，以上只是利用数学学力 θ 值所做的初步分析，如果要做进一步的跨年级比较，还要在做完等值处理之后才能进行更细致的分析与讨论。

4.4 测验质量验证

4.4.1 信度分析

信度主要用来衡量一个测验在测量某个潜在特质时所得结果的一致性和稳定性程度，其实质在于直接体现该测验控制随机误差的能力。

本章分别从不同理论视角获得了“儿童数学学力认知诊断测验（1—6 年级）”的信度指标：①基于 CTT 的测验内部一致性信度；②基于 IRT 的测验项目难度、区分度以及儿童数学学力 θ 值的估计信度；③基于 CDT 的儿童测验项目作答猜测、失误概率及其对各学力掌握概率的估计信度。为避免重复论述，本章重点进行基于 CTT 和 IRT 的信度分析，而基于 CDT 的信度分析将在下一章分析儿童数学学力的发展特征时一并进行。

4.4.1.1 内部一致性

适用于儿童数学学力认知诊断测验的 CTT 信度指标主要是 α 系数。使用 R 语言的 ltm 程序包，分别得到了各年级正式测验、锚测验以及全部项目的 α 系数（表 4-4）。除五、六年级锚测验的 α 系数偏低（$\alpha = 0.650$）外，其他各测验的 α

系数均为 0.7—0.9，说明各年级诊断测验可以提供较为稳定且可靠的信息源。

表 4-4　儿童数学学力认知诊断测验 α 系数

项目	一年级	二年级	三年级	四年级	五年级	六年级
正式测验项目（23）	0.792	0.798	0.793	0.736	0.710	0.809
一、二锚测验（11）	0.757	0.753				
二、三锚测验（11）		0.776	0.787			
三、四锚测验（11）			0.765	0.768		
四、五锚测验（11）				0.778	0.711	
五、六锚测验（11）					0.787	0.650
全部项目	0.868	0.896	0.894	0.872	0.864	0.852

4.4.1.2　测验信息量

IRT 借用了信息量这一概念来表示测验或项目在评价被试潜在特质水平时所提供信息的确定性水平。由于它已将信度或信息量定义到了单个项目或被试的水平上，所以它实现了将单个项目信息量累加即可得到整个测验的信息量的可能，这对于评价不同项目对测量被试潜在特质水平的信息贡献量，以及评价各被试的测量结果是否可信，都具有更大的优势（罗照盛，2012）。

已有研究（罗照盛，2012）表明，在 CTT 框架下，一个高质量测验的重测信度应该大于 0.85，即其测量标准误应该小于 0.3873。而按照这个标准，基于 IRT 的测验信息量至少应达到 6.6667；反之，如果基于 IRT 的测验信息量能够达到 25，那么这时的测量标准误就只有 0.2，即相当于基于 CTT 的重测信度能达到 0.96。本章利用 ltm 程序包，分别绘制了各年级测验信息曲线图，并得到各年级的测验信息量分别为 39.19、50.38、50.74、48.59、44.13、37.53，全部优于 IRT 的测验信息量的一般标准。

4.4.2　效度分析

作为衡量测验整体性能的另一个重要指标，效度是指测验实际上能够测量到拟测潜在特质的程度，即测验的有效性。对于认知诊断测验而言，其效度如何主要涉及以下几个问题：每个项目是否能够测量到这个（些）认知属性？每个项目所考核的认知属性对该项目是否具有充分的解释力？测验的结构是否能够符合理论假设？测验所考核的认知属性的层级关系是否合理？

具体到儿童数学学力认知诊断测验，以上关于测验效度的各项证据中，Q矩阵中的6个关键数学学力属性的完备性及其结构的合理性，已在试测分析时分别从质性分析和实证数据两个方面予以验证。结果表明，本书所编制的各年级诊断测验所考核的6个关键数学学力属性基本完备，且结构较为合理，即具有较高的综合效度。

4.5 学力诊断测验参数等值

前文虽然已经分别估计出各年级诊断测验项目的难度、区分度，以及所有参与儿童的数学学力θ值，但是在对结果进行分析时却发现还有一些重要问题需要解决，即是否可以对各年级测验的项目与被试参数进行直接比较，进而分析各年级测验在项目难度与区分度上的差异？不同年级儿童在数学学力水平上有何差异？而这些问题又是准确分析儿童数学学力发展特征的必要前提。

显然，为了解决这些问题，就必须将各年级测验的项目与被试参数做等值化处理，以便能够将它们放在同一个统一的量尺上进行比较分析。

4.5.1 等值方案设计

测验等值的实质就是利用统计方法找到测量同一种心理特质的不同测验间分数的转换方法，进而实现分数间的直接比较。而等值设计则是测验等值的首要任务，其主要目的是对拟等值测验数据的采集方法进行设计，核心是确定如何在拟等值的多个测验之间设置等值媒介。所以，根据设置等值媒介的视角不同，等值设计可分为共同被试组设计（锚被试设计）和共同测验设计（锚测验设计）两大类。前者以被试为等值媒介，后者则以测验项目为等值媒介。

数学学力认知诊断测验的对象是小学1—6年级儿童，且最终目的是在纵向发展的不同数学学力水平（如年级、学校、年龄等）群体之间，建立关于特定群体或个体数学学力发展状况的评价参照体系。从诊断测评方案中可以发现，各年级儿童拥有共同的数学学力结构，只是在发展的侧重点与程度上会有所差别。因此，对于他们而言，诊断测验的测试领域是相同的，只是在具体题目内容维度的广度与深度上有所差别。这样的测验显然不能被称为平行测验，也就不能通过传统的等值方法对各年级测验分数进行统一量表化。但是，仍然可以尝试使用垂直链接的设计方法，在相邻的两个年级测验之间设置部分共同题目（锚题），以便建立这两个相邻测验间的链接关系。这又与等值设计中的共同题（锚测验）设计思路相吻合。

基于以上认识，本章对在正式测试阶段（同一时间段内）收集到的不同年级儿童的测验项目参数，进行了非等组-锚测验的垂直量表化设计。具体设计思路为：①确定一个起始年级，并建立与其相邻年级之间的链接；②建立该相邻年级与下一个相邻年级之间的链接，以此类推，可以建立所有年级之间的垂直链接。

这一设计方案虽然会使不同年级儿童遇到不同的锚题，且题目数量会有所增加，但对于每个相邻年级的儿童而言，测验信息量的衰减不会太明显，因此是一个比较理想的等值设计方案（表 4-5）。

表 4-5　儿童数学学力认知诊断测验等值设计方案

年级	正式测验	锚测验					需作答题目总数（个）
		M12	M23	M34	M45	M56	
一年级	Z1	×					23+11 = 34
二年级	Z2	×	×				23+11+11 = 45
三年级	Z3		×	×			23+11+11 = 45
四年级	Z4			×	×		23+11+11 = 45
五年级	Z5				×	×	23+11+11 = 45
六年级	Z6					×	23+11 = 34

注：表中 Z1—Z6 为各年级儿童需作答的正式测验，M12、M23、M34、M45、M56 分别为相邻年级需作答的锚测验，×表示某年级被试需作答该锚测验

根据上述设计方案，一年级儿童需要同时作答本年级正式测验 Z1（23 个项目）以及适合一、二年级的锚测验 M12（11 个项目）；二年级儿童则需要同时作答本年级正式测验 Z2（23 个项目）和适合一、二年级的锚测验 M12（11 个项目），以及适合二、三年级的锚测验 M23（11 个项目）；以此类推，除一、六年级儿童需要作答 2 个测验外，其余各年级儿童均需要作答 3 个测验。

4.5.2 等值路径

根据以上设计方案，可以有各种不同的垂直等值方法，但考虑到等值链（等值路径）越长，等值误差也会随之增大。因此，为了尽可能缩小由等值链太长而造成的等值误差，将三年级测验确定为量表测验，而将其他 5 个年级的测验确定为待转换的原始测验（图 4-1）。与此相应，各测验的项目及被试参数就分别称为量表参数与原始参数。

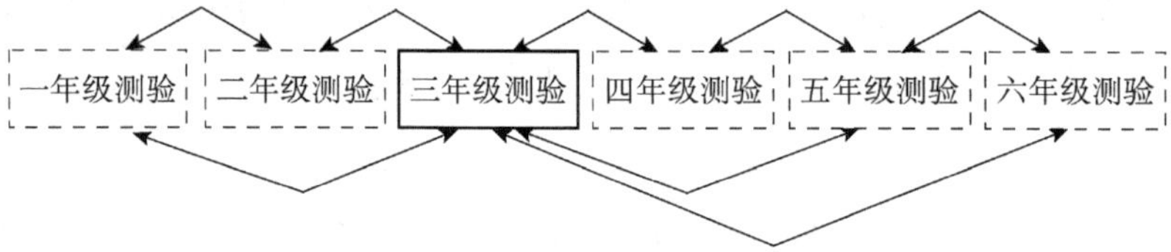

图 4-1 儿童数学学力认知诊断测验垂直链接路径图

4.5.3 等值转换方法

当前，较为实用的等值数据转换方法可分为基于 CTT 的等值（以线性等值为主）方法和基于 IRT 的等值（以非线性等值为主）方法两大类。考虑到儿童数学学力认知诊断测验是采用基于 IRT 技术的认知诊断方法编制而成的，为了更充分地体现该方法对提升测验质量的优势，本章决定选用基于 IRT 的数据等值转换方法对各参数进行等值转换。

基于 IRT 的等值方法，其实质就是要找出两批不同测验所估参数的转换关系式，即估计等值转换系数 α 和 β 的值。目前，估计 α、β 系数最简单且容易实施的方法是均值-标准差法，但这种方法也会伴随更大的误差；而项目特征曲线法虽然更复杂一些，但它更充分地利用了各种参数的信息，也使得估计误差更小，结果更为可靠。

项目特征曲线法主要是基于以下基本原理建立等值方程，并估计等值系数的：同一个被试在同一个题目上的正确反应概率应该是一样的，尽管这个被试可能会在不同情境下作答，但不同情境只会影响参数的单位量制，只要模型中的被试参数与项目参数单位量制是统一的，那么其正确反应概率就是相等的

（罗照盛，2012）。

最早提出基于项目特征曲线等值方法的是 Haebara（1980）、Stocking 和 Lord（1983），他们分别提出了各自不同的等值系数估计方法。Haebara 方法是基于各个被试在单个项目上的反应函数差异；而 Stocking-Lord 方法则是基于各个被试在所有共同项目上的反应函数累加和的差异。但他们最终都得到了同样的参数等值转换关系式，即项目难度参数 $b=A \cdot b+B$；项目区分度参数 $a=\frac{a}{A}$；被试能力参数 $\theta=A \cdot \theta+B$；项目猜测参数 c 不做转换。本章选用的是 Haebara 方法。

4.5.4　等值系数估计

使用 R 语言平台的 equateIRT 程序包中的 Haebara 方法分别估计了一、二、四、五、六等 5 个原始测验到量表测验（三年级测验）的直接等值与链等值系数（表 4-6）。

表 4-6　儿童数学学力认知诊断测验的直接等值与链等值系数

原始测验	一年级	二年级	三年级	四年级	五年级	六年级
一年级		A：1.09 （0.05） B：−0.55 （0.05）	A：0.89 （0.05） B：−0.95 （0.05）			
二年级	A：0.93 （0.04） B：0.46 （0.05）		A：0.82 （0.03） B：−0.51 （0.04）			
三年级		A：1.15 （0.05） B：0.49 （0.05）		A：0.90 （0.04） B：−0.24 （0.04）		
四年级			A：1.10 （0.05） B：0.28 （0.05）		A：0.96 （0.04） B：−0.75 （0.05）	
五年级			A：1.14 （0.06） B：1.14 （0.07）	A：1.03 （0.04） B：0.78 （0.05）		A：1.36 （0.06） B：−0.76 （0.06）
六年级			A：0.76 （0.05） B：1.42 （0.07）		A：0.74 （0.04） B：0.62 （0.05）	

注：括号内数值分别为等值系数 A、B 的估计标准误

4.5.5 等值后参数分析

4.5.5.1 量表测验项目参数

在多个测验的垂直等值链接中，通常选择中间的测验作为量表测验，而将两边的测验向中间测验做等值链接，以尽可能减少多次等值或长距离等值的误差累积。当然，除了坚持这一基本原则之外，量表测验的选择还需要满足以下条件：①项目参数估计具有较高信度，即测验质量的稳定性；②测验内容对整个测量目标具有充分的代表性，即测验内容的代表性；③测验项目难度具有与被试样本相同的分布形态，且难度与区分度均应保持在中等及以上水平，即项目参数分布的合理性；④拥有较大的被试样本量以保证项目参数估计的稳定性，即被试样本的充分性。

如表 4-7 所示，作为本次等值转换的量表测验，三年级测验中的 23 个正式测验项目的难度为−1.51—2.33（均值为 0.369，标准差为 0.932），整体难度属于中等水平；区分度为 0.39—1.69（均值为 0.940，标准差为 0.377），整体区分度属于中等以上水平，可以较好地区分不同数学学力水平的儿童。

表 4-7 三年级测验（量表测验）项目参数

项目序号	难度	区分度	项目序号	难度	区分度	项目序号	难度	区分度
sanz1	0.80	0.77	sanz16	1.74	1.58	esm8^{23}	2.33	1.99
sanz2	1.89	0.89	sanz17	0.55	0.95	esm9^{23}	1.12	0.90
sanz3	−0.42	0.84	sanz18	0.20	1.00	esm10^{23}	1.03	1.23
sanz4	2.33	1.03	sanz19	0.77	1.39	esm11^{23}	2.25	1.28
sanz5	0.80	0.56	sanz20	−0.65	1.18	ssm1^{34}	1.61	1.52
sanz6	0.91	0.53	sanz21	−1.04	1.03	ssm2^{34}	1.71	1.51
sanz7	−0.34	0.81	sanz22	0.32	0.45	ssm3^{34}	0.28	1.22
sanz8	−0.38	0.73	sanz23	0.23	1.40	ssm4^{34}	1.93	1.52
sanz9	−0.03	0.53	esm1^{23}	2.13	1.33	ssm5^{34}	−0.16	1.28
sanz10	1.44	0.81	esm2^{23}	0.89	0.87	ssm6^{34}	−2.19	0.75
sanz11	−0.34	1.20	esm3^{23}	1.49	1.60	ssm7^{34}	2.13	1.67
sanz12	0.59	0.39	esm4^{23}	3.04	1.90	ssm8^{34}	0.13	1.11
sanz13	−1.51	0.46	esm5^{23}	1.95	1.71	ssm9^{34}	0.75	1.27
sanz14	0.53	1.69	esm6^{23}	0.09	1.02	ssm10^{34}	−0.85	0.26
sanz15	0.10	1.39	esm7^{23}	1.79	2.02	ssm11^{34}	−0.46	1.30

注：项目序号中带“23”角标的为二、三年级锚题；带“34”角标的三、四年级锚题

而对于与其相邻测验之间的锚测验而言，二、三年级锚测验的难度和区分度分别为 0.09—3.04（均值为 1.646，标准差为 0.786）和 0.87—2.02（均值为 1.441，标准差为 0.407）；三、四年级锚测验的难度和区分度分别为−2.19—2.13（均值为 0.776，标准差为 0.758）和 0.26—1.665（均值为 1.219，标准差为 0.384）。这表明锚测验的难度和区分度均属于中等偏高的水平。

以上分析表明，三年级测验的项目难度与区分度指标均达到了量表测验的基本要求。

此外，从儿童数学学习的认知特点来看，三年级儿童的认知方式虽然还处于具体运算阶段，还不具备抽象化、假设性的思维方式，但也已经开始出现形式运算的萌芽，因此这一阶段的认知发展对其今后的学力发展具有重要意义。而三年级数学作为小学数学学习过程承上启下的阶段，其学习内容正由具体形象化向抽象符号化过渡，这一阶段儿童对于小学数学内容的整体掌握情况也具有一定的代表性。再者，本次实测中，三年级的有效样本为 1519 人（明显多于邻近的其他几个年级），其数学学力水平的均值为−0.014，标准差为 0.918，分布形态与测验项目难度的分布也基本一致。

因此，综合考虑以上因素之后，本章决定以三年级测验为量表测验，以其他 5 个年级测验为待转换的原始测验。

4.5.5.2 原始测验等值后项目参数

在确定了量表测验和原始测验之后，利用估计所得等值转换系数，分别进行了测验项目参数与被试参数的等值转换（表 4-8）。

表 4-8 儿童数学学力认知诊断测验等值转换后项目参数比较

项目		正式测验项目（23）	一、二锚测验（11）	二、三锚测验（11）	三、四锚测验（11）	四、五锚测验（11）	五、六锚测验（11）	全部题目（正测+锚测）
一年级	难度均值（标准差）	−1.920（0.993）	−1.531（0.757）					−1.794（0.930）
	区分度均值（标准差）	1.173（0.414）	1.619（0.473）					1.317（0.477）
二年级	难度均值（标准差）	−0.808（1.851）	−1.381（0.640）	−1.207（0.590）				−1.046（1.397）
	区分度均值（标准差）	1.147（0.492）	1.640（0.397）	1.554（0.317）				1.367（0.482）

续表

项目		正式测验项目（23）	一、二锚测验（11）	二、三锚测验（11）	三、四锚测验（11）	四、五锚测验（11）	五、六锚测验（11）	全部题目（正测+锚测）
三年级	难度均值（标准差）	0.369（0.932）		1.648（0.824）	0.444（1.342）			0.699（1.139）
	区分度均值（标准差）	0.939（0.377）		1.442（0.428）	1.218（0.403）			1.130（0.441）
四年级	难度均值（标准差）	1.100（2.538）			−0.165（1.053）	0.323（1.447）		0.755（2.104）
	区分度均值（标准差）	0.803（0.308）			1.109（0.350）	1.231（0.207）		0.982（0.349）
五年级	难度均值（标准差）	0.614（3.425）				0.325（1.271）	1.413（1.122）	0.739（2.586）
	区分度均值（标准差）	0.576（0.243）				1.104（0.268）	1.246（0.313）	0.868（0.403）
六年级	难度均值（标准差）	0.972（1.230）					1.037（0.976）	0.993（1.139）
	区分度均值（标准差）	1.497（0.782）					1.375（0.586）	1.457（0.718）

整体来看，等值转换后的各年级测验的全部题目的平均难度逐渐由低到高变化，其中一、二年级测验属于中等偏低难度，其他年级测验则属于中等偏高难度，而各年级测验也都具有中等偏高的区分度。此外，各相邻年级测验全部题目的难度均值与区分度均值都较为接近，没有太大的波动，整体分布较为符合标准参照测验对难度的要求。

4.6 小　　结

本章利用自编“儿童数学学力认知诊断测验（1—6 年级）”为测量工具，以两个学区 6 所完全小学的全部学生（共 8289 名）为被试，对数学学力及其影响因素进行了实测，然后利用 R 语言平台，对实测数据进行了参数估计、等值处理与模型-数据拟合检验，结果发现：①参与测试的儿童数学学力水平基本符合正态分布，这也为准确估计测验各项参数，以及下一步儿童数学学力的诊断分析奠定了良好的基础。②各年级诊断测验参数估计的 α 系数、测验信息量均达到了心理与教育测量的基本要求。③各年级测验的平均难度与区分度都较为接近，没有太大的波动，即各年级测验难度与区分度整体分布较为理想。各年级不同学校儿童的学力均值排序也与学校类型相匹配，基本符合优势学校＞普通学校＞薄弱学校的经验预期。④等值转换之后，各年级测验的平均难度与区分度的分布也基本符合标准参照测验的基本要求。总之，本章所获得的儿童数学学力认知诊断的各项参数，可以作为下一步儿童数学学力特征与差异诊断分析的数据基础。

第5章 儿童数学学力发展分析

认知诊断的主要目的是从认知属性及其掌握模式层面，对学生在作答特定问题时所表现出来的认知优势与劣势进行针对性分析。具体到本章，则是为了实现对儿童数学学力发展状态的甄别与诊断，了解儿童在不同关键数学学力属性掌握方面的优势与不足，进而为儿童、家长、教师、学校等教育利益相关者提供详细且准确的反馈信息，也为下一步的个性化补救教学设计与实施提供参考依据。

具体而言，本章期望能解决以下两个核心问题：①探讨不同地区、性别、民族、年龄段儿童的数学学力发展差异；②探讨不同地区、学校、班级的儿童对关键数学学力属性的掌握差异。围绕以上问题，本章确定了如下研究假设：①所选用的认知诊断模型能够与大规模实测数据较好拟合；②使用R语言相关程序包所估计的各项目参数和被试参数可靠、有效；③根据参数估计结果，可以较准确地判别每一位儿童的关键数学学力AMP；④不同群体（地区、学校、班级、性别等）儿童的数学学力发展具有不同特点。

5.1　儿童数学学力水平比较分析

5.1.1　总体分布

CDT的重点是关注被试认知属性的掌握状态，而且它并不严格要求测试样本的随机抽样。但是考虑到本章希望基于代表性样本来实施儿童数学学力认知诊断测验，以获得更好的外部效度，因此在选用适当的认知诊断模型对实测数据进行拟合分析之前，本章首先进行了等值转换后所有参与儿童（共计8289名）数学学力θ值分布的正态性检验（表5-1）。可以发现，数学学力值的变化区间为［−3.87，3.97］，平均数学学力值为0.196，标准差为1.202，峰度为2.582，偏度为0.049，总体上符合尖峰型正态分布。而且，从各年级儿童的平均数学学力值上也可发现明显的由低到高的变化趋势，这也比较符合教学实践中各年级儿童数学学力水平逐年增高的一般发展规律。

表5-1　儿童数学学力认知诊断测验等值转换后儿童数学学力水平总体分布

项目	一年级	二年级	三年级	四年级	五年级	六年级
分布区间	［−3.87，0.85］	［−3.10，1.36］	［−3.22，2.59］	［−3.16，3.50］	［−2.33，3.97］	［−1.01，3.16］
均值	−1.011	−0.549	−0.014	0.297	1.131	1.373
标准差	0.772	0.748	0.918	0.998	1.049	0.667

5.1.2　年级内不同学校比较

对各年级内不同学校儿童的数学学力差异做显著性检验的具体方法是，先对各年级内不同学校儿童的学力值做方差齐性检验，如果满足方差齐性的条件，就可以通过方差分析来检验其差异是否达到显著水平；否则，还可以使用非参数方法（秩和检验）来判断其差异的显著性水平。

从检验结果（表5-2）中可以发现，各年级内不同学校儿童数学学力水平的差异均非常显著。但是如果想要判断各学校儿童之间的数学学力水平孰高孰低，不同层次学校之间的差异又如何，还需要做进一步的学力分布比较。

表 5-2　各年级内不同学校儿童数学学力差异显著性检验

年级	方差齐性检验		方差分析/克鲁斯卡尔-沃利斯秩和检验	
	χ^2	*df*	F/χ^2	*df*
一年级	51.908	5	382.16***	5
二年级	24.792	5	607.23***	5
三年级	9.201*	5	570.1***	1
四年级	14.921	5	345.15***	5
五年级	22.629	5	192.23***	5
六年级	34.238	5	236.8***	5

进一步分析等值转换后各年级内不同学校儿童的数学学力分布情况，可以发现，各年级内不同学校儿童的数学学力均值仍然基本符合转换之前优势学校＞普通学校＞薄弱学校的经验预期。这也表明各年级诊断测验参数等值处理的结果是可靠的。

5.1.3　学校内不同年级比较

从各学校内不同年级儿童数学学力的差异显著性检验结果（表 5-3）中可以看出，6 所测验学校内的年级间差异均非常显著，这也与儿童数学学力随着年级段上升而逐年提高的一般规律相吻合。但是要明确某个学校内不同年级间儿童数学学力差异有何特点，还需要对各学校儿童数学学力分布情况做进一步的比较分析。

表 5-3　各学校内不同年级儿童数学学力差异性检验

学校	方差齐性检验		方差分析/克鲁斯卡尔-沃利斯秩和检验	
	χ^2	*df*	F/χ^2	*df*
zh3	40.922	5	413.36***	5
zw3	23.248	4	173.58***	4
zw2	34.187	4	255.6***	4
zh2	5.885*	5	502.2***	1
zw1	23.142	5	145.54***	5
zh1	28.976	5	244.37***	5

进一步分析各学校内不同年级儿童学力分布结果，可以发现，不同年级儿童数学学力均值也符合随着年级段上升而逐渐提高的一般发展规律。具体而言：①低段（一、二年级）儿童（平均年龄分别为 7.39±0.55 周岁和 8.39±0.55 周岁）的认知方式刚刚经历了由前运算阶段向具体运算阶段的过渡，已经可以使用“固着的、具体的、操作性的思维方式来解决问题、进行推理，但在面对全新知识领域的学习时，其思维方式仍然总是固定在那些可以看到的、能够直接推理的、就摆在他们面前的现实事件上”（弗拉维尔等，2002）。因此，高度符号化、抽象化的数学知识对于他们来说既有吸引力，又复杂、难懂。虽然经过了一至两年的系统学习，他们具备了一定的基础数学学力，但相比而言仍处于比较低的水平。②中段（三、四年级）儿童（平均年龄分别为 9.32±0.56 周岁和 10.39±0.56 周岁）已经具备了初步的数感和动态空间观念，也对数的运算（尤其是确定性运算）有了很好的把握能力。而且随着数学抽象思维能力的逐渐萌芽，他们的合情推理能力也明显提高，因此其数学学力比前一个阶段已经有了较大幅度的提升。③高段（五、六年级）儿童（平均年龄分别为 11.49±0.60 周岁和 12.45±0.58 周岁）已经具备了接近于成人的形式运算能力，他们可以把更复杂的思维操作（如演绎推理）运用到相对抽象（如模型化的复杂关系）的情境中，这时他们的探索性运算能力也大大提高，而且开始出现模型化数学思维的意识，因此其平均学力又有大幅度提升。

当然，上述分析只能帮助我们从宏观上了解不同年级段儿童数学学力发展变化的趋势与特点。但具体到不同年级内，他们的数学学力结构有何特点？不同学校、不同年级段儿童在各关键数学学力属性的掌握上有何差异？对于这些问题的解答，还需要进行更细致的关键数学学力 AMP 诊断分析，才能找到答案。

5.1.4 年级内不同民族比较

所有测试学校均为全汉语授课学校，参与儿童中共有汉族儿童 6888 名，少数民族儿童 1401 名，各年级汉族与少数民族的儿童人数分别为：990/272、1192/291、1262/257、1181/198、1311/222、952/161。

综合分析各年级内不同民族儿童数学学力的差异性检验结果（表 5-4），可以发现，只有四年级的不同民族儿童数学学力水平存在显著差异，而其他 5 个年级的差异均不显著。这表明不同民族儿童的数学学力发展在总体水平上并无显著差异。当然，此结论是在所有少数民族儿童与汉族儿童混班全汉语授课的背景下获得的，而各自使用本民族语言授课的不同民族儿童数学学力间是否存在显著差异，还需要后续研究另做探索。

表 5-4 各年级内不同民族儿童数学学力差异性检验

年级	方差齐性检验		方差分析/克鲁斯卡尔–沃利斯秩和检验	
	χ^2	*df*	F/χ^2	*df*
一年级	6.51*	2	3.19	2
二年级	1.693	2	3.367	1
三年级	0.313	2	0.05	1
四年级	1.254	2	4.818*	1
五年级	1.259	2	2.337	1
六年级	0.015	2	0.695	1

进一步分析各年级内不同民族儿童数学学力均值的分布情况，可以发现，不同民族儿童的数学学力均值分布区间、均值和标准差也都非常接近。这也表明他们的数学学力发展水平无显著差异。

5.1.5 年级内不同性别比较

分析各年级内不同性别儿童数学学力水平的差异性检验结果（表 5-5），可以发现各年级均无显著差异，即整体而言，小学阶段不同性别儿童在数学学力发展水平上并不存在明显差别。

表 5-5 各年级内不同性别儿童数学学力差异性检验

年级	方差齐性检验/方差比检验		*t* 检验/曼–惠特尼秩和检验	
	χ^2/F	*df*	*t/W*	*df*
一年级	0.936	578	1.038	1 243
二年级	1.045	661	1.514	1 402
三年级	0.909	738	−0.151	1 516
四年级	1.307***	666	235 600	—
五年级	1.103	715	0.985	1 483
六年级	0.958	541	−0.729	1 110

结合各年级内不同性别儿童数学学力分布情况也可以发现，不同性别儿童的数学学力均值分布区间、均值与标准差也都非常接近。这表明各年级内不同性别儿童在数学学力发展上也都不存在显著差异。

5.2　儿童数学学力结构诊断分析

认知诊断测评的目的就是结合项目-属性关系（Q 矩阵）和学生对特定测验项目的反应模式来判断其对特定认知属性的掌握状态，所以，对被试认知属性掌握模式的分析就成了认知诊断的核心。

从上一小节儿童数学学力发展水平的比较分析中，虽然可以得到不同学校、年级、民族、性别的儿童在某一个特定时期数学学力发展水平的总体评估，但却无法从更细微的层面对其数学知识状态的优势与不足进行诊断性评估。而要想实现此目的，还需要基于他们的关键数学学力知识状态进行更细致的比较分析。

5.2.1　CDM 选择

CDM 在认知诊断评估过程中，起着连接被试外显项目反应与内隐认知掌握模式的桥梁作用，使得通过可观察的外显项目反应模式来推测不可观察的属性掌握情况的理论假设具有了一定的可操作性。当然，要想保证推测结果的准确有效，就必须保证所使用认知诊断模型的恰当合理，即诊断模型与测验项目反应机制之间能够良好匹配。这自然就引出了认知诊断测评中的另一个重要问题，即认知诊断模型的拟合与选择。通常，认知诊断模型的拟合检验可以从模型-数据的理论假设拟合与模型-数据的量化拟合这两个方面来考量。

5.2.2　模型-数据的理论假设拟合

模型-数据的理论假设拟合，即从理论上分析待选模型对被试认知加工过程的假设，是否与研究者所假设的被试在实际测验中所表现出来的认知加工过程（基本）相符，主要包括被试认知结构假设和测验项目结构假设两个方面的分析。

5.2.2.1 被试认知结构假设

被试认知结构假设，即研究者对于拟测量潜在特质的维度及其掌握表征假设。目前，一些常用的认知诊断模型中，除线性逻辑斯蒂克特质模型（linear logistic trait model， LLTM）将所诊断的能力描述为多个高度相关的技能整合，因此被认为是一种单维模型外，其他诸如 DINA、RUM、AHM、RSM、MIRT、NIDA 等都属于多维认知诊断模型的范畴。换言之，它们都假设只有在对某些特定被试（如新生）的新学技能进行诊断时可以使用单维模型；而对于大多数被试来说，他们在已有各种技能上的水平可能各有不同，因此需要用多维诊断模型对其进行数据分析与参数估计。

在确定了拟测量潜在特质（属性掌握）的维度之后，还有必要进一步确定其已有水平的表征形式，即究竟是用连续性量尺还是离散性量尺来描述被试在潜在特质上的水平。一般而言，为了尽可能保证表征变量具有良好的反应确定性（在表征为未掌握某技能的被试的实际反应中也可能观察到其正确作答相应项目），不同认知诊断模型会使用两种不同的表征策略：一种是使用连续型变量表征属性掌握情况（即在一个连续的量尺上对被试对特定认知属性从未掌握到部分掌握，再到全部掌握的程度进行表征），同时使用概率估计的形式来描述被试正确作答反应的概率；另一种则是使用离散型变量（如 1 表示掌握，0 表示未掌握）对属性掌握情况进行表征，同时又引入其他变量（如失误参数 s 与猜测参数 g）来描述被试在掌握了相关属性后却错答相应项目，或虽未掌握相关属性却仍正答相应项目的概率。

目前，单维模型 LLTM 采用第一种表征策略，多维项目反应模型是在单维项目反应模型的基础上拓展而来的，所以也采用此策略。而其他多维认知诊断模型，如 NIDA、DINA、RRUM 等都采用第二种策略，即用失误度和猜测度这两个参数来弥补离散型表征变量在反应确定性上的缺失。

具体到儿童数学学力认知诊断测验，由于选定的测验时间是各年级的第二学期期末，即使是理论上数学学力水平最低的一年级儿童经过一学年的系统数学学习，也已经获得了最基本的数感与运算能力，同时在动态空间观念、确定性运算能力和简单推理意识等方面也都有所积累，只是具体到每个儿童个体在不同学力维度上的表现上会各有侧重，甚至差异较大。比如，有些儿童可能更擅长数的计算，有些儿童可能空间观念较强，还有些儿童则可能各方面都较为出色。对于这样的情况，显然更适合使用 DINA、RRUM、DINO、NIDA 等多维诊断模型来拟合实测数据，即采用离散变量（0、1）来表征儿童对各关键数学学力属性的掌握情况，同时以失误参数 s 和猜测参数 g 来描述他们的作答反应状况。

5.2.2.2　测验项目结构假设

测验项目结构假设，即研究者对认知属性与被试项目作答关系的假设。一般需要重点分析以下 4 个方面。

1）项目作答所需认知属性结构。目前学界已有共识，心理与教育测量领域的认知诊断测验通常都是项目内多维的结构，即除了一些极其基础性的简单任务可能只需要掌握单个认知属性就可完成以外，绝大多数复杂任务的完成都会涉及不止一个认知属性。

2）项目反应的属性作用机制。一般而言，认知诊断测验中不同认知属性在项目反应过程中会表现出两种结构，即属性的补偿结构与非补偿结构。前者意味着当被试在作答多维项目时，其对某些项目属性的高掌握水平可以弥补他在其他低掌握水平属性上的不足，并获得该项目的较高正答概率；而后者则意味着即使在多维项目中，各不同项目属性间也不具有互补性，即被试如果想要正答该项目，就必须全部掌握该项目所涉及的所有认知属性。目前，在较为成熟的认知诊断模型中，LLTM、MIRT-C 等都假设多个认知属性之间具有补偿效应。而 RSM、DINA、NIDA、RRUM、MIRT-NC 等模型则假设认知属性之间没有互补性，即被试必须掌握所有的项目属性，其理想反应变量才为 1（正答该项目），反之，当有部分属性未掌握时，该项目的正答概率就会降低。

3）项目反应的策略模式假设。项目反应策略是关于被试如何作答项目的假设。总体而言，被试对特定测验项目的作答反应会表现出两种不同的策略模式：一种是不同被试在同一项目上采用不同策略；另一种是同一被试在不同项目上采用不同策略。但现有的认知诊断模型中，除了 MS-DINA、DINO 属于多策略模型以外，其他大多都假设同一被试在所有测验项目上均采用同样的策略，即项目反应策略的差异只存在于被试之间，而不存在于项目之间，如 LLTM、RSM、AHM、DINA、RRUM、NIDA、MIRT 等都属于单策略模型。

4）Q 矩阵完备性假设。即在项目-属性的关系结构——Q 矩阵中是否涵盖了被试正确作答测验项目所必需的所有认知属性。如果是，那么 Q 矩阵属性就完全等同于项目反应属性，据此推导出的项目理想反应模式就可以涵盖所有的被试观察反应模式，最终可获得较高的分类诊断概率，否则就可能在作答过程中出现非 Q 矩阵属性（残差属性）。因此，在模型-数据拟合分析时要加以充分考虑。当然，现有常用认知诊断模型，如 LLTM、RSM、AHM、DINA、RRUM、NIDA 等一般都假设，当 Q 矩阵所包含的认知属性达到足够多的数量时，就可以认为其是完备的。

基于上述模型-数据拟合的理论假设分析，“儿童数学学力认知诊断测验（1—6 年级）”的具体情况如下。

1）各年级诊断测验中都只有极个别最基础的简单项目，儿童只需掌握某个单一学力属性即可完成，属于单维项目。例如，一年级测验中的项目 1：最小的一位数是（　），最大的两位数是（　）；四年级测验中的项目 1：我国目前大约有网民 632 800 000 人，读作（　）；等等。其他绝大多数项目都需要儿童同时掌握 2 个以上学力属性才能正确解答，属于多维反应项目。例如，三年级测验中的项目 3：小明每天写 25 个毛笔字，一月份他一共能写（　）个毛笔字；五年级测验中的项目 16：母亲的年龄是女儿的 3 倍，十年后她的年龄只有女儿年龄的 2 倍，那么母亲现在（　）岁；等等。因此，其基本符合认知诊断测验的项目内多维的结构。

2）根据儿童关键数学学力属性结构的理论构想，数感、动态空间观念、数据整理意识、确定性运算能力、探索性运算能力和化归推理能力等 6 个关键学力属性之间是一种分支型层级关系结构，只有掌握了上一级学力属性之后，才有可能掌握下一级学力属性。因此，作答测验项目所需的各学力属性之间也不存在补偿效应，即儿童在某些学力属性上的高掌握水平并不能弥补他在其他低掌握水平属性上的缺失，而只能得到较低的项目正答概率。

3）测验的全部项目均以填空题形式呈现，因此也假设儿童的项目反应策略差异只存在于个体之间，即同一儿童在作答所有测验项目时应该采用相同的反应策略。

4）根据儿童数学学力内涵及其结构的理论界定，以及对实测数据的分析结果来看，儿童数学学力认知诊断测验的 Q 矩阵，基本符合属性完备性与结构合理性的理论假设。

总之，综合模型-数据的理论假设和对测验本身特点的分析，儿童数学学力认知诊断测验的数据分析更适合选择 DINA、RRUM、GDINA 或 GDM 等符合项目内多维、属性间非补偿、项目反应单策略、*Q* 矩阵完备等理论假设的认知诊断模型。当然最终应选择哪一个诊断模型，仍需根据模型-数据的量化拟合检验结果来做进一步决定。

5.2.3　模型–数据的量化拟合

与其他任何统计模型一样，在 CDM 中所估计的测验参数也可以通过模型与数据的拟合程度来做进一步解释。目前，有两种公认的模型-数据量化拟合检验途径，分别是：①绝对拟合检验（直接衡量模型与数据的拟合程度）；②相对拟合检验（比较几个竞争模型之间的误差）。但在测量实践中，经常会出现超过 2 个模型都能较好拟合数据的情况，这时可先通过相对拟合检验将竞争模型缩减至 1 个或少数几个，然后再用绝对拟合检验具体考察待选模型能否较好地拟合观察数据（宋丽红等，2016）。

而基于 R 语言的 CDM 程序包提供的认知诊断模型-数据拟合检验方法，主要是比较期望统计量与实际观察反应值之间的差异，二者越接近，就表示模型与数据拟合越好（Maydeu-Olivares，2013）。

在 CDM 程序包中，不仅可以基于项目观察反应频率与期望反应频率的比较来估计模型-数据拟合程度的绝对拟合指数——$max\chi^2$（Chen et al.，2013），还可以计算观察值-期望值比较的 *MRESIDCOV*、*MADcor*、*SRMSR* 等统计量，作为各项目间观察和期望协方差（或相关）比较的辅助性拟合指数（George et al.，2016）。此外，该程序包也可计算 *AIC*、*BIC*、*DIC* 等相对拟合指数。通常，上述指数越小，就意味着模型与数据的拟合越好（Ravand & Robitzsch，2015；单昕彤等，2014）。

5.2.3.1　各年级测验模型拟合检验

从相对拟合情况看，GDINA、GDM、DINA 和 RRUM 这 4 个待选模型在各年级测验上的表现各有优劣。相比较而言，RRUM 在各项指数上的值都较低，

DINA 虽然在各年级测验的对数似然比上都拥有最小值，且待估参数也相对较少，这在一定程度上表明该模型的简洁性，但其在其他各项指数上都不够突出。而 GDINA 和 GDM 在 *AIC* 和 *BIC* 这两个关键指标上明显优于其他模型，且二者差异不大，只是 GDINA 的 *DIC* 值还要更低一些。

进一步比较绝对拟合指数可以发现，4 个模型都能较好地拟合各年级测验数据。进一步分析各拟合指数，虽然 RRUM 在一年级和三年级测验上都拥有最低的 $max\chi^2$ 值，但在其他辅助拟合指数上都不够理想；DINA 则在各指数上都表现一般。GDINA 在四、五、六年级 3 个测验的 $max\chi^2$、*MADcor*、*SRMSR*、*MRESIDCOV*、*MADaQ3* 等拟合指数上都明显优于其他模型。GDM 在二年级测验的 $max\chi^2$、*SRMSR*、*MRESIDCOV* 等指数上较有优势。

根据以上各模型在相对拟合指数与绝对拟合指数上的比较分析，基本可以将 GDM 和 GDINA 确定为分析各年级测验数据的两个待选模型。为进一步验证以上分析结果，又利用 CDM 程序包实施了 GDINA 和 GDM 两个待选模型的似然比检验（表 5-6），作为比较模型有效性的重要依据。

表 5-6　儿童数学学力认知诊断测验的认知诊断模型似然比检验结果

各年级测验	模型	待估参数数量	*Log-Likelihood*	*DIC*	*AIC*	*BIC*	χ^2	*df*
一年级测验	GDM	71	−22 147.05	44 292.11	44 436.11	44 801.08	597.879***	363
	GDINA	434	−21 848.11	43 696.23	44 564.23	46 795.19	NA	NA
二年级测验	GDM	93	−34 748.33	69 496.67	69 682.67	70 175.74	584.239***	439
	GDINA	532	−34 456.21	68 912.43	69 976.43	72 797.00	NA	NA
三年级测验	GDM	93	−35 831.88	71 663.77	71 849.77	72 345.07	1 432.957***	439
	GDINA	532	−35 115.40	70 230.81	71 294.81	74 128.14	NA	NA
四年级测验	GDM	93	−30 209.49	60 418.98	60 604.98	61 091.29	1 076.06***	439
	GDINA	532	−29 671.46	59 342.92	60 406.92	63 188.81	NA	NA
五年级测验	GDM	93	−35 700.35	71 400.70	71 586.70	72 082.86	1 329.856***	439
	GDINA	532	−35 035.42	70 070.85	71 134.85	73 973.06	NA	NA
六年级测验	GDM	71	−19 529.12	39 058.25	39 200.25	39 556.30	1 004.735***	363
	GDINA	434	−19 026.76	38 053.51	38 921.51	41 097.94	NA	NA

在各年级测验中，GDM 和 GDINA 的似然比差异都极其显著，GDM 的待估参数数量和 *Log-Likelihood* 都小于 GDINA；在 *AIC* 上，GDM 只在一、二年级

测验上比 GDINA 小得多，而在三至六年级测验上则要比 GDINA 更大一些；在 *BIC* 上，GDM 在 6 个年级测验上都明显小于 GDINA。考虑到已有研究（单昕彤等，2014）认为，*BIC* 克服了 *AIC* 的一些缺点，将样本量考虑在内，对复杂模型的惩罚利用样本量进行加权，所以其对模型的鉴别更有说服力。因此，从各年级测验的总体情况来看，GDM 比 GDINA 更加简洁，且拥有更好的数据拟合效果。

综合以上认知诊断模型量化拟合检验结果，本书初步决定选用 GDM 作为分析各年级测验数据的认知诊断模型。但为了能找到 GDM 是否为最优模型的更多证据，本章又对 GDM 与测验项目的拟合情况做了进一步分析。

5.2.3.2　各年级测验项目拟合检验

运用 CDM 程序包，选择 GDM 估计了各年级测验的项目拟合指数，结果发现，除三年级测验中有 1 个项目与模型预测不拟合外（$RMSEA=0.109$），各年级测验中分别有 3—4 个项目属于中等拟合，其余项目都达到了非常拟合程度。此外，各年级测验的平均项目拟合指数均低于 0.05，表明各测验的整体项目拟合情况较好，基本达到了研究的理论预期。

综合以上关于认知诊断模型的量化拟合性检验结果分析，本章最终将 GDM 确定为后续各年级诊断测验中项目与被试参数估计的最优模型。

5.2.4　诊断准确性与一致性

CTT 和 IRT 中基于连续单维潜在特质的信度系数，不能作为 CDT 中对离散潜在特质进行信度评估的唯一证据，因此，可基于认知属性的分类可靠性，即比较被试的实际掌握状态与期望掌握状态的对应关系，来衡量特质诊断的一致性与准确性。Cui 等（2012）提出了 CCI 和 CAI 这两个评估属性分类一致性与准确性的重要指标。汪文义等（2016）认为，分类准确性反映了所有类别上的被试观察分类与期望分类一致的比率，而分类一致性则反映了独立重测或两份平行测验的被试分类一致性。模拟研究表明，这两个指标可以较好地反映属性诊断结果的分类信度。

本章利用 CDM 程序包中的极大似然估计和最大后验估计两种算法，以

GDM 为最优诊断模型，分别对各年级测验学力属性的 CCI 与 CAI 进行了估计。各学力属性在 6 个年级测验中的平均 CAI 分别为 0.92（A1）、0.75（A2）、0.82（A3）、0.77（A4）、0.69（A5）和 0.81（A6），平均 CCI 分别为 0.87（A1）、0.75（A2）、0.77（A3）、0.81（A4）、0.79（A5）和 0.76（A6）。进一步分析发现，属性 A1 作为儿童数学学力结构中最为基础的一个属性，相对较好识别，因此获得了最高的分类准确性与一致性；属性 A4 和 A5 则是两个相对联系更紧密，且更为复杂的学力属性，因此二者的分类准确性和一致性也相对低一些，而属性 A6 要比其他 5 个属性更为抽象与综合，因此其分类准确性和一致性也要低一些。

5.2.5 儿童关键数学学力属性诊断分析

如前所述，数学学力认知诊断的主要目的是根据儿童在数学学习过程中形成的 6 个关键学力属性的掌握情况，来评估其数学学力的结构性特征与差异。而对于属性掌握情况的诊断分析，通常可以从两个维度进行。

1）PAM。在已有研究中，Chen 等（2008）将 PAM 为 0.5 和 0.85 作为切分点，来做出未掌握（$0<PAM<0.5$）、部分掌握（$0.5\leqslant PAM<0.85$）和掌握（$0.85\leqslant PAM<1$）3 个水平的属性掌握程度判断。而 Gierl 等（2008）则提出将 0.35 和 0.70 作为切分点，按照未掌握（$0<PAM<0.35$）、部分掌握（$0.36<PAM<0.70$）和掌握（$0.71<PAM<1$）3 个水平来报告属性掌握程度。国内学者康春花等（2015）也建议将 0.5 作为切分点，对被试的属性掌握状态进行分类，即如果 $PAM\geqslant 0.5$，就判定被试掌握了该属性，反之则判定为未掌握。综合分析以上切分点的划分方法，本章确定将 0.35 和 0.70 作为切分点，来判断参与儿童对各关键数学学力属性的掌握程度。

2）AMP。即通过对被试属性掌握模式的分类判别，以实现对其 KS 的微观诊断。已有研究中，有学者（Leighton et al.，2004）提出了基于 AHM 的 AMP 判别方法，即通过计算被试某个观察反应模式与所有期望反应模式的相似概率，最终将该观察反应模式判归于与其拥有最大相似概率的期望模式。R 语言的 CDM 程序包中也是使用此方法实现对被试 AMP 的判别的。

5.2.5.1　属性掌握概率诊断

5.2.5.1.1　整体比较

表 5-7 是各年级儿童 6 个关键数学学力的 PAM 比较。

表 5-7　儿童关键数学学力的 PAM

学力属性	一年级	二年级	三年级	四年级	五年级	六年级	均值
A1	0.694	0.770	0.741	0.728	0.786	0.688	0.735
A2	0.652	0.359	0.744	0.438	0.558	0.602	0.559
A3	0.551	0.530	0.748	0.383	0.604	0.559	0.563
A4	0.692	0.588	0.589	0.383	0.468	0.626	0.558
A5	0.458	0.595	0.633	0.349	0.515	0.584	0.522
A6	0.516	0.470	0.531	0.389	0.402	0.517	0.471
均值	0.594	0.552	0.664	0.445	0.556	0.596	—

可以发现，四年级儿童对各学力属性的整体掌握程度相对较低（除属性 A1 外，各 PAM 都低于 0.5），平均 PAM 仅为 0.445。其他各年级儿童的 PAM 基本为 0.5—0.8，都超过 0.5，虽然稍高于四年级，但也都只达到了部分掌握的水平。结合儿童数学学力水平的宏观分析，造成各年级儿童的 PAM 整体偏低的原因可能是，各年级测验中均包含了与高一年级测验做参数等值所必需的锚题，这在一定程度上增加了测验的整体难度，因此也拉低了各年级儿童对学力属性的平均掌握概率。

此外，从 PAM 的分布上，可以发现，各年级儿童都在属性 A1 上有相对较高的掌握概率（全部掌握，PAM 为 0.688—0.786），这说明各年级儿童对这个属性的掌握都较好，当然这也与它是 6 个学力属性中最基础、最易掌握的学力属性有关。而各年级儿童对属性 A6 的掌握概率又都处于相对较低的水平（部分掌握，PAM 为 0.389—0.531），说明各年级儿童对该属性普遍掌握较差，这也与该属性的抽象、综合和复杂性有关，需要在较好地掌握其他 5 个学力属性的前提下才能掌握。因此对于该属性的低掌握概率进一步验证了所假设的非补偿属性层级结构。同样，对属性 A5 的较低掌握概率也与其需要先掌握上一级属性的复杂性有关。

进一步分析各年级儿童的属性掌握特点，具体情况如下。

一年级儿童刚刚开始系统地接受数学知识技能的学习，这个年级段的数学学习重点主要有：①数感的初步建立，如 100 以内数的认、读、写、拼、比、数、估；②20 以内退位减法、进位加法，100 以内加减法口算。一年级儿童对属性 A1、A2 和 A4 的掌握相对好于属性 A3 和 A5，PAM 都在 0.6 以上。这一结果基本与其应掌握的学习重点相一致，但儿童对于所有属性的整体掌握情况并不突出。

二年级儿童在经过两学年的数学学习之后，已经具备了一些基本的数学学力，但这一年级段的学习重点仍然是数感的培养与确定性运算能力的强化，如万以内数的认识、表内乘除法。从表 5-7 看，二年级儿童在属性 A1、A4 和 A5 上有相对较高的掌握概率，说明他们对这 3 个关键学力属性掌握较好，但对属性 A2 和 A6 的掌握明显较差，而这 2 个学力属性是后续数学学习的重要基础，因此各学校有必要在今后的教学中适当强化这 2 个学力属性的教学。

三年级数学的学习重点除了继续强化多位数加减法与乘除法的运算能力培养外，又增加了对于四边形性质的认识与面积计算能力的培养。从表 5-7 中可以看出，三年级儿童对属性 A1、A2 和 A3 有较好的掌握，但对属性 A4 和 A6 的掌握明显不足，表明参加测试的所有儿童对于学习重点中的确定性运算能力这部分还有欠缺，但该年级儿童对所有属性的整体掌握情况要好于其他几个年级儿童。

四年级的学习重点主要包括：①数感，如亿以内大数的认读写、小数的意义与性质；②动态空间观念，如角的度量、四边形（平行四边形与梯形）的认识、三角形的分类与拼组；③确定性运算能力，如多位数乘除法、小数加减法、四则运算；④化归推理能力，如加（乘）法定律与简便运算。但从表 5-7 可知，四年级儿童只对属性 A1 有相对较好的掌握，而对其他属性的掌握概率都在 0.5 以下，说明他们对这些属性的掌握情况还处于整体较差的水平。这也亟须引起各测试学校的重点关注。

五年级的学习重点包括：①数感，如因数与倍数的认识、分数的性质与转化；②动态空间观念，如长方体与正方体的体积；③数据整理意识，如复式折线统计图；④确定性运算能力，如小数乘除法、分数计算；⑤探索性运算能力，如多边形面积计算、小数乘除法的近似估算；⑥化归推理能力，如简易方程的求解。可以看出，五年级的学习重难点明显多于其他各年级，在进一步拓展属性 A1 和 A4 的学习广度与深度的前提下，对其他属性也都有所强化。但从

表 5-7 可知，五年级儿童的表现却不尽如人意，只在属性 A1 和 A3 上有相对较高的掌握概率，而对其他 4 个属性的掌握都不够理想，需要引起重视。

六年级的学习重点主要包括：①数感，如分数除法、比与百分数的认识；②动态空间观念，如圆、圆柱与圆锥的认识；③确定性运算能力，如分数乘除法、百分数与分（小）数互化；④化归推理能力，如比的应用。从表 5-7 可知，六年级儿童对各属性的掌握情况较为一般，没有掌握得特别好或特别差的属性，并且对几个重点属性的掌握也没有明显优势。

5.2.5.1.2　各年级内不同学校比较

为了进一步分析各年级内不同学校儿童对 6 个关键数学学力属性在掌握概率上的差异情况，分别对各年级在不同学力属性上的平均 PAM 做了差异显著性检验（表 5-8）。可以发现，只有在四年级测验中各学校在平均 PAM 上有显著差异，而在其他各年级测验中各学校间均没有显著差异。当然，具体各年级内不同学校在 6 个学力属性的掌握概率上有何特点，还需要对各年级进行单独分析。

表 5-8　各年级内不同学校儿童关键数学学力平均 PAM 差异性检验结果

年级	方差齐性检验		方差分析/克鲁斯卡尔-沃利斯秩和检验	
	χ^2	*df*	F/χ^2	*df*
一年级	3.11	5	3.817	1
二年级	3.71	5	1.262	1
三年级	11.315*	5	8.680	5
四年级	2.693	5	7.349*	1
五年级	2.739	5	0.913	1
六年级	2.015	5	0.035	1

进一步分析各年级内不同学校儿童对 6 个关键数学学力属性的掌握概率，可以发现：各学校在不同年级测验中的表现各有优劣，各年级测验的平均 PAM 最高的基本上是优势学校（zh1 或 zw1），普通学校（zh2、zw2）次之，而薄弱学校（zw3、zh3）相对较低。这一情况与他们的平均学力值变化趋势基本保持一致。

一年级测验中，优势学校 zw1 对各学力属性的平均 PAM 最高（0.760），普通学校 zh2 次之（0.621），而薄弱学校 zh3 则最低（0.476）。而且，zw3 对属性 A1、zw2 对属性 A5 和 A6，以及 zh3 对属性 A3 和 A6 的平均 PAM 均低于

0.35，属于完全未掌握的水平，这需要各学校对此高度重视，积极查找具体原因，及时实施补救教学。

二年级测验中，虽然优势学校 zh1 的平均掌握概率最高（0.734），但却仍有 1 个属性（A2）完全没有掌握（0.224）；此外，zw1、zw2 和 zh3 对属性 A1，zw3 对属性 A6，zh3 对属性 A3 也都未完全掌握。

三年级测验中，各学校的属性平均掌握概率都达到了完全掌握水平，但却有 4 所学校（zw1、zh2、zw2、zw3）对属性 A2 完全未掌握。这说明这些学校对于动态空间观念这部分内容的教学出现了一些共性的问题。

四年级测验中，各年级的属性平均掌握概率都普遍偏低，只达到了部分掌握的水平，说明各学校的四年级儿童数学学力都相对较低。这可能与四年级正处于数学学力发展重点由基础性学力向发展性学力过渡的这样一个特殊阶段有关，对于儿童来说，学习的难度和深度都大大增加，因此需要有一个逐渐适应的过程。

五年级测验中，只有 zh1 的平均掌握概率达到了完全掌握水平（0.760），其他学校都是部分掌握水平，但相对于四年级测验而言，各学校完全未掌握的属性数量大大减少。

六年级测验中，各学校的平均掌握概率也都只达到了部分掌握水平，原因可能是进入高年级后，更加模型化、抽象化的学习内容会使儿童很难对某个学力属性达到完全掌握的水平，尤其是在属性 A2、A5 和 A6 这些需要复杂抽象思维支持的学力属性上表现得更加明显。

综合以上分析，zh1 学校各年级儿童对 6 个关键数学学力属性的掌握相对好于其他学校，而 zh3 则相对较差。因此，各学校可以根据以上诊断结果，查找教学方面的原因，并分别对各年级儿童进行有针对性的教学策略调整，以更好地弥补相关学力属性教学的不足。当然，若想进一步准确定位某些班级的某些儿童对各学力属性的掌握情况，还需做更细致的分组诊断。

5.2.5.1.3 各年级内不同民族比较

为了便于探讨汉族与少数民族儿童在关键数学学力属性掌握上的差异，本章根据测试学校所在地区的民族分布特点，将所有儿童的民族成分划分为汉族、蒙古族和其他少数民族 3 个类型，然后分别对各年级儿童的 PAM 进行了分组比较（表 5-9），发现各年级不同民族儿童间的差异均没有达到显著水平，说明各年级不同民族儿童在 6 个关键数学学力属性的掌握程度上并无明显差别。

表 5-9　各年级内不同民族儿童关键数学学力 PAM 差异性检验结果

年级	方差齐性检验		方差分析	
	χ^2	*df*	*F*	*df*
一年级	0.224	2	0	1
二年级	0.589	2	0.116	1
三年级	2.86	2	0	1
四年级	0.834	2	0.638	1
五年级	0.508	2	0.17	1
六年级	4.98	2	1.10	1

进一步比较分析发现，各年级内不同民族儿童对各学力属性的平均 PAM 都非常接近，且除三年级少数民族儿童达到了完全掌握水平外，其他各年级内不同民族儿童都只达到了部分掌握水平。此外，本次测验是在各民族儿童混班全汉语授课的背景下进行的比较分析，因此，对于各自使用本民族语言授课背景下的数学学力属性掌握的差异分析，还需要另作研究。

5.2.5.1.4　各年级内不同性别比较

表 5-10 是对各年级内不同性别儿童对 6 个关键数学学力属性的掌握概率差异性检验结果。可以发现，各年级不同性别儿童在 6 个学力属性的掌握上没有显著差别。这一结果也与前文所述的各年级内不同性别儿童在数学学力水平上没有显著差别这一结论相一致。

表 5-10　各年级内不同性别儿童关键数学学力 PAM 差异性检验结果

年级	方差齐性检验		*t* 检验	
	F	*df*	*t*	*df*
一年级	1.453	5	0.109	5
二年级	1.671	5	−0.013	5
三年级	1.782	5	0.002	5
四年级	1.034	5	0.418	5
五年级	1.952	5	0.470	5
六年级	0.701	5	0.317	5

进一步分析发现，各年级内不同性别儿童对 6 个关键数学学力属性的平均 PAM 也都非常接近。一年级不同性别儿童均对属性 A1、A2 和 A4 掌握较好，

达到了完全掌握水平，而对属性 A3、A5 和 A6 则仅达到了部分掌握水平。这一趋势与一年级数学学力发展目标相一致。二年级不同性别儿童只对属性 A1 达到了完全掌握水平，而且女生对属性 A2 处于完全未掌握状态。三年级不同性别儿童对属性 A1、A2 和 A3 均达到了完全掌握水平，而对其他属性虽未达到完全掌握水平，但也相对高于其他年级。四年级不同性别儿童也只对属性 A1 达到了完全掌握水平，而对其他属性的掌握都相对较差。这一情况也与前文所述的四年级儿童对各学力属性的整体掌握程度较低的结论相一致。五、六年级不同性别儿童对各学力属性的掌握概率都较为相似，即除属性 A1 外，对其余属性都达到了部分掌握水平。

5.2.5.2　属性掌握模式诊断分析

5.2.5.2.1　年级间比较

儿童数学学力认知诊断测验的 Q 矩阵共有 25 种 AMP，其中除了全未掌握模式（000000）和全掌握模式（111111）外，剩余 23 种 AMP 可具体反映儿童所犯的不同类型的认知错误。从本次测试中可以得出以下结果。

整体而言，各年级儿童对 6 个关键数学学力属性的掌握情况并不理想。从各学力属性全部掌握（知识状态为 111111）的人数来看，二、三、五年级相对好一些，分别有 277 人（占总人数的 18.7%）、391 人（占总人数的 25.7%）和 284 人（占总人数的 18.5%），四年级最差，只有 45 人（占总人数的 3.3%）。从各学力属性全部未掌握（知识状态为 000000）的人数来看，二年级（43 人，占总人数的 2.9%）和六年级最少（30 人，占总人数的 2.7%），五年级相对最差（80 人，占总人数的 5.2%）。分年级来看，具体情况如下。

一年级测验中，有 17.4%（219 人）的儿童全部掌握了 6 个属性，全掌握模式也是人数最多的一种模式，有 3.2%（40 人）的儿童未掌握任何属性；其他人数较多的掌握模式分别为“110100”“011111”“100000”“110000”，分别占总人数的 9.4%（119 人）、9.1%（115 人）、6.4%（81 人）和 5.9%（75 人），它们也是一年级儿童所犯的最主要的认知错误模式。另外，综合分析所有知识状态的人数分布，可以发现，一年级儿童对 6 个关键数学学力属性的整体掌握水平仍处于中等水平，但相对而言，他们对属性 A1、A2 和 A4 的掌握情况相对较好，而认知错误主要集中在属性 A3、A5 和 A6 上。

二年级测验中，有 18.7%（277 人）的儿童全部掌握了 6 个属性，全掌握模式是掌握人数最多的一种模式，另有 2.9%（43 人）的儿童未掌握任何属性。其他人数较多的反应模式分别为“100000”“100010”“011111”“101101”“100101”，分别占总人数的 12.6%（187 人）、11.3%（168 人）、5.1%（75 人）、3.8%（57 人）、3.7%（55 人），以上也是所有二年级儿童所犯的最主要的 5 种错误认知模式。结合所有 59 种错误认知模式的人数分布情况可以发现，二年级儿童对所有学力属性的整体掌握与一年级儿童差别不大，也处于中等水平，只是在属性 A1、A3 和 A4 的掌握上稍好于其他属性，而更多认知错误则出现在属性 A2、A5 和 A6 上。

三年级测验中，有 25.7%（391 人）的儿童掌握了全部 6 个关键数学学力属性，全掌握模式是人数最多的一种模式，有 3.2%（48 人）的儿童未掌握任何属性。另外，可以发现，经过两年的系统学习，三年级儿童的错误认知模式减少到了 45 种，其中还有 15 种模式的人数占比低于 1%。相比较而言，人数相对较多的错误认知模式主要集中在“111100”“011111”“111010”“100000”“111000”上，分别占总人数的 13.9%（211 人）、10.5%（160 人）、8.6%（131 人）、7.3%（111 人）和 3.9%（60 人）。结合各错误认知模式的人数分布，三年级儿童对各学力属性的掌握程度相对好于其他各年级，而且对属性 A1、A2 和 A3 的掌握相对较好，但对属性 A4、A5 和 A6 的掌握则相对较差。

四年级测验中，只有 3.3%（45 人）的儿童掌握了全部学力属性，明显低于其他年级，但有 3.7%（51 人）的儿童未掌握任何属性。在 56 种错误认知模式中，人数较多的模式包括“100000”“111100”“100011”“011100”和“000011”，分别占总人数的 24.1%（333 人）、12.7%（175 人）、9.4%（130 人）、5.8%（80 人）、4.1%（56 人），可以看出，四年级儿童虽然所犯的错误认知模式较多，但相对比较集中，如上述几种最主要的错误认知模式人数就占到总人数的 56.1%（774 人）。结合其他错误认知模式的人数分布情况，四年级儿童虽然对属性 A1、A2、A3 和 A4 的掌握相对好一些，但对 6 个关键数学学力属性的整体掌握水平较差，主要认知错误集中在属性 A5 和 A6 上。

五年级测验中，虽然有 18.5%（284 人）的儿童掌握了全部学力属性，但未掌握任何属性的儿童占比也高达 5.2%（80 人）。在 55 种错误认知模式中（其中有 9 种人数占比低于 1%），人数相对较多的分别为“100000”“111100”“011111”

“111010”“111000”，分别占总人数的 20.9%（321 人）、6.5%（100 人）、5.7%（88 人）、5.0%（77 人）和 3.5%（54 人）。结合其他错误认知模式的人数分布，五年级儿童对属性 A1、A2、A3 和 A4 的掌握相对好一些，而对属性 A5 和 A6 的掌握较差，且整体掌握水平较低。

六年级测验中，学力属性全部掌握的人数占比为 14.9%（166 人），另有 2.7%（30 人）的儿童未掌握任何属性。在 60 种错误认知模式中，人数相对较多的有“100010”“110100”“011111”“101111”“100100”，分别占总人数的 5.8%（65 人）、5.8%（64 人）、4.5%（50 人）、4.4%（49 人）和 3.7%（43 人）。结合其他 AMP 的人数分布情况，六年级儿童对属性 A1、A2、A3 和 A4 的掌握情况相对较好一些，而错误认知主要集中在属性 A5 和 A6 上，且整体掌握水平偏低。

综合上述分析可以认为，各学校在本次测验中的综合表现并不理想，各年级儿童对 6 个关键数学学力属性的掌握程度也不高，其中既有测验难度较高（每个年级测验中都包括部分适合高一年级难度的锚题）的原因，但也不排除学校教学存在偏差的可能。当然，以上只是对不同年级儿童的 KS 进行分组比较的结果，如果需要进一步区别每一个班级，甚至每一位儿童的具体属性掌握模式及概率，还需要进行更细致的分组与个体诊断分析。

5.2.5.2.2　年级内不同学校比较

（1）一年级

优势学校中，zw1 掌握全部学力属性的人数占比为 45%（568 人），且只有 1%（15 人）的儿童未掌握任何属性，明显好于其他学校；而 zh1 则只有 6%（74 人）的儿童掌握了全部属性，且有 1%（17 人）的儿童未掌握任何属性，此次成绩并不理想。普通学校 zh2 和薄弱学校 zh3 分别有 29%（359 人）和 18%（224 人）的儿童也掌握了全部属性。相比较而言，普通学校 zw2（全部掌握人数占比为 2%）和薄弱学校 zw3（全部掌握人数占比为 0）是本次测试中表现最差的学校。另外，从错误认知模式的人数分布来看，各学校的具体情况如下。

zh1 共有 18 种错误认知模式，人数较多的主要集中在“100100”（543 人，43%）、“111100”（152 人，12%）、“100010”（125 人，10%）、“111110”（80 人，6%）、“010101”（49 人，4%）、“110100”（47 人，4%）。进一步分析可知，该校儿童对属性 A1、A2 和 A4 掌握相对较好，而对属性 A3、A5 和 A6 则相对较差。

zw1 共有 16 种错误认知模式，人数较多的分别是“111010”（127 人，10%）、“101101”（120 人，9%）、“100100”（99 人，8%）、“100110”（78 人，6%）和“111110”（47 人，4%）。进一步分析可知，该校儿童对属性 A1 和 A4 掌握相对较好，而对属性 A2 和 A6 则相对较差。

zh2 共有 21 种错误认知模式，其中人数较多的有“110100”（337 人，27%）、“100100”（119 人，9%）、“001101”（110 人，9%）、“100000”（47 人，4%）。进一步分析可知，该校儿童对属性 A1 和 A4 掌握相对较好，而对属性 A2、A3、A5 和 A6 则相对较差。

zw2 共有 27 种错误认知模式，其中错误人数较多的有“110100”（383 人，30%）、“001101”（209 人，17%）、“111100”（106 人，8%）、“000100”（84 人，7%）、“110110”（75 人，6%）。进一步分析可知，该校儿童对属性 A4 掌握最好，而对属性 A1、A2、A5 和 A6 则相对较差。

zh3 共有 22 种错误认知模式，人数相对较多的有“100101”（294 人，23%）、“100100”（240 人，19%）、“101101”（117 人，9%）、“011101”（101 人，8%）、“001110”（66 人，5%）。进一步分析可知，该校儿童对属性 A1、A4 掌握相对较好，而对属性 A2、A5 则相对较差。

zw3 共有 20 种错误认知模式，其中人数比较集中的主要有“011111”（396 人，31%）、“010000”（222 人，18%）、“111110”（145 人，12%）、“0111010”（116 人，9%）、“011000”（92 人，7%）、“010011”（52 人，4%）。进一步分析可知，该校儿童对属性 A2、A3 掌握相对较好，属性 A4、A5 次之，而对属性 A1 和 A6 则相对较差。

（2）二年级

从二年级各学校儿童数学知识状态的估计结果来看，最为突出的是普通学校 zh2，其全部学力属性都掌握的儿童人数最多，达到 650 人（44%），且全部属性都未掌握的人数也仅有 8 人（1%）；其次是两所优势学校 zw1 和 zh1，全部掌握人数分别为 184 人（12%）、181 人（12%），且全部未掌握人数也都非常少（0 和 22 人）；相对较差的是两所薄弱学校 zh3 和 zw3，它们都没有属性全部掌握的儿童，相反，全部未掌握的儿童却较多，分别为 126 人（8%）和 54 人（4%）。这一情况与前文所述各年级内各学校平均学力水平的特征较为一致。对各学校的错误认知模式进行分析，结果如下。

zh1 主要有 22 种错误认知模式，其中人数较多的有“100010”（454 人，31%）、“101101”（293 人，20%）、“111101”（93 人，6%）、“101100”（62 人，4%）、“100000”（59 人，4%）、“100011”（52 人，4%）。进一步分析可知，该校儿童对属性 A1、A3、A4 和 A6 掌握相对较好，但对属性 A2 则相对较差。

zw1 共有 23 种错误认知模式，其中人数较为集中的主要有“110101”（244 人，16%）、“100010”（230 人，16%）、“101100”（173 人，12%）、“111011”（167 人，11%）、“101110”（67 人，4%）、“100111”（53 人，4%）、“000011”（48 人，3%）。进一步分析可知，该校儿童对属性 A1、A3、A4 和 A6 掌握相对较好，但对属性 A2 则相对较差。

zh2 共有 23 种错误认知模式，其中人数较多的主要集中在“100010”（279 人，19%）、“101110”（175 人，12%）、“101101”（64 人，4%）。进一步分析可知，该校儿童对属性 A1、A3、A4 和 A5 掌握相对较好，而对属性 A2 和 A6 则相对较差。

zw2 共有 24 种错误认知模式，其中人数较多的是“100010”（406 人，27%）、“111100”（219 人，15%）、“111101”（113 人，8%）、“101101”（107 人，7%）、“111110”（100 人，7%）、“110110”（82 人，6%）、“100000”（68 人，5%）、“100110”（52 人，3%）。进一步分析可知，该校儿童对属性 A1、A2、A3 和 A4 掌握相对较好，而对属性 A5 和 A6 相对较差。

zh3 共有 18 种错误认知模式，其中人数较多的主要集中在“100000”（651 人，44%）、“000111”（330 人，22%）、“101100”（131 人，9%）和“101101”（53 人，4%）。进一步分析可知，该校儿童对属性 A4 掌握相对较好，而对属性 A2 则相对较差。

zw3 共有 13 种错误认知模式，其中人数较多的有“011111”（622 人，42%）、“110100”（259 人，17%）、“010100”（201 人，14%）、“000111”（82 人，6%）、“101011”（65 人，4%）、“011100”（64 人，4%）、“010111”（45 人，3%）。进一步分析可知，该校儿童对属性 A2、A4 和 A5 掌握较好，而对属性 A1、A3 则相对较差。

（3）三年级

三年级各学校儿童数学知识状态的估计结果中，优势学校 zh1、zw1 和普通学校 zh2、zw2 的儿童表现较好，分别有 213 人（14%）、663 人（44%）、710 人

（47%）和 213 人（14%）掌握了全部 6 个关键数学学力属性，其中，zh2 的全掌握人数总占比高达 47%，而在两所薄弱学校中，zw3 全掌握人数相对较少，为 133 人（9%），而 zw3 则为 0；进一步分析全未掌握人数，人数占比最高的是 zw2 和 zh3，分别为 154 人（10%）和 56 人（4%），zh2 最少，仅为 4 人（0.2%）。继续分析各学校儿童的错误认知模式，还可发现，大多数学校在“111100”“011101”“111011”等几种错误认知模式上的人数较为集中，因此可将其确定为各学校三年级儿童的典型错误认知模式。进一步比较各学校的错误认知模式，具体情况如下。

zh1 儿童共有 22 种错误认知模式，其中人数较多的有“111011”（525 人，35%）、“111000”（197 人，13%）、“111100”（108 人，7%）、“011101”（87 人，6%）、“111101”（83 人，5%）。进一步分析可知，该校儿童对属性 A1、A2 和 A3 掌握相对较好，而对属性 A5 则相对较差。

zw1 共有 21 种错误认知模式，其中人数较多的有“111100”（227 人，15%）、“011101”（179 人，12%）、“111011”（73 人，5%）、“001000”（56 人，4%）。进一步分析可知，该校儿童对属性 A1、A2、A3 和 A4 掌握相对较好，而对属性 A5 和 A6 则相对较差。

zh2 共有 18 种错误认知模式，其中人数较多的有“111100”（402 人，26%）、“111000”（124 人，8%）、“101101”（54 人，4%）。进一步分析可知，该校儿童对属性 A1、A2、A3 和 A4 掌握相对较好，而对属性 A5 和 A6 则相对较差。

zw2 共有 17 种错误认知模式，其中人数较多的主要集中在“011101”（155 人，10.2%）、“110100”（145 人，9.6%）、“110101”（144 人，9.5%）、“110111”（134 人，8.8%）、“011111”（84 人，5.5%）、“101110”（81 人，5.3%）、“100101”（80 人，5.3%）。进一步分析可知，该校儿童对属性 A1、A2 和 A4 掌握相对较好，而对属性 A3 和 A5 则相对较差。

zh3 共有 23 种错误认知模式，其中人数较多的有“111100”（424 人，28%）、“011101”（330 人，22%）、“011111”（128 人，8%）、“000010”（73 人，5%）、“111011”（60 人，4%）和“010010”（51 人，3%）。进一步分析可知，该校儿童对属性 A2、A3 和 A4 掌握相对较好，而对属性 A6 则相对较差。

zw3 也只有 17 种错误认知模式，其中人数较多的有“100000”（668 人，44%）、“100011”（345 人，23%）、“010101”（215 人，14%）、“000100”（64

人，4%）。进一步分析可知，该校儿童对属性 A1 和 A6 掌握相对较好，而对属性 A2 和 A3 则相对较差。

（4）四年级

整体而言，各学校儿童对 6 个关键数学学力属性的掌握都不够理想，相对较好的是 zw1，其全掌握人数最多，为 268 人（19%），但全未掌握人数却高达 90 人（7%）。其他学校也都有相同特点，即全掌握人数和全未掌握人数均非常少，而在“100000”这一知识状态上的人数却相对较多，这表明，绝大多数儿童都存在各种认知模式上的偏差。对于各学校儿童在知识状态上的不同特点，还需进一步对其错误认知模式进行比较分析。

zh1 共有 17 种错误认知模式，其中人数较多的有“111100”（413 人，30%）、“110001”（166 人，12%）、“100011”（164 人，11.9%）、“100000”（157 人，11%）、“010001”（131 人，9%）、“111001”（86 人，6%）。进一步分析可知，该校儿童对属性 A1 和 A2 掌握相对较好，而对属性 A5 则相对较差。

zw1 共有 29 种错误认知模式，其中人数较多的有“100000”（260 人，19%）、“000011”（155 人，11%）、“101100”（130 人，9%）、“100100”（68 人，5%）。进一步分析可知，该校儿童对属性 A1 掌握相对较好，而对属性 A2 则相对较差。

zh2 共有 27 种错误认知模式，其中人数较多的集中在“100011”（287 人，21%）、“100000”（251 人，18%）、“111110”（127 人，9%）、“111101”（106 人，7.7%）、“101000”（104 人，7.5%）、“111011”（73 人，5%）、“111100”（50 人，4%）。进一步分析可知，该校儿童对属性 A1、A2 掌握相对较好，但对属性 A4、A5 和 A6 则相对较差。

zw2 共有 19 种错误认知模式，其中人数较多的有“100000”（324 人，25%）、“101011”（254 人，18%）、“100011”（156 人，11%）、“000010”（107 人，8%）、“101000”（82 人，5.9%）、“000011”（79 人，5.7%）、“100001”（68 人，5%）。进一步分析可知，该校儿童对属性 A1、A5 和 A6 掌握相对较好，而对属性 A2、A3 和 A4 则相对较差。

zh3 共有 24 种错误认知模式，其中人数较多的有“100000”（424 人，31%）、“101010”（206 人，15%）、“111110”（128 人，9%）、“111100”（96 人，7%）、“111000”（65 人，4.7%）、“111011”（63 人，4.5%）、“101000”（62

人，4.5%）。进一步分析可知，该校儿童对属性 A1、A2 和 A3 掌握相对较好，而对属性 A4、A5 和 A6 则相对较差。

zw3 的错误认知模式相对较少，只有 15 种，其中人数较多的有“011100”（740 人，54%）、“011010”（109 人，8%）、“111010”（101 人，7.3%）、“001010”（93 人，6.7%）、“100000”（70 人，5%）、“000010”（56 人，4.1%）、“101011”（52 人，3.8%）。进一步分析可知，该校儿童对属性 A2、A3 和 A4 掌握相对较好，而对属性 A5 和 A6 则相对较差。

（5）五年级

五年级各学校儿童数学知识状态的估计结果中，优势学校（zh1、zw1）和普通学校（zh2、zw2）的表现相对较好，6 个关键数学学力属性全掌握的儿童人数分别为：zh1 有 297 人（19%）、zw1 有 383 人（25%）、zh2 有 452 人（30%）、zw2 有 126 人（8%）。而薄弱学校（zw3 和 zh3）则相对较差，全掌握人数分别为：zh3 有 7 人（0.4%），zw3 有 76 人（5%）。各学校的学力属性全未掌握人数都较少，分别为：zh1 有 10 人（1%）、zw1 有 60 人（4%）、zh2 有 39 人（3%）、zw2 有 64 人（4%）、zh3 有 20 人（1%）、zw3 有 54 人（3%）。此外，从错误认知模式的人数分布情况来看，各学校在“100001”“100011”上的人数相对较多，可认为是它们的典型错误认知模式。而对于各学校在错误认知模式上的特点，还需要做进一步的比较分析。

zh1 的错误认知模式共有 25 种，其中人数相对较为集中的有“101111”（213 人，14%）、“111010”（132 人，9%）、“100001”（118 人，8%）、“110011”（108 人，7%）、“101101”（103 人，6.7%）、“100011”（86 人，7%）、“101010”（71 人，5%）、“100000”（57 人，4%）、“111011”（57 人，4%）。进一步分析可知，该校儿童对属性 A1、A5 和 A6 掌握相对较好，而对属性 A2、A3 和 A4 则相对较差。

zw1 的错误认知模式共有 27 种，其中人数较多的有“100001”（254 人，17%）、“100011”（210 人，14%）、“111101”（75 人，5%）、“110101”（62 人，4%）、“101000”（61 人，3.97%）、“101111”（61 人，3.97%）、“001001”（51 人，3%）。进一步分析可知，该校儿童对属性 A1 和 A6 掌握相对较好，而对属性 A2 和 A5 则相对较差。

zh2 的错误认知模式相对较多，共有 32 种，其中人数较多的有“111100”

（190 人，12%）、“011110”（92 人，6%）、“111010”（80 人，5%）、“110011”（67 人，4%）、“100011”（61 人，3.97%）、“100000”（57 人，3.7%）、“110101”（56 人，3.65%）。进一步分析可知，该校儿童对属性 A1、A2 和 A3 掌握相对较好，而对属性 A4 和 A6 则相对较差。

zw2 共有 16 种错误认知模式，其中人数较多的有“100011”（469 人，31%）、“101000”（132 人，9%）、“001001”（124 人，8%）、“111000”（113 人，7.4%）、“100001”（112 人，7.3%）、“011011”（74 人，5%）、“111100”（63 人，4%）、“111011”（57 人，3.7%）。进一步分析可知，该校儿童对属性 A1、A2 和 A3 掌握相对较好，而对属性 A4 和 A5 则相对较差。

zh3 共有 19 种错误认知模式，其中人数较多的有“100001”（382 人，25%）、“100011”（242 人，16%）、“111011”（168 人，11%）、“101101”（125 人，8%）、“101111”（67 人，4%）、“111001”（69 人，4.5%）、“011101”（54 人，3%）。进一步分析可知，该校儿童对属性 A1、A3、A6 掌握相对较好，而对属性 A2、A4 和 A5 则相对较差。

zw3 共有 21 种错误认知模式，人数相对较多的有“011100”（484 人，32%）、“110100”（251 人，16%）、“100000”（152 人，10%）、“110000”（144 人，9%）、“000001”（70 人，5%）、“001101”（59 人，4%）。进一步分析可知，该校儿童对属性 A1、A2、A3 和 A4 掌握相对较好，而对属性 A5 和 A6 则相对较差。

（6）六年级

六年级各学校儿童数学知识状态的估计结果中，zw1 的儿童总体表现最好，虽然有 7 个所有属性全部未掌握的儿童，但其属性全掌握人数却高达 362 人（33%）；而总体表现最差是 zw3，其不但有 221 人（20%）对所有属性都没有掌握，而且属性全掌握人数也为 0，其他四所学校在属性全掌握和全未掌握两种模式上有共同特点，即人数都为 0。因此，要想了解他们在数学知识状态上的内在差异，还需要对其错误认知模式做进一步的比较分析。

zh1 的错误认知模式共有 29 种，其中人数较多的主要有“011010”（128 人，11%）、“100000”（128 人，11.5%）、“100010”（122 人，10.96%）、“100101”（92 人，8%）、“110111”（74 人，6.4%）、“100100”（73 人，6.5%）、“111011”（60 人，5%）、“111100”（54 人，4.85%）、“011100”（51 人，

4.58%）。进一步分析可知，该校儿童对属性 A1、A4 掌握相对较好，而对属性 A5 和 A6 则相对较差。

zw1 的错误认知模式相对较少，只有 14 种，其中人数相对较多的主要有“101111”（311 人，28%）、“011111”（217 人，20%）2 种。进一步分析可知，该校儿童对属性 A1、A3、A4、A5 和 A6 掌握相对较好，但对属性 A2 则相对较差。

zh2 共有 24 种错误认知模式，其中人数较多的主要有“100101”（369 人，33%）、“110111”（200 人，18%）、“110101”（114 人，10%）、“011111”（97 人，9%）、“111011”（56 人，5%）。进一步分析可知，该校儿童对属性 A1、A2、A4 和 A6 掌握相对较好，但对属性 A3 和 A5 则相对较差。

zw2 共有 17 种错误认知模式，其中人数较多的主要有“101110”（341 人，31%）、“100101”（146 人，13%）、“100000”（113 人，10%）、“110000”（79 人，7%）、“011101”（63 人，6%）、“001011”（60 人，5.4%）、“110111”（58 人，5.2%）、“111010”（53 人，4.7）。进一步分析可知，该校儿童对属性 A1、A3、A4 和 A5 掌握相对较好，而对属性 A2、A6 则相对较差。

zh3 共有 21 种错误认知模式，其中人数较多的主要有“101101”（343 人，31%）、“110000”（133 人，12%）、“101011”（112 人，10%）、“110011”（69 人，6%）、“011111”（59 人，5.3%）、“111110”（57 人，5.1%）、“111101”（56 人，5%）、“101001”（50 人，4%）。进一步分析可知，该校儿童对属性 A1、A3 和 A6 掌握相对较好，而对属性 A2、A4 和 A5 则相对较差。

zw3 共有 20 种错误认知模式，其中人数较多的主要有“001100”（234 人，21%）、“001110”（117 人，11%）、“100101”（102 人，9%）、“001101”（102 人，9%）、“011100”（66 人，6%）、“000010”（58 人，5%）。进一步分析可知，该校儿童对属性 A3、A4 掌握相对较好，而对属性 A1、A2、A5 和 A6 则相对较差。

5.3 小　结

本章基于大规模实测数据的分析结果，分别从宏观的学力水平和微观的关键学力属性掌握模式与概率等维度，对儿童数学学力发展水平与结构特征进行了比较分析。

1）根据 IRT 垂直等值处理之后的儿童数学学力比较分析：①整体来看，所有参与儿童的数学学力均值为 0.196，属于中等水平；且分布形态基本符合尖峰型正态分布（偏度为 0.049，峰度为 2.582）；1—6 年级儿童数学学力水平的均值依次为−1.011、−0.549、−0.014、0.297、1.131、1.373，表明儿童数学学力水平符合随着年级上升而逐渐提高的基本规律。②各年级内不同学校间儿童数学学力发展水平差异显著，且基本符合优势学校＞普通学校＞薄弱学校的经验预期。③各学校内不同年级儿童数学学力发展水平差异显著，且全部符合数学学力水平随着年级上升而逐渐提高的基本规律。④各年级内不同民族、性别儿童数学学力发展水平差异均不显著，这也与克鲁捷茨基（1983）的经典研究结论一致。

2）基于 CDT 的儿童数学学力认知诊断分析结果：①所选择的认知诊断模型——GDM 与实测数据具有良好的拟合性。②使用 GDM 对各关键数学学力属性进行分类诊断具有较高的可靠性。③各年级儿童的 PAM 分布，与各属性由简单到复杂、由容易掌握到不易掌握的认知规律基本相符。④各年级内不同学校（除四年级外）、民族、性别的儿童在 PAM 上均不存在显著差异，这也与卡尔（2009）的经典研究结论一致。⑤各年级内不同学校儿童在数学学力 AMP（KS）上有明显差别，且在属性全掌握和全未掌握人数的分布上基本符合优势学校＞普通学校＞薄弱学校的理论预期。

第 6 章

儿童数学学力影响因素分析

6.1 研究目的

上一章已经从宏观发展水平和微观属性掌握模式等维度对儿童数学学力的发展特征做了比较分析，可以发现，虽然从宏观上各年级内不同学校儿童在数学学力 PAM 上没有特别显著的差异，但具体到不同的 AMP 上，仍然有很大差异。当然，儿童的数学学习及其学力水平的提升是一个动态过程，会受到多种因素的影响。而且，已有关于某一种主客观因素对儿童数学学习影响的相关研究成果已经很丰硕了，但基于大规模实测数据，将认知、非认知、教师、家庭等多个主客观因素综合考虑而进行的实证研究尚不多见。

为此，结合前文对儿童数学学力内涵及其结构的理论建构，以及实测数据的分析结果，本章提取出可能会对儿童数学学力产生重要影响的因素（①认知因素；②非认知因素；③教师因素；④家庭因素），然后分学校、分年级探索儿童数学学力的影响因素及其结构特征，为最终提出个性化补救教学建议提供更多的实证证据。

6.2 研究对象与方法

6.2.1 对象

1）智力与非认知因素调查，以参加儿童数学学力认知诊断测验的 6 所完全小学 1—6 年级共计 8289 名儿童为调查对象。

2）家庭因素调查，以参与儿童的父母或其他监护人为调查对象。

3）教师因素调查，以测试学校 1—6 年级的 91 名数学教师为调查对象。

6.2.2 工具

1）自编并经试测修订的家庭因素问卷，包括家庭背景、家庭教养方式和父母数学观等维度，共 42 个项目，采用李克特 5 点计分。问卷试测的各维度（除家庭背景外）的 α 系数分别为 0.763、0.706，具有较好的内部一致性信度；验证性因素分析显示问卷结构模型与数据拟合较好，且各因子之间呈中低度相关，各因子与总问卷之间呈高度相关，表明问卷具有较好的结构效度。

2）自编并经试测修订的教师因素问卷，包括数学教学能力和数学教育观 2 个维度，共 32 个项目，采用李克特 5 点计分。问卷试测时数学教育观维度的 3 个子维度（儿童数学知识观、儿童数学学习观、儿童数学教学观）的 α 系数分别为 0.753、0.737、0.717；验证性因素分析显示问卷结构模型与数据拟合较好，且各因子之间呈中低度相关，各因子与总问卷之间呈高度相关，表明问卷具有较好的结构效度。

3）选用李芳等（2008）编制的“中小学生非智力因素量表”，包括成就动机、认识兴趣、学习热情、学习责任心、学习毅力、好胜心和一般自我效能感等 7 个维度，共 75 个项目。量表采用李克特 3 点计分，分值越高表示非智力因素水平越高。量表编制时的重测信度为 0.71—0.86，分半信度为 0.62—0.90，α 系数为 0.65—0.92，即量表具有较高的稳定性和一致性。量表的验证性因素分析显示其结构模型与数据拟合较好，且各因子之间呈中低度相关，各因子与总问卷之间呈高度相关，表明量表具有较好的结构效度；此外，多维领域专家与研究人员对量表可读性与内容适当性的审核评定也保证了其有较高的内容效度。

4）选用张厚粲和王晓平（1989）修订的“瑞文标准推理能力测验（中国城市版）”。测验由 5 组（即 5 个维度）共 60 个难度逐渐增加的图形填空项目组成。该量表使用瑞文测验标准模板计分，每题 1 分，最高为 60 分。量表编制时的分半信度和复测信度分别为 0.95 和 0.82；同时效度（瑞文测验总分与韦氏儿童智力量表中言语智商、操作智商、总智商的相关）分别为 0.54、0.70、0.71，预测效度（瑞文测验总分与高考语文成绩、数学成绩、总成绩的相关）分别为 0.29、0.54、0.45。以上信效度指标均达到或超过了国外同类研究，表明该量表具有很高的可靠性与准确性。

5）儿童数学学业成绩。采用各学校所在学区期末统考成绩作为观测指标，按百分制计分。该测验由学区教研室统一编制，比较好地涵盖了“数学课程标准”和“数学教材”中所规定的各年级段的数学基础知识与基本技能，同时兼顾了不同年级段儿童在数学方法、思维创新等方面的发展要求，因此该成绩具有一定的参考价值。

6.2.3　实施

为保证调查的正常进行，分别由各样本学校分管数学教学的副校长或教导主任负责各项调查的组织与实施，具体安排如下：①各项调查以年级为单位统一进行；②家庭因素问卷由班主任在征得家长知情同意的前提下，交由儿童带回家请家长填写后再统一收回；③考虑到低年级儿童的阅读理解能力可能会影响问卷作答，所以一、二年级儿童的“中小学生非智力因素量表”也由其带回家，在家长辅助下完成后再统一收回，三至六年级儿童则在课堂上由其自行填写，时间为 40 分钟；④“瑞文标准推理能力测验（中国城市版）”均由全部儿童在课堂上独立完成，时间为 40 分钟；⑤教师因素问卷由各学校的所有数学教师现场作答并收回。

6.2.4 数据统计与处理

采用 R 语言的 GGUM 程序包和 GGUM2004 软件对各问卷数据进行描述性统计、参数估计和检验分析；采用 AMOS23.0 对影响因素关系模型进行拟合检验。

6.3 结果分析

6.3.1 相关工具质量分析

6.3.1.1 信度

（1）基于 CTT 的信度指标

从正式施测的信度估计结果（表 6-1）中可知，这两个自编问卷的内部一致性信度均达到了基本的测量学要求。

表 6-1 “儿童数学学力影响因素调查问卷”信度指标

问卷维度	α	分半信度	项目数量（个）
教师数学教育观	0.713	0.719	18
数学知识观	0.737	0.617	5
数学学习观	0.694	0.673	6
数学教学观	0.682	0.687	7
家庭教养方式	0.755	0.680	20
鼓励理解型	0.678	0.651	5
过分约束型	0.680	0.695	5
专制冷漠型	0.647	0.612	5
限制保护型	0.614	0.618	5
父母数学观	0.731	0.688	14
儿童数学学力发展观	0.640	0.677	4
儿童数学学习期望观	0.737	0.711	3
儿童数学教育观	0.675	0.662	7

（2）基于 IRT 的测验信息量

分别利用 R 语言 ltm 程序包的等级反应模型对家庭背景维度，利用 GGUM2004 的拓广等级展开模型对家庭教养方式和父母数学观维度所涉及的项目和被试参数进行了估计，同时也获得了这 3 个维度的项目和测验信息量。

从家庭因素问卷 3 个维度的测验信息曲线（图 6-1—图 6-3）中可以发现，家庭背景维度的测验信息量分别在特质水平为−2.01、0.92 和 2.16 时达到了最大值（分别为 6.22、9.29 和 7.51）；家庭教养方式维度则在特质水平为−2.09 和 2.42 时达到了最大值（分别为 18.56 和 13.73）；而父母数学观维度则在特质水平为−3.79 和 1.89 时达到了最大值（分别为 11.29 和 13.87）。可见，各维度项目的总信息量都接近或超过了一般要求（25），表明家庭因素问卷的整体信度符合测量学要求。

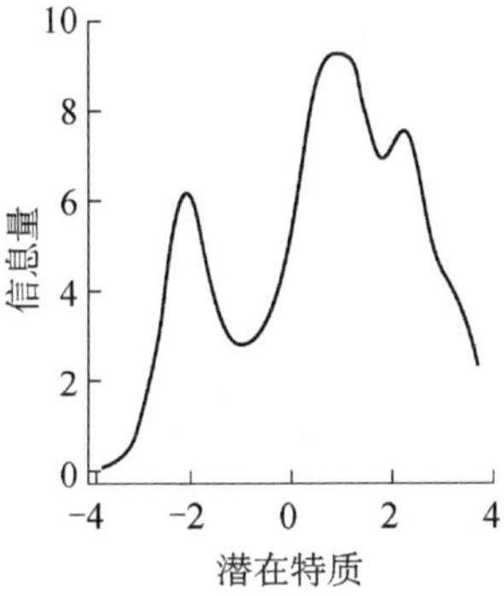

图 6-1　家庭背景维度测验信息曲线

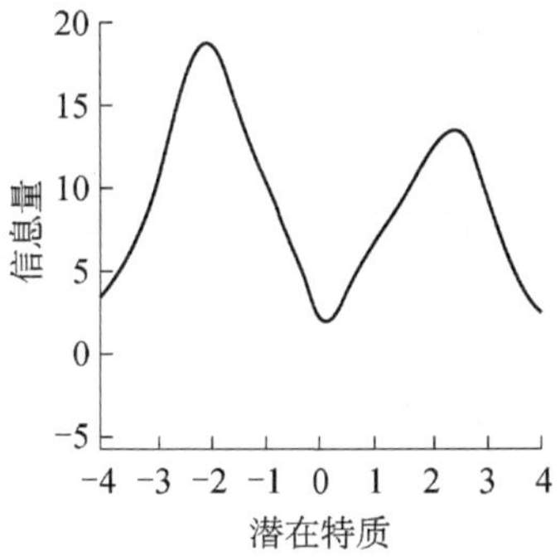

图 6-2　家庭教养方式维度测验信息曲线

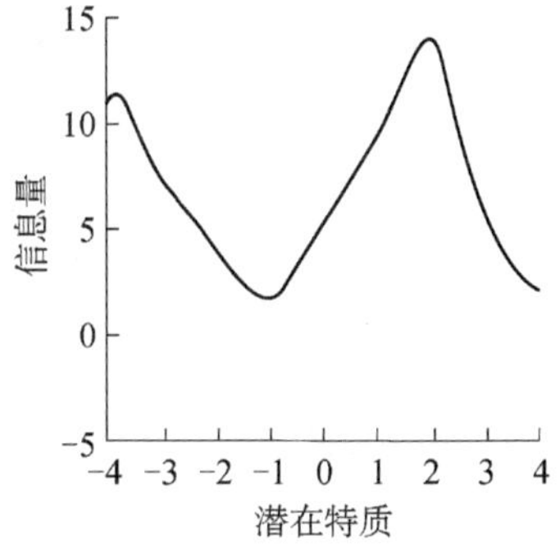

图 6-3　父母数学观维度测验信息曲线

6.3.1.2　效度

（1）教师因素问卷

首先，利用 SPSS23.0 对问卷各维度的 17 个项目进行巴特利特球形检验（表 6-2），结果表明，该问卷的数据可以继续进行探索性因素分析。

表 6-2　教师因素问卷巴特利特球形检验结果

维度	*KMO*	χ^2	*df*
数学知识观	0.773	79.371***	10
数学学习观	0.701	37.266***	15
数学教学观	0.706	90.789***	15

其次，在探索性因素分析中使用主成分分析法进行正交旋转，分别提取出 3 个第一特征根大于 1 的公共因子（表 6-3），它们可以解释项目总变异的 42.962%。综合分析以上结果，教师因素问卷具有较好的结构效度，且符合前期理论假设。

表 6-3 教师因素问卷主成分分析结果

维度	特征根	方差贡献率（%）	累积方差贡献率（%）
数学知识观	3.487	20.514	20.514
数学学习观	2.060	12.119	32.633
数学教学观	1.756	10.329	42.962

（2）家庭因素问卷

利用 AMOS23.0 对家庭因素问卷进行了验证性因素分析（表 6-4）。综合分析各指标，家庭因素问卷的结构效度也基本达到了测量学要求，且与前期理论设想相符。

表 6-4 家庭因素问卷验证性因素分析结果

维度	χ^2	df	χ^2/df	*NFI*	*NNFI*	*CFI*	*IFI*	*GFI*	*RMSEA*
家庭教养方式	711.86	146	4.87	0.83	0.83	0.86	0.86	0.95	0.04
父母数学观	650.10	74	8.78	0.83	0.81	0.85	0.85	0.94	0.07

6.3.2 影响关系分析

首先计算各量表和问卷中各维度与不同年级儿童数学学力之间的相关，然后分别建立不同年级儿童数学学力与各影响因素的关系模型，进而探索各影响因素对不同年级儿童数学学力的影响路径。

6.3.2.1 相关分析

表 6-5 为各年级儿童数学学力与数学学业成绩、一般推理能力、非智力因素，以及教师教学能力、数学教育观，儿童家庭背景、家庭教养方式、父母数学观及其各维度之间的皮尔森相关系数。

表 6-5　不同影响因素与各年级儿童数学学力的相关分析结果

项目	一年级	二年级	三年级	四年级	五年级	六年级
一般推理能力	0.334**	0.268**	0.377**	0.369**	0.387**	0.345**
知觉辨识能力	0.333**	0.104	0.201**	0.052**	0.259**	0.203**
类同比较能力	0.246**	0.143**	0.269**	0.295**	0.222**	0.202**
比较推理能力	0.240**	0.205**	0.341**	0.366**	0.272**	0.346**
系列关系能力	0.284**	0.275**	0.280**	0.251**	0.306**	0.276**
抽象推理能力	0.194**	0.273**	0.304**	0.376**	0.380**	0.389**
非智力因素	0.134*	0.181**	0.102	0.314**	0.166**	0.300**
成就动机	0.152**	0.223**	0.096	0.155**	0.015	0.168**
认识兴趣	0.050	0.079	0.130*	0.264**	0.135*	0.225**
学习热情	0.106	0.069	0.003	0.166**	0.003	0.193**
学习责任心	0.114*	0.195**	0.190**	0.289**	0.083	0.248**
学习毅力	0.143*	0.169**	−0.087	0.312**	0.024	0.241**
好胜心	0.125*	0.074	−0.060	0.247**	0.014	0.297**
一般自我效能感	−0.009	0.056	0.038	0.079	0.138*	0.077
教师数学教学能力	0.396**	−0.002	0.199**	—	−0.078	0.052
教师数学教育观	−0.364**	0.174**	−0.055	0.374**	0.016	0.041
儿童数学知识观	−0.449**	0.120*	−0.087	0.050	0.014	−0.053
儿童数学学习观	−0.374**	0.170**	−0.084	0.144**	−0.112	0.177**
儿童数学教学观	−0.391**	0.177**	−0.003	0.424**	0.060	−0.020
家庭背景	0.053	0.175**	0.062	0.175*	0.271**	−0.036
家庭经济状况	0.009	0.147**	0.050	0.110*	0.173**	−0.019
父母受教育程度	0.087	0.169**	0.051	0.134*	0.203**	−0.036
父母职业背景	0.035	0.137*	0.049	0.168**	0.264**	−0.016
家庭教养方式	0.125*	0.037	0.101	0.060	0.049	0.100
鼓励理解型	0.187**	0.020	0.077	0.027	0.147**	0.121**
过分约束型	−0.074	−0.029	−0.021	−0.001	−0.117*	0.012
专制冷漠型	0.144*	0.093	0.163**	0.086	0.098	0.015
限制保护型	0.041	0.013	0.020	0.025	0.017	0.044
父母数学观	0.138*	0.166**	0.084	0.154**	0.166**	0.205**
儿童数学学力发展观	0.194**	0.236**	0.096	0.168**	0.168**	0.218**
儿童数学学习期望观	0.014	0.056	0.056	0.102	0.096	0.157**
儿童数学教育观	0.098	0.087	0.044	0.093	0.114*	0.132**
数学学业成绩	0.963**	0.550**	0.592**	0.737**	0.756**	0.812**

注：本次调查学校中四年级数学教师均为熟手型教师，因此未计算该年级教师教学能力与所教班级学生数学学力的相关

分析发现：①各年级儿童的数学学业成绩与其数学学力均呈显著正相关，表明儿童数学学力水平可以较好地预测其数学学业成绩。②各年级儿童的一般

推理能力与其数学学力呈显著正相关，表明儿童的一般推理能力能够很好地预测其数学学力。③除三年级外，其他各年级儿童的非智力因素总分与其数学学力均呈显著正相关，但各维度在不同年级上又各有特点，表明各非智力因素维度对不同年级段儿童的数学学力具有不同的影响。④二、四、五年级儿童的家庭背景与其数学学力呈显著正相关，表明小学中段儿童的家庭背景因素对其数学学力有显著影响。⑤只有一、五、六年级儿童的鼓励理解型家庭教养方式与其数学学力呈显著正相关，表明家庭教养方式并不是各年级儿童数学学力的最直接影响因素。⑥除三年级外，各年级儿童的父母数学观与其数学学力均呈现显著正相关，表明它也是影响儿童数学学力的重要因素之一。⑦一、三年级数学教师的教学能力与儿童数学学力呈显著正相关，二、四年级数学教师的数学教育观与儿童数学学力呈显著正相关，而一年级数学教师的数学教育观与儿童数学学力则呈显著负相关，表明中低年级段教师的专业素养对儿童数学学力有更大的影响力。

进一步分析儿童数学学力与各影响因素的年级变化趋势，可以发现：①随着年级上升，儿童数学学力和一般推理能力水平都会有所提高，而跨年级的显著正相关也表明二者具有相互促进的作用。②非智力因素中的不同个性品质会随着儿童的身心发展变化表现出不同特点。但在具体维度上，成就动机在一、二、四、六年级上呈显著正相关，认识兴趣在三、四、五、六年级上呈显著正相关，学习热情在四、六年级上呈显著正相关，学习责任心在一、二、三、四、六年级上呈显著正相关，学习毅力在一、二、四、六年级上呈显著正相关，好胜心在一、四、六年级上呈显著正相关，一般自我效能感只在五年级上呈显著正相关。由此表明在不同年级段，影响儿童数学学力发展的个性品质也会有所不同。③家庭背景、教养方式、父母数学观是影响儿童数学学力的 3 个主要外在因素，但在各年级段又有不同特点，例如，只有鼓励理解型和专制冷漠型这两种家庭教养方式对一年级儿童有显著影响；家庭背景因素的 3 个维度对二、四、五年级儿童的影响显著；父母数学观对小学阶段各年级（三年级除外）儿童均有显著影响。

6.3.2.2 全回归分析

以各年级儿童数学学力为结果变量，分别以其一般推理能力、非智力因素、家庭教养方式、父母数学观及其各维度为预测变量进行全回归分析，以进一步探索各因素对不同年级段儿童数学学力的影响，结果如下。

一年级儿童的一般推理能力（$\beta=0.352$，$p<0.001$）、非智力因素（$\beta=0.148$，$p<0.05$）、家庭教养方式（$\beta=0.140$，$p<0.05$）和父母数学观（$\beta=0.142$，$p<0.05$）等因素对其数学学力都具有显著的回归效应，说明总体上各影响因素都对一年级儿童数学学力具有预测作用，但在各影响因素的不同维度上又表现出较大的差异，如一般推理能力只在知觉辨识能力维度（$\beta=0.263$，$p<0.001$）上的回归效应显著，家庭教养方式只在鼓励理解型（$\beta=0.174$，$p<0.01$）和专制冷漠型（$\beta=0.119$，$p<0.05$）两个维度上显著；而父母数学观也只在儿童数学学力发展观维度（$\beta=0.125$，$p<0.01$）上显著。

二年级儿童的一般推理能力（$\beta=0.268$，$p<0.001$）、非智力因素（$\beta=0.181$，$p<0.001$）与父母数学观（$\beta=0.166$，$p<0.001$）对其数学学力的回归效应都非常显著，但家庭背景和教养方式则都不显著，说明总体上二年级儿童的一般推理能力、非智力因素和父母数学观对其数学学力具有非常好的预测作用，但具体到各维度上也呈现出明显差异，如一般推理能力只在系列关系能力维度（$\beta=0.210$，$p<0.01$）和抽象推理能力维度（$\beta=0.198$，$p<0.01$）上显著，非智力因素只在成就动机维度（$\beta=0.199$，$p<0.01$）上显著，而父母数学观也只在儿童数学学力发展观维度（$\beta=0.255$，$p<0.01$）上显著。

三年级儿童只有一般推理能力（$\beta=0.377$，$p<0.001$）对数学学力的回归效应极其显著，说明总体上一般推理能力对三年级儿童的数学学力具有非常好的预测作用，但在具体到各维度时也表现出了一些差异，如一般推理能力的比较推理能力（$\beta=0.190$，$p<0.001$）和抽象推理能力（$\beta=0.147$，$p<0.05$）两个维度、非智力因素的学习责任心维度（$\beta=0.165$，$p<0.001$）和家庭教养方式的专制冷漠型维度（$\beta=0.162$，$p<0.001$）都表现出极其显著的回归效应，说明这几个维度对三年级儿童的数学学力具有非常好的解释力。

四年级儿童的一般推理能力（$\beta=0.287$，$p<0.001$）、非智力因素（$\beta=0.314$，$p<0.001$）与父母数学观（$\beta=0.152$，$p<0.001$）对其数学学力的回归效应都极其显著，说明总体来看，这 3 个因素对四年级儿童的数学学力具有非常好的预测作用，但具体到各维度上又各有差异，如一般推理能力除了系列关系能力外，在其他 4 个维度上都非常显著，非智力因素在学习责任心（$\beta=0.157$，$p<0.05$）和学习毅力（$\beta=0.175$，$p<0.05$）这两个维度上均达到了显著水平，父母数学观只在儿童数学学力发展观维度（$\beta=0.152$，$p<0.05$）上显著。

五年级儿童的一般推理能力（$\beta=0.352$，$p<0.001$）、非智力因素（$\beta=0.166$，$p<0.01$）、父母数学观（$\beta=0.166$，$p<0.001$）对数学学力的回归效应都达到极其显著水平，说明总体上这 3 个因素可以非常好地预测五年级儿童的数学学力，但具体到各维度上也各有差异，如一般推理能力只在系列关系能力维度（$\beta=0.184$，$p<0.001$）、非智力因素只在认识兴趣维度（$\beta=0.128$，$p<0.05$）、家庭教养方式只在鼓励理解型维度（$\beta=0.130$，$p<0.05$）上显著，即只有这几个维度对五年级儿童的数学学力有显著的预测作用。

六年级儿童的一般推理能力（$\beta=0.295$，$p<0.001$）、非智力因素（$\beta=0.300$，$p<0.001$）与父母数学观（$\beta=0.205$，$p<0.001$）对数学学力具有显著的回归效应，说明这 3 个因素对六年级儿童的数学学力具有非常好的预测作用。具体到各因素的不同维度，一般推理能力中的比较推理能力（$\beta=0.299$，$p<0.001$）和抽象推理能力（$\beta=0.155$，$p<0.05$）维度显著，非智力因素的好胜心（$\beta=0.219$，$p<0.001$）维度显著，家庭教养方式的鼓励理解型（$\beta=0.136$，$p<0.05$）维度显著，父母数学观的儿童数学学力发展观（$\beta=0.178$，$p<0.01$）维度显著。

6.3.2.3 路径分析

基于以上各影响因素与儿童数学学力的相关与回归分析，并结合前文对儿童数学学力结构的理论构想，本章提出了各年级儿童数学学力与不同影响因素之间的初始关系模型（图 6-4），期望能更全面地探索一般推理能力、非智力因素等内在影响因素，以及家庭背景、教养方式、父母数学观等外在因素各自对儿童数学学力的影响路径，并提出如下假设：①儿童的一般推理能力和家庭教养方式、父母数学观等因素直接影响其数学学力发展；②儿童的非智力因素通过一般推理能力对其数学学力具有影响效应；③儿童的家庭经济状况、父母受教育程度、职业状况等背景因素通过家庭教养方式和父母数学观影响其学习情感、态度等非智力因素和一般推理能力，进而间接影响其数学学力的发展。④儿童的数学学力水平会通过其最主要的外在表现——数学学业成绩得以展现。

本章使用 AMOS23.0 的潜变量路径分析方法对上述假设模型进行了分年级验证，结果发现，各年级的模型与数据都具有较好的拟合度。

（1）一年级

结合模型拟合（表 6-6）和路径系数（图 6-5）分析，可以发现：①一年级

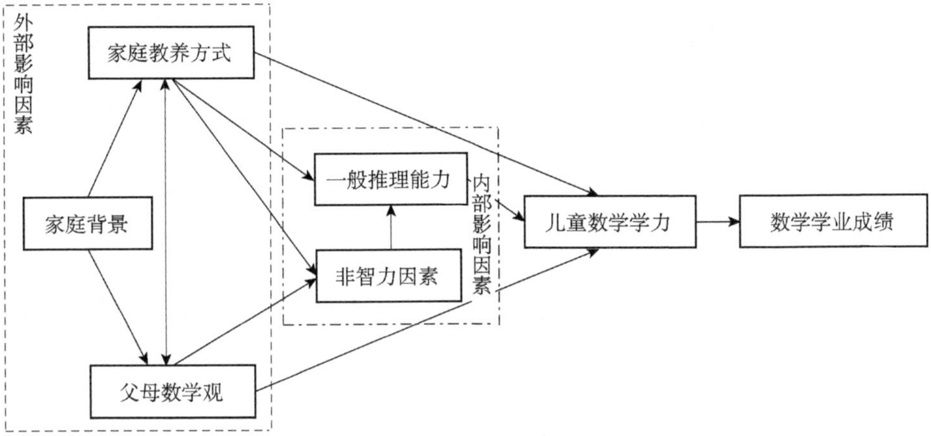

图 6-4　儿童数学学力影响因素模型

表 6-6　一年级影响因素模型验证性分析拟合指数

项目	χ^2	*df*	χ^2/df	*RMR*	*NFI*	*NNFI*	*CFI*	*IFI*	*GFI*	*RMSEA*
指标值	8.087	8	1.011	1.352	0.962	0.999	0.999	0.999	0.991	0.005

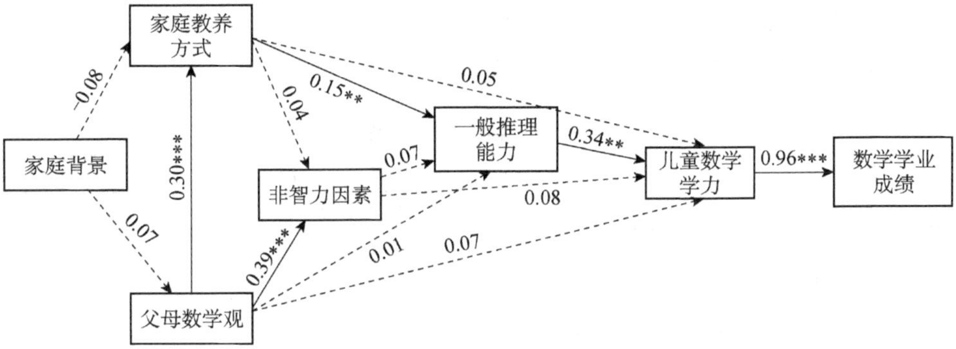

图 6-5　一年级儿童数学学力影响因素路径图

儿童的一般推理能力对其数学学力有显著的正向影响；②父母数学观则通过家庭教养方式和一般推理能力间接地影响儿童数学学力。

（2）二年级

结合模型拟合（表 6-7）和路径系数（图 6-6）分析，可以发现：①二年级儿童的一般推理能力、非智力因素对其数学学力都具有显著的直接效应；②二年级儿童的父母数学观不仅对其数学学力有较为显著的直接作用，而且以儿童非智力因素为中介间接地影响其数学学力的发展；③不同的家庭教养方式以非智力因素为中介对二年级儿童数学学力有显著的间接影响。

表 6-7　二年级影响因素模型验证性分析拟合指数

项目	χ^2	df	χ^2/df	RMR	NFI	$NNFI$	CFI	IFI	GFI	$RMSEA$
指标值	10.891	8	1.361	1.227	0.952	0.963	0.986	0.986	0.990	0.033

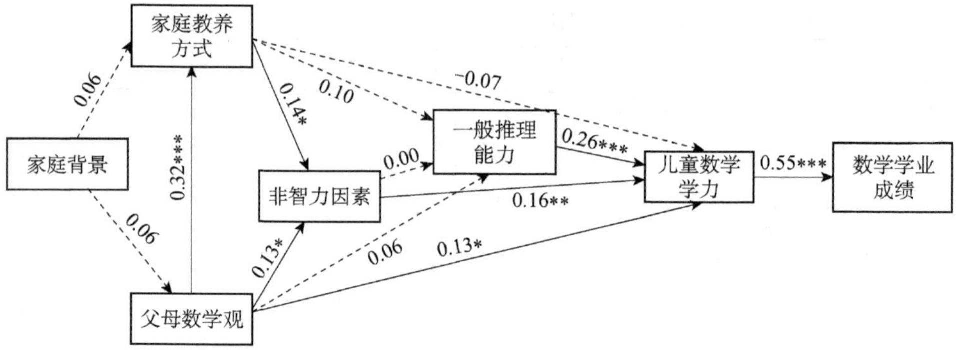

图 6-6　二年级儿童数学学力影响因素路径图

（3）三年级

结合模型拟合（表 6-8）和路径系数（图 6-7）分析，可以发现：①三年级儿童的一般推理能力对其数学学力具有显著的直接效应；②三年级儿童的非智力因素以其一般推理能力为中介对数学学力具有显著的间接影响。

表 6-8　三年级影响因素模型验证性分析拟合指数

项目	χ^2	df	χ^2/df	RMR	NFI	$NNFI$	CFI	IFI	GFI	$RMSEA$
指标值	13.184	8	1.648	1.005	0.951	0.946	0.979	0.980	0.988	0.044

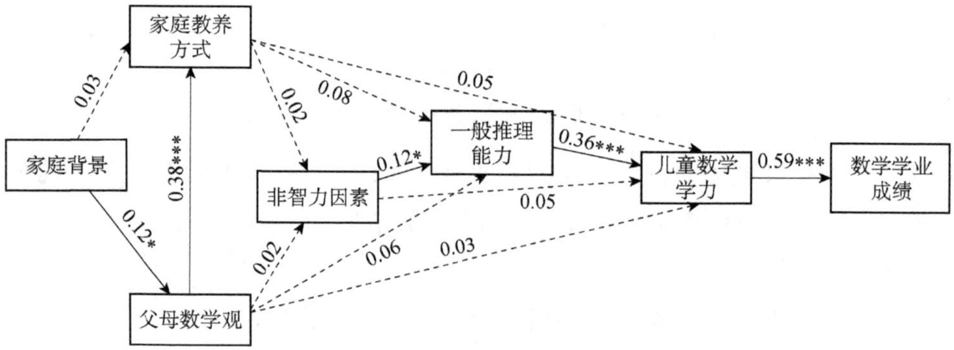

图 6-7　三年级儿童数学学力影响因素路径图

（4）四年级

结合模型拟合（表 6-9）和路径系数（图 6-8）分析，可以发现：①四年级儿童的一般推理能力和非智力因素都对其数学学力具有显著的直接效应；②父母数学观以儿童非智力因素为中介，对其数学学力有显著的间接影响。

表 6-9　四年级影响因素模型验证性分析拟合指数

项目	χ^2	df	χ^2/df	RMR	NFI	$NNFI$	CFI	IFI	GFI	$RMSEA$
指标值	27.97	8	3.496	2.022	0.890	0.776	0.915	0.919	0.977	0.080

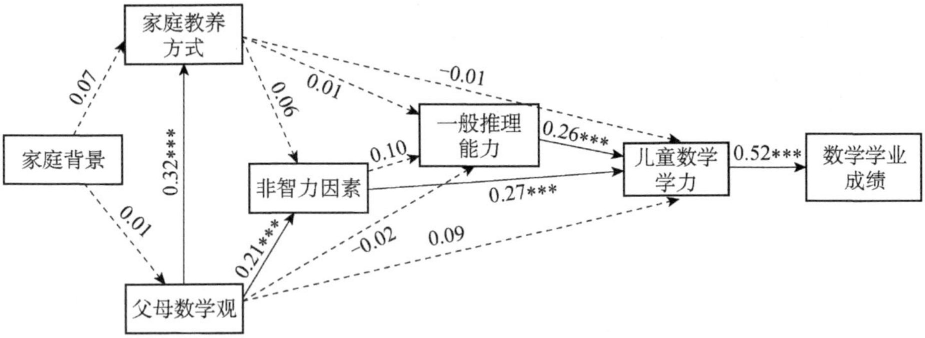

图 6-8　四年级儿童数学学力影响因素路径图

（5）五年级

结合模型拟合（表 6-10）和路径系数（图 6-9）分析，可以发现：①五年级儿童的一般推理能力和非智力因素都对其数学学力具有显著的直接影响；②五年级儿童的父母数学观则不仅对其数学学力有直接影响，而且以非智力因素为中介对儿童数学学力具有显著的间接影响。

表 6-10　五年级影响因素模型验证性分析拟合指数

项目	χ^2	df	χ^2/df	RMR	NFI	$NNFI$	CFI	IFI	GFI	$RMSEA$
指标值	29.022	8	3.627	2.152	0.834	0.642	0.864	0.874	0.973	0.094

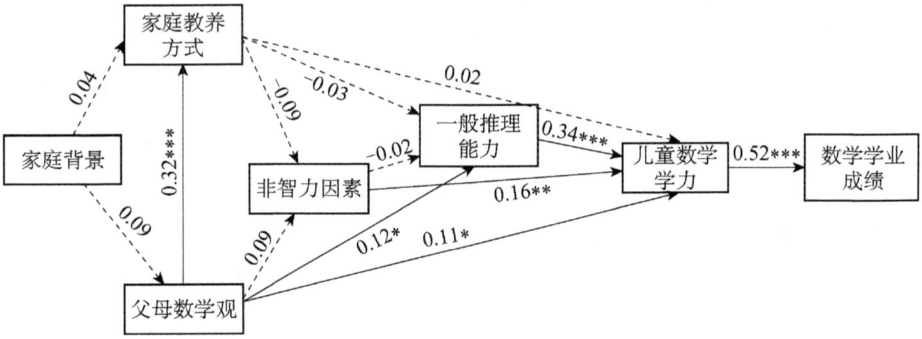

图 6-9　五年级儿童数学学力影响因素路径图

（6）六年级

结合模型拟合（表 6-11）和路径系数（图 6-10）分析，可以发现：①六年级儿童的一般推理能力和非智力因素都对其数学学力具有显著的直接影响；②六年级儿童的父母数学观对其数学学力有显著的直接影响，而且以非智力因素为中介对儿童数学学力具有显著的间接影响。

表 6-11　六年级影响因素模型验证性分析拟合指数

项目	χ^2	*df*	χ^2/df	*RMR*	*NFI*	*NNFI*	*CFI*	*IFI*	*GFI*	*RMSEA*
指标值	14.651	8	1.831	1.997	0.972	0.901	0.991	0.990	0.994	0.005

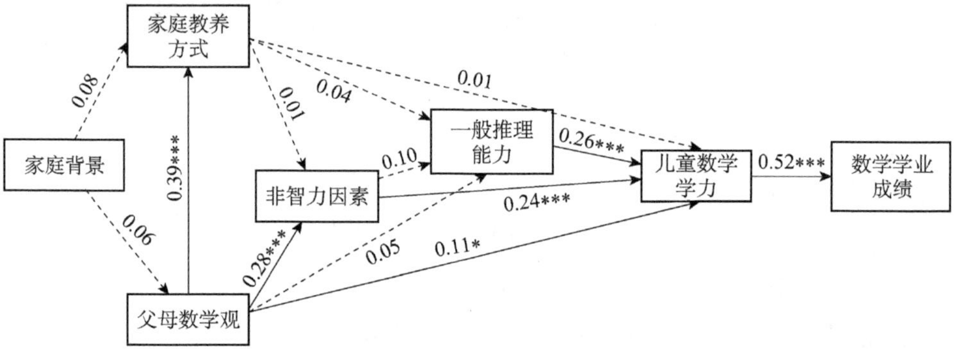

图 6-10　六年级儿童数学学力影响因素路径图

6.4　小　　结

总体而言，各年级儿童的一般智力、学习兴趣、成就动机等心理因素，以及教师专业素养、家长数学教育观等客观因素都对其数学学力发展具有不同程度和路径的影响：①各年级儿童的数学学力与其数学学业成绩有显著正相关，且具有较好的预测力。②各年级儿童的一般推理能力对其数学学力有显著的直接效应，而非智力因素则主要是在高年级段对数学学力有显著的直接影响。③数学教师的专业素养对中低年级段儿童数学学力有更显著的影响。④高年级段儿童的父母数学观主要以儿童非智力因素为中介间接地对其数学学力产生影响。⑤低年级段儿童的家庭教养方式以一般推理能力或非智力因素为中介，间接地影响其数学学力的发展。⑥各年级儿童父母的职业、学历和经济状况等家庭背景因素对其数学学力没有显著影响。

第 7 章

儿童数学学力发展特点与补救教学建议

不同年级段儿童的数学学力发展具有明显的阶段性特点与规律。而基于认知诊断的学力测评，其根本目的就是为了促进学力发展而诊断，为了改进学力教学而诊断。因此，在深刻理解儿童数学学力发展特点及基本教学规律的基础上，充分利用认知诊断测评的丰富反馈信息，进行有针对性的补救教学，就成为学习评价实践中不可或缺的环节。本章结合多方面实测数据的综合诊断分析，分别从学力属性和被试群体两个维度对儿童数学学力教学中的突出问题进行综合分析，并提出针对性补救教学建议。

7.1 儿童数学学力发展特点

7.1.1 整体特点分析

数学学力作为儿童数学学习心理量变与质变的主要指标，其发展历程在一定程度上体现了儿童数学学业成就、思维结构，乃至综合心理能力的发展变化。

（1）发展的阶段性

根据皮亚杰的认知发展阶段理论和彼格斯的可观察学习结果理论，儿童认知发展主要涵盖了初级具体运算（7—9 岁）和中级具体运算（9—12 岁）两个阶段。

首先，初级具体运算阶段对应的是小学 1—3 年级（中低年级段），这一阶段的儿童能够而且仅能够完成利用一个相关线索的单点结构思维（彼格斯和科利斯，2010）。例如，他们可以顺利完成单纯的确定性运算任务（如加、减、乘、除或四则混合运算），但是对于面积计算、植树问题求解等需要同时考虑更多因素的运算问题，他们就很难将两个等价的操作联系在一起加以考虑。因此，这一阶段儿童数学学力发展的主要内容就是初步数感（万以内整数的认、读、写、拼、比、数、估）的建立，以及对确定性运算能力（四则混合及其各种变式的高效运算）的掌握。

其次，中级具体运算阶段对应的是小学 4—6 年级（中高年级段），这一阶段的儿童已经具备了一定的守恒、传递和可逆等抽象概念理解能力，也可以利用几个相关操作进行较复杂问题的多点结构思维（彼格斯和科利斯，2010）。当然，由于抽象思维能力和学习经验所限，他们并不能很好地完成对相互联系事物的各个方面进行普遍性、抽象性的综合概括，而主要是基于事物分类、差异和关联等逻辑基础的合情推理思维。因此，对于这一阶段的儿童来说，探索性运算能力与初步的化归推理能力就成为他们数学学力发展的主要任务。

（2）发展的差异性

数学学力作为儿童数学学习成功的核心心理品质，个体或群体间差异是其常态，即总会有一些儿童的数学学力相对较强，而另一些则相对较弱。因此，有必要根据不同年级段儿童的数学学力结构特点与发展水平，将儿童分为超常学力儿童（具有一定数学天赋的儿童）、高学力儿童和一般学力儿童 3 个不同的群体，进而发现他们特有的数学学习个性。

首先，超常学力儿童。克鲁捷茨基 1958—1966 年的跟踪研究发现，具有数学天赋的儿童的超常数学学力在其年龄很小时就非常突出，且大部分表现为计算方面的能力（即确定性运算能力），而数学推理、信息概括、逻辑论证等抽象思维能力往往会在此基础上逐渐显露出来。而这种超常数学学力的形成与学习环境的有利条件和特别培养都毫无关系，但是却和以下两点不可分割：其一是对数学的浓厚兴趣，表现为不受控制地完成任何数学问题的冲动；其二是学习数学的基本素质，表现为远早于其他儿童出现的抽象思维能力，如不需要依赖直观形象的逻辑思维、简缩化的推理过程，以及超强的数字记忆能力。

其次，高学力儿童。这类儿童在数学信息的收集与概括、加工与保持等方面都有较好的表现。具体而言，在面对各种数学信息（如概念定理、问题线索等）时，他们不仅仅是感知其个别元素，而且将它们看作一个有联系的复合体，将其概括为有数学意义的结构。在解题过程中，他们会表现出明显的思维过程的灵活性（打破定势、一题多解、一法多用）、简缩性（简化的演绎推理与算法的简洁清晰）和可逆性（推理过程的逆向联结）。而在数学信息的保持方面，高学力儿童也会发展出高水平的概括性、运算性记忆能力，且善于将各种数学信息抽象为由明确数量关系构成的模型。

最后，一般学力儿童。不同于前两者，大部分儿童在数学学习中并没有表现出特殊的认知优势，但只要付出足够的努力，仍然可以获得数学学业的成功与学力的提升。他们的数学学力发展特点主要有：在信息收集方面，他们往往只能感知到个别有用元素，却无法将所有信息建立统一的关系联结；在信息的概括加工方面，他们不能像高学力儿童那样迅速发现并抓住隐藏在外部构思背后的有用信息，并独立完成相关思维过程，而是需要经过长期特殊编排的思维练习，才能逐渐达到不同变式转换的类型化与熟练化；在数学信息的保持方面，一般学力儿童虽然也可以顺利完成复杂数据的记忆与运算，但对于不同数据类型特征的理解则相对较差，甚至会因“多余信息负载过重”而完全不能提取出相关重要信息。

7.1.2　各年级特点分析

对儿童数学学力的评价，说到底是如何看待其数学学习个别差异的问题。因此，只有在特定的学习活动中，才能更好地诊断高数学学力儿童具有什么样的思维品质，低数学学力儿童又缺少什么样的认知属性，进而将儿童潜在的关键数学学力属性与可观测的数学任务反应模式建立关联，并对其数学知识状态

（数学学力掌握模式）进行分类判别。这既为梳理和归纳各年级儿童数学学力的发展特点奠定了实证基础，也为进一步针对不同年级段儿童提出相应的补救教学建议提供了更具操作性的分析视角。

7.1.2.1 一年级

对于一年级儿童来说，其数学学力教学主要有属性 A1 和 A4 两大重点：首先是数感的启蒙与初步建立，主要包括 100 以内数的认、读、写、拼、比、数、估等基本内容；其次是确定性运算能力的熟练掌握，主要包括 20 以内退位减法、进位加法，以及 100 以内加减法口算等内容。而对于其他学力属性，即 A2，主要是对方位和常见图形有初步认识；A3，主要是能够根据给定标准对事物进行分类；A5，主要是能够对 100 以内的数进行多一些、少一些、多得多、少得多等相对比较；A6，主要是能够根据事物的排列特点找出相应规律。相比较而言，对于前两个重点学力属性，需要儿童熟练掌握其各种变式的应用；对于后 4 个非重点学力属性，则只要求他们能做简单应用即可。

实测分析发现，一年级儿童在数学学习中主要存在以下问题。

1）大部分儿童虽已建立了初步的数感，但对一些重要的数量、数形关系的理解仍不到位。对于刚刚经过了一学年系统化数学学习的儿童来说，建立初步的数感，需要熟练掌握数的分解与组成。这主要是因为数概念本身就包含着数学关系，以及由一个数过渡到另一个数，或从一个数转变为另一个数的可能性。例如，5 并不仅仅是 5 个 1 相加的和，还可以是 1 与 4、2 与 3 相加的和。儿童如果不能很好地理解数的组成关系，也就很难建立数感。当然，对应、守恒和分类等思想与方法的掌握对于一年级儿童数感的培养也具有重要意义。他们通常会通过积极主动的思考与尝试性操作去把握这种数与量的关系，并在头脑中形成数概念的知识基础。此外，还有一部分儿童的思维受到物体空间排列和形体变化的影响，缺乏对应与守恒的能力，这也说明他们的可逆性运算能力还相对比较差。

2）单纯的确定性运算能力较好，但在更复杂情境下的数量运算能力仍较为欠缺。对于一年级儿童来说，数的准确计算不仅仅是一种必备的数学技能，更意味着对数和数量关系的深刻理解。因此，如果儿童只是机械地记住了一些计算程序或步骤，而不能真正地理解数的结构化关系并进行可逆性思考，也就不能认为他们具备了真正的确定性运算能力。

此外，还有部分儿童对数的比较关系类应用题的运算能力明显不足，但这种能力对于儿童数感的形成，以及更复杂的数学思维的获得都是必不可少的。因此，应该为这部分儿童创设更多类似的问题情境，积累求解此类问题的丰富经验。例如，对于问题“小英做了 45 朵红花，35 朵黄花和 15 朵白花，红花比黄花多几朵？白花比黄花少几朵？”（一年级测验项目），儿童需要重新组织自己的经验，创造性地利用“多多少与少多少”的比较关系才能解决。

3）动态空间观念普遍较差。“数学新课标”明确要求，从一年级开始就要注意培养儿童数与形的联系能力，使他们在获得数概念和精确计算能力的同时，发展动态空间观念。但实测却发现，许多儿童对平面图形和立体图形的区分、前后左右等方位的辨识能力仍然较低，表明他们对两类图形的主要特征的理解还不够。

4）数列推理能力的概化程度明显不足。例如，绝大多数儿童都可以顺利填答“5、8、11、（　）、（　）”，表明一年级儿童对于比较熟悉的升序计数，可以较快地计算出公差，找出数列规律，但对于“70、60、50、（　）”这样经验较少的降序计数却不能正确填答，表明他们对数列逆向推理的内化程度仍然较低。

7.1.2.2　二年级

对于二年级儿童来说，数学学习的难度和深度都明显增加，但数学学力教学的重点仍然是属性 A1 和 A4。具体而言，万以内数的认识（读、写、认、比）是这一阶段数感培养的重点，而确定性运算能力的范围不仅包括多位数的进（退）位加减法，又增加了表内乘（除）法的计算。为了让平均年龄只有 8.39±0.55 周岁的儿童能更好地理解乘除法的抽象内涵，需要在教学中分别引入“相同加数的和”与“平均分”的概念。此外，这个年级段的其他非重点学力属性的学习内容也有所深化。例如，A2，包括角（锐角、直角和钝角）的认识、长度（厘米和米）的认识以及物体的运动（平移与旋转）；A3，包括简单统计图的制作；A5，包括物体质量的计量（克与千克）与长度的测量；A6，包括更复杂的数列规律和简单三段论的推理等。

实测分析发现，二年级儿童在数学学习中主要存在以下问题。

1）虽然已初步建立数感，但部分儿童对大数和等量代换的概念尚未达到概括化掌握的水平。二年级儿童通过两学年的系统数学学习，应该能够较好地理解两个计量单位之间的十进位关系，并能对万以内数进行自由的分组与拼比。但在求解“比较三种商品，谁最贵，谁最便宜？”（二年级测验项目）时，仍有部分儿童不能有效识别 18 800、97 800 与 31 000 的大小，说明他们对大数概念的认识还不十分清楚。而在求解“看图填空：1 只兔子和（ ）只松鼠一样重？”（二年级测验项目）时，部分儿童也有较高的出错率，说明还有相当一部分儿童并不能很好地理解几个数之间增与减的互补关系，不能利用等量代换规律有效解决此类问题。儿童对数概念及其数量关系的深刻理解，会影响他们对多位整数、分数和小数等数概念的理解，甚至会阻碍其对数的思考能力的发展，因此需要引起各学校的注意。

2）虽已掌握了基本的确定性运算能力，但还有部分儿童不能有效解决包含更复杂数量关系的应用问题。考虑到确定性运算能力仍然是二年级儿童数学学力发展的重点，因此在二年级诊断测验中有大量题目涉及对这一学力属性的考察。结果发现，虽然整体上二年级儿童对单纯确定性运算能力的掌握较好，说明多数儿童对加、减、乘、除四则运算，以及加与减、乘与除的可逆关系已经有了一定的理解，但在面对一个更复杂的问题情境时，部分儿童又会有较高的出错率，说明还有部分儿童不能灵活运用四则运算间的可逆关系，进而未能发现不同问题情境下数学结构的不变性，因此，有必要加强这方面的练习。

3）动态空间观念的整体水平仍然较低。二年级儿童对三维空间的知觉和理解能力已经有了较大的提升，因此，他们通常不会轻易地受到视觉印象的支配，而对图形、方位的特征与关系做出错误判断。但实测却发现，有很大一部分儿童并不能做到这一点，许多儿童容易受到图形表面印象的干扰而错误作答，具体表现为：不能根据立体图形正面的造型抽象出侧面形状；不能正确判断一些特殊图形是不是轴对称；不能对生活中事物的准确方位做出正确描述；等等。

4）数的概括与推理能力整体掌握较差。根据“数学新课标”的要求，化归推理能力虽然不是二年级儿童学力发展的重点，但也需要通过简单的数列关系和三段论的推理训练，使儿童形成初步的抽象推理意识。因此，这一阶段的儿童应该能够通过比较数列异同来概括数与数之间的简单关系，通过发现多个数的变化周期完成一重数列的关系推理，通过概括数间直接关系与规律进行更复杂的间接推理，当然这种间接推理能力也可被用于数学学力较强儿童的鉴别。实测发现，二年级儿童只是在简单数间关系的推理方面有所提升，如绝大多数儿童都可以顺利地找出几个数或图形间的简单关系及变化规律，并对其后续变化趋势做出正确判断，但他们利用数间周期变化规律进行间接概括推理的能力并没有显著提高，如许多儿童并不能对复杂情境中的数间关系做出正确的概括推理，而这些都可能与日常学习中缺少相应训练有关。

7.1.2.3　三年级

又经过一学年的数学学习，三年级儿童已经对生活中常见的数，如万以内整数、时间（整时）、长度（厘米与米）、质量（克与千克）等的概念及其关系有了基础性的理解，也能够对一些简单综合情境中的数量关系进行抽象推理，但要想进行更复杂的数学学习，还需要进一步提升其对复杂数量关系的运算能力。进而，如果能在此基础上获得综合问题的分析推理方法和多位数概念，那么这不仅可以反映其基础数学学力水平，也可以据此判断他们是否为顺利进入分数和小数的学习做好了知识和能力上的准备。

此外，三年级既是小学数学学习由低段向高段过渡的特殊时期，也是儿童掌握十进制计数法和形成数感的关键时期。因此在数学学力的发展要求上，仍然把属性 A4 的提升作为重点；同时，也对属性 A2 给予了充分重视。具体学习内容为：①万以内多位数的加减法、两位数乘两位数的口算与笔算、多位数乘一位数的口算与笔算、除数是一位数的除法口算与笔算；②四边形（平行四边形、正方形、长方形）的认识及其面积计算。而对于其他非重点发展的数学学力，在学习深度和广度上也都有所扩展，如在属性 A1 的培养上，开始涉及分数和小数的初步认识；在属性 A3 方面，增加了复式统计表的制作；在属性 A5 的培养上，增加了加减法的验算，多边形面积估算，时间、距离、长度、质量的估测；在属性 A6 方面，则引入了稍复杂数字的排列组合问题、数字编码问题等内容。

实测分析发现，三年级儿童在数学学习中主要存在以下问题。

1）对整数概念及其关系的理解较为理想，但对分数、小数的认识还有所欠缺。三年级儿童的数概念已经从万以内数的认识与灵活运用，扩展到倍（两数间比率）的认识和小数、分数的初步认识。但是对于这一阶段的儿童来说，要从“几分之一、几分之几”的角度理解分数的意义，进而过渡到对小数的认识，还需要其具有更高的抽象思维能力。

具体而言，三年级儿童对涉及整数四则运算问题的正答率都较高，说明他们对这部分内容掌握较好；但对于涉及小数、分数运算的问题则正答率相对较低，说明他们还不能抓住分数与小数的本质特征，如部分儿童不能正确标记分数和小数的长度，部分儿童不能正确用分数表示数量关系。

2）整数四则运算能力较强，但在复杂问题情境中的应用能力还需强化。随着数学认知能力的不断提升，三年级儿童应该已经初步学会了分析较复杂应用题中的数量关系，且能够用规范的数学语言表达解题过程。但实测却发现，仍有相当一部分儿童没有很好地理解四则运算中以数位概念为基础的算理，尽管计算过程很熟练，但他们仍停留在机械的纯技术的计算水平上，因此不能对“联系生活经验从具体问题中抽象数量关系”这类问题进行正确解答。

3）动态空间观念普遍较差。事物的空间运动关系是数学研究的基本关系之一，也是整个小学阶段儿童数学学力发展的重要维度之一。在这一年级段，儿童应该已经具备了一定的空间知觉能力，不仅能够知觉各种图形的三维空间关系，而且可以利用数形结合的思维方式解决一些实际问题。但实测却发现，还有部分儿童对这一学力属性的掌握仍处于相对较低的水平，具体表现为：不能真正理解四边形的本质特征，不能对组合立体图形的动态方位进行抽象表征，也无法描述其不同方位的观察形状。这些都表明，三年级儿童的空间知觉容易受到复杂图形环境的影响，其认知方式还具有明显的场依存性特征，因此需要在日常教学中予以重视。

7.1.2.4 四年级

四年级是小学数学学习的一个重要阶段，也是儿童数学学力水平拉开差距的分水岭。调查显示，四年级儿童的平均年龄为10.39±0.56周岁，这意味着已经有一部分儿童的认知方式开始进入形式运算阶段。当然，从整体上看，这一阶段儿童的基础数学学力已经较为扎实，因此学力发展的重点也逐渐由整数概念及其关系的认识和确定性运算能力的培养，转向更为复杂、抽象的空间观念和化归推理能力的掌握。具体而言：①属性A1方面，学习的重点包括亿以内（上）大数的认、读、写，小数意义的认识；②属性A2方面，在各种图形认知的基础上，需要重点理解线与角的性质以及图形的运动（轴对称与平移）；③属性 A3 方面，重点是掌握复式条形统计图的制作方法；④属性 A4 方面，除了熟练掌握三位数乘两位数、除数是两位数的除法以及四则混合运算能力之外，还增加了小数加减法的运算；⑤属性 A5 的学习重点是大数的估计与小数近似值的估算；⑥属性 A6 是从四年级开始的学力发展重点之一，学习的重点是初步建立常见数量关系的方程与函数意识（如路程＝速度×时间、总价＝单价×数量）、熟悉加法与乘法的简便运算定律，以及理解常用推理（如鸡兔同笼）和优化策略（如田忌赛马）。

实测分析发现，四年级儿童在数学学习中主要存在以下问题。

1）数据整理能力不能向相关领域有效迁移。在建立了初步的数感之后，四年级儿童已经开始对数据的作用及其分类处理方法有了初步的认识，尤其是在学习了复式统计表（三年级）、复式条形统计图（四年级）之后，其对数量关系的分类思考能力也应该有所提升。但实测却发现，仍有相当一部分儿童并没有很好地掌握这种能力，如他们虽然可以根据现成的统计图对数据进行分类描述，但却不能根据已有数据制作出标准化统计图。此外，还有相当一部分儿童不能将已经熟练掌握的条形统计图原理迁移到曲线统计图或韦恩图的制作上。显然，四年级儿童并不存在认知能力上的障碍，主要原因还是在日常学习过程中缺乏相应的练习。

2）探索性运算能力整体水平较低。在这个阶段，探索性运算能力的提升已经成为儿童发展性数学学力的一个重点，其实质是儿童将自身确定性运算能力与综合情境相结合来解决实际问题。这在一定程度上也决定着他们从更加抽象的层面进行准确运算的能力。许多儿童尚不能灵活运用其熟练的确定性运算能力去探索和解决特定情境的实际问题，具体表现在：不能利用已有数量关系建立新的运算规则，不能将已有运算规则恰当地用于特定问题情境。

3）抽象逻辑推理能力还处于较低水平。虽然这一阶段仅有部分儿童的数学认知开始向更复杂、抽象的形式运算过渡，但教师在数学学力教学中却已经将抽象的形式运算作为教学重点之一，其目的就是适当先于儿童的认知发展水平来开展教学，引导他们更好地掌握抽象思维能力。实测发现，这部分内容的学习效果显然是不尽如人意的，绝大部分儿童对抽象逻辑推理能力的掌握水平还很低，主要表现为：不能根据已有条件归纳出数量关系的规律，并利用它去解决新的问题；没有真正理解优化策略的作用；对简便运算定律（加法交换律、结合律，乘法交换律、结合律、分配律）掌握并不扎实，运用能力较差。

7.1.2.5 五年级

参与本次测评的五年级儿童的平均年龄为11.49±0.60周岁，这标志着他们认识数的抽象能力将达到一个新的高度。当然，并非所有儿童都能顺利地完成认知方式的过渡，有些儿童可能在形式上掌握了分数的运算技能，但却并未真正理解分数的概念及四则运算，因此影响了其数学思维向更高层次发展。所以，这一年级段的教师应该在充分了解儿童掌握和运用分数概念的不同水平的基础上，及时调整教学策略，加强个别指导，才有可能使每一个儿童的数学思维能力都得到真正提升。

这一阶段儿童的数学学力发展重点又有明显扩充：属性A1方面，分数的性质与意义，因数与倍数、质数与合数都成为学习的重点；属性A2方面，主要集中在长（正）方体的认识、物体的运动与观察视角；属性A3方面，主要是掌握复式折线统计图的制作和对可能性的理解；属性A4方面，小数与分数的乘除法及其互化成为学习的重点；属性A5方面，主要包括小数乘除法估算、循环小数的意义，以及组合多边形面积的计算；属性A6方面，侧重点是方程求解与优化策略（如找次品问题）的选择与使用。

实测分析发现，五年级儿童在数学学习中主要存在以下问题。

1）单纯的小（分）数计算能力掌握较好，但灵活应用能力不够理想。对于五年级儿童来说，分数是其数学学习中最重要的一次数概念的扩展，而且很显然是其所接触到的整个数系中比整数要更为复杂的一类数，它本身就包含着两个数的关系问题，因此不能像理解整数那样，仅从数的绝对意义（即数字直接表征着数量的大小与多少）上来思考，必须从数的相对意义上重新认识分数的性质以及与其他数的关系。而小数作为分数的一种特殊形式，其实质就是十进制的分数。在小学阶段引入它，是因为它与现实生活中的度量（如长度有千米、米、分米、厘米、毫米之间的换算，货币有元、角、分之间的换算）有着密切关系，可以说主要是出于实际测量的需要。可见，通过分数和小数的深入学习，五年级儿童的数概念和四则运算概念也将随之发生质的变化。但实测却发现，虽然大部分儿童对使用分数和小数表示一个量都掌握较好，但在利用分数求解实际问题时却明显缺乏灵活性，尤其是在基于小数的常用统计量（如平均数、中位数和众数）的计算上更是薄弱，具体表现为：不能灵活运用分数的性质及其与小数的关系来比较它们的大小；不善于在新的具体问题情境（例如，原有105个桃子，第一天吃了总数的$\frac{1}{21}$，第二天吃了剩下的$\frac{1}{20}$，第三天吃了剩下的$\frac{1}{19}$……19天后还剩下多少个桃子？）中分析理解问题的实质。

2）数的运算能力仍需强化。数的计算作为一种程序性知识，儿童可以在通常条件下（如纯粹的数学情境下）完成得很好，但如果不能在更广泛的生活情境下灵活运用，则表明他仅仅是掌握了这种基本的操作技术，但仍不具备良好的运算能力（赵裕春，1990）。实测发现，有相当一部分儿童对综合运算能力（确定性与探索性运算）的掌握水平还较差，具体表现在：不能利用分数的意义与性质进行可能性的计算；不善于将分数与小数的运算应用于探索性情境问题的解决上，甚至没有形成最基本的函数思维。

3）数形概括推理能力有待提高。对各种数量或空间关系的概括与推理是构成儿童数学学力结构的基本要素，也是儿童为今后更复杂的数学学习所奠定的思维基础。按照目前"数学新课标"对儿童数学学力教学内容的螺旋上升式编排体系，各年级认知诊断测验中都会涉及数和空间关系的系列推理，只是随着年级段升高，难度逐渐加大。五年级测验的重点是考察儿童对数形结合关系的概括推理能力。但实测分析却发现，这一阶段儿童对这一能力的掌握还相对较差，具体表现在：不能从现有图形的排列顺序中发现隐藏的规律，进而利用它解决核心问题；不善于将原有数量关系与现有图形规律相结合，概括形成新的数形规则；空间知觉与想象能力不足，不能在现有图形中想象和推理隐蔽图形的特征；对三维空间关系的知觉与推理能力表现很差；平面图形的变换推导能力较差，不能通过对复杂平面图形进行分解、组合的方式推导出不规则图形的面积公式，而这种能力却是五年级儿童本应具备的二维空间关系的基本推理能力。

7.1.2.6　六年级

六年级是整个小学阶段最为特殊的一个年级段，它既是对儿童在整个小学阶段学习的一个总结，又是对下一个阶段——初中学习的一个准备。这时的儿童的平均年龄已经达到 12.45±0.58 周岁（本次测评数据），如果单纯从认知方式的发展特点来看，他们已经逐渐接近成人的认知水平。这也意味着，他们的抽象思维能力已经达到一个比较高的程度。因此，这一阶段的数学学习不仅重点对整数、小数、分数的混合运算进行了综合复习，也在数概念上做了又一次扩充，引入了更为抽象的百分数、比与比例及其关系的认识，而且对其数学学力的发展重点完全转移到了化归推理能力的提升上。如此安排，就是要让他们在进一步提高综合数学运用能力的同时，也为即将进入的中学代数学习做好必要的抽象逻辑思维的准备。

具体而言，六年级儿童数学学力教学的重点主要包括：属性 A1 方面，从比与比例的基本性质入手理解分数除法的意义，与生活实践相结合理解百分数的含义，与具体问题情境相结合理解负数的概念；属性 A2 方面，增加了用距离和方向描述动态位置，以及圆（圆柱、圆锥）等立体图形性质的认知；属性 A3 方面，重点是灵活选择不同统计图表来表示数据的能力；属性 A4 方面，重点是分数乘除法，百分数与分数、小数的互换；属性 A5 方面，主要是圆（圆柱、圆锥）等立体图形的表面积、体积计算；属性 A6 方面，重点是利用比与比例的基本性质，建立初步的方程与函数意识，通过鸽巢问题形成初步的模型化思维。

实测分析发现，六年级儿童在数学学习中主要存在以下问题。

1）分数概念掌握较好，但迁移能力仍显不足。这一年级段的儿童已经能够对分数的性质有较为深刻的理解，并且在此基础之上形成了对百分数以及比与比例的初步认知。而在解决具体生活情境问题时，他们也应该能够主动地将分数的基本性质迁移到新问题上，抽象出必要的数量关系，并通过相应的运算予以解决。但实测分析却发现，仍有部分儿童似乎并不具备这种迁移能力，具体表现为：不善于按要求的比例来确定一个乘积的两个因数，如不能求解“商小于除数的条件下，如何表示被除数与除数的关系”这类问题；对数的复合比较还不能很好区分，如在比较“a 比 b 少$\frac{1}{5}$”时，很多儿童很难理解从“以 b 作为单位 1”到“以 a 作为单位 1”的思路转变。

2）概括和运用数学规律的能力还有待提高。这一年级段儿童需要掌握的概括推理能力已经不限于单纯的整数、小数和分数系列，而是增加了以比的形式出现的系列推理问题，这实质上对儿童的抽象思维能力又有了更高的要求。但实测分析却发现，仍有许多儿童的抽象概括能力较差，具体表现为：不能准确概括类似$\frac{1}{2}$、$\frac{1}{4}$、$\frac{1}{8}$、$\frac{1}{16}$……这样的数列规律；在解决一些经典数学问题（如“仙鹤猜数”“百鸡问题”“洗碗问题”）时，还不能从函数或模型的角度来概括代数关系，而只是尝试运用比的基本性质建立等式关系，说明他们还不具备基本的函数思维能力；利用已有条件归纳复合数量关系，并据此做出推理的综合思维能力仍然较低，如在求解“要求儿童利用两组学生的测验成绩分布柱状图，分析究竟哪一组表现更好”这类问题时，仅能单纯凭借平均成绩做出判断，却没有将成绩中的极端值考虑进去，说明他们灵活运用数学规律进行归纳推理的能力还有待提高。

7.2　儿童数学学力补救教学建议

按照目前小学阶段数学学习内容的螺旋上升式编排体系，各年级段对不同关键数学学力属性的学习要求是有所侧重的，如低年级段的重点是数感和确定性运算能力的培养，中年级段的重点是数据整理意识和探索性运算能力的掌握，而高年级段的重点则是动态空间观念和化归推理能力的渗透。当然，如果单纯从各年级数学学力的发展重点来看，绝大多数儿童都可以较为顺利地获得相关学力，但在实测中却发现一些突出问题，原因有二：一是诊断测验将多个关键学力属性交叉组合而创设了项目内多维问题情境，这无疑给儿童理解问题表征、选择解题策略增加了很大难度；二是各年级教师在教学过程中还缺乏学力发展的整体意识，只是按照教材的编排顺序，按部就班地分年级、分知识点地进行孤立的分段教学，却很少将 6 个年级的所有教材内容进行“概念结”（由相互联系的关键知识点构成的概念结构）（马立平，2012）与“知识包”（基于对特定知识领域的纵向理解而形成的过程性、概念性知识地图）（马立平，2012）层面的知识重组与建构，进而从数学思维与学力结构的层面开展模块化教学。为此，本章在对儿童数学学力发展特点进行综合分析之后，基于儿童数学学力教学的基本原则，尝试性地对各年级段数学学力教学的改进提出一些建议。

7.2.1 儿童数学学力教学的基本原则

（1）教师应具有儿童数学学力教学的全局意识

儿童数学学力是在探索和解决各种数学问题（既有基于科学情境的数理问题，也有基于生活情境的现实问题）的过程中主动建构起来的。其中，教师的主导作用就在于根据儿童数学学力的已有发展水平及其发展特点和规律，引导其主动运用数学思维去思考和探索，从而促进其数学学力的发展。

因此，教师应该有意识地促使自己深刻理解不同年级段儿童数学学力发展的结构性特点和规律，全面、系统地考虑数学教学中遇到的各种问题，进而精心设计每一堂课，个性化地对待每一个儿童，才能显著地提升教学质量，促进儿童数学学力的有效发展。

从横向来看，教师应根据儿童的思维发展特点，启发和引导儿童从数感到动态空间观念，从数据整理意识再到确定性运算能力，从探索性运算能力再到化归推理能力，逐渐完成数学学力结构从简单到综合、从具体到抽象的不断超越。从纵向来看，教师在教学中应加强各年级数学知识间的跨年级联系，使教学设计更加系列化、结构化和层次化，促进儿童建构更具整合性、系统性的数学认知结构。

（2）教师应善于抓住儿童数学学力教学的核心

小学阶段是儿童由具体形象思维向抽象逻辑思维过渡的特殊阶段，如果教师不能很好地理解这一发展规律，并帮助儿童完成思维的顺利过渡，将会严重影响儿童数学学力的正常发展，甚至过早地造成部分儿童数学学习障碍和学力低下。例如，一些教师简单地认为小学低年级儿童根本不可能理解抽象的数学概念，因此在教学中一味地迁就儿童思维的形象性与具体性，过度使用实物教学、游戏呈现和学具操作等方法，最终会导致一些儿童到中高年级段时仍难以理解众多新的数学概念与定理。与之相反，另有一些教师则忽视儿童思维发展的阶段性特点，过早地用成人化的语言和方法进行抽象概念与定律的教学，最终也容易走入另一个极端，即儿童无法真正理解所学知识的实质，表现出“课上例题全明白，课下换题都不会”的尴尬现象。

可见，教师应该充分了解儿童思维发展的阶段性规律，善于抓住儿童数学学力教学的核心所在，从他们一年级入学开始就有意识地通过各种教学行为加以引导，促使其思维在每一个关键时刻发生质的飞跃（约 7 岁之前由感知动作内化为符号表象；约 11 岁之前由表象图式演化为运算图式；约 12 岁开始由具体思维拓展到抽象逻辑思维），其标志就是对各种数（位）概念的理解和对各种数量关系、运算定律的掌握。当然也要讲究教学方法的运用，如支架式教学、先行组织者技术、合作探究等，都是这一阶段行之有效的教学方法。

（3）教师应重视基于概念掌握的儿童数学学力教学方法

儿童数学学力的发展，归根结底既是其认知结构的发展，更是其思维操作基本单元——概念的不断丰富与改变。正如数学教育家鲍尔和希尔加德（1987）所说，对数学的理解本质上是对数学“学科的和关于学科的概念的融会贯通”。因此，小学数学教师应该特别关注概念掌握在数学教学中的重要地位。

首先，注重概念的精确分化讲解。作为拥有严密逻辑联系的知识结构的一部分，每一个数学概念都处于这个完整结构的内在联系之中，失去这种联系，任何概念都将没有意义。因此，在小学数学教学中，有必要引导儿童从追问“它为什么有意义”开始迈出数学概念性理解的第一步，然后通过辨认概念的正例与反例，或比较相近概念的本质差别等方式，使新学概念与原有概念实现精确与分化的统一。其次，强化重要概念的提前渗透。根据不同年级段儿童的心理特征、知识背景，采用螺旋式上升的方式对一些重要数学概念和思想方法进行提前教学渗透，这既与儿童数学认知发展的阶段性特点相一致，也是“数学新课标”所倡导的基本理念。具体到教学实践中，教师可以将一些相对独立的、在日常生活中广泛应用的基本概念适时地进行提前呈现与讲解，这样既有利于激发儿童的数学学习兴趣，又可以使其对一些重要概念有初步感知，为后期更复杂概念的教学积累感性材料。

（4）教师应树立儿童数学学力的发展性教学理念

发展性教学的核心是倡导教师应该用发展的眼光看待每一个儿童。发展性教学理念强调教学不仅仅局限于认识能力的发展，而且要使儿童理解学习的过程，教给他们学习的方法；强调应使所有儿童，包括学力较低的儿童都能得到应有的发展；注重研究学习的兴趣、动机等内部诱因；强调要促进儿童潜能、个性、创造性的充分发挥，使每一个儿童都具有学习的自信心和持续发展的能力。

具体到小学数学教学中，教师应把视角转向儿童数学学力、学习兴趣得以充分展示的空间——课堂上，引导儿童在独立思考与合作探究的学习活动中体验学力提升的乐趣。首先，将学习目标设定在儿童的“最近发展区”。通过儿童新旧知识结构的内在联系来启发其思维，当然，前提是教师要对每个儿童的学情有充分的分析与了解。其次，关注儿童数学学力的可持续发展。这主要体现在 3 个层面：①要在课堂教学的各个环节中对儿童数学学力的提升予以关注，如在基本的数概念和运算定律的教学中，侧重于扎实的基础性学力的形成；而在探索特定情境中隐含的数学规律的教学中，则侧重于个性化的发展性学力的提升。②要关注儿童数学学力的全面发展，如在非认知方面，通过创设适合的学习情境来激发儿童学习数学的兴趣；在认知方面，通过将不同难度、广度的教学内容以螺旋式上升的方式呈现，引导其抽象逻辑思维的顺利转变。③要对不同学力水平儿童予以个性化关注，如根据儿童数学知识状态的差异和各自的认知优势与学习过程，进行以鼓励为主的个性化过程性评价。

7.2.2 各年级段补救教学建议

7.2.2.1 小学低年级段

（1）应着重引导儿童在积极的数学探索中理解数概念及其关系

数概念体系的合理构建是这一年级段儿童数学学力形成的基础，反之则会成为其数学学习困难的根本原因。他们虽然可以在反复的机械式训练中，较快地获得数的认、读、拼、写、算等基本技能，甚至还可以进一步掌握较大数的复杂计算规则与方法，但却并不是所有儿童都能真正消化和理解数的概念及其关系特征。换言之，他们可以机械地运用数，但却不能主动地思考数。他们虽然可以在课堂练习和学业成就测验中取得较高的成绩，但却无法将已有知识技能顺利地迁移到新的更复杂的学习领域和问题情境中。

实测分析发现，有相当一部分低年级段儿童的数感仍处于这种较低级的水平。各学校儿童在日常阶段性数学考试中的成绩整体上都很高，绝大多数都在 95 分以上，但数学学力诊断测评中，各学校儿童在数感的建构上不仅差别较大，而且平均水平也并不高，一年级儿童对数感的平均掌握概率仅为 0.694（部分掌握），二年级虽然达到了完全掌握水平，但平均掌握概率也只有 0.77。

出现如此差异的原因主要在于，各学校低年级段的数学阶段性测验大多是在完成了对特定知识模块的集中学习之后即时进行的，而且测验的试题考点、形式、难度都与平时作业大体相同，教师和家长也都会在考试之前安排集中复习与指导。因此，绝大多数儿童都会在反复练习后掌握（有些只是熟记并机械重复）所学内容，考试获得高分也就不足为奇了。但是，数学学力诊断测验是基于 CDT 编制的以考察儿童在掌握 6 个关键数学学力基础上的综合思维能力为核心的学力测验。该测验对数感的考察，表面上看似是检查儿童对数概念的掌握和运用能力，但从项目设计上看却是通过数概念的掌握和运用，考察儿童在解决复杂情境问题时对数与数量关系的思考能力。所以，儿童仅仅凭借记住简单的数概念和运算规则是无法顺利解决有些测验项目的。而较低的学力属性掌握概率也就可以说明低年级儿童在数学学习中存在的突出问题了。

为此，小学低年级段的数学教学重点应该从机械性的数量运算练习向数及其关系的概括理解转移。如此才能使儿童更好地建立数感，并借以理解和解决更复杂情境的数学问题。

在具体的教学过程中，教师绝不应该盲目地利用低年级儿童善于机械式记忆的认知特点，一味要求他们机械记忆数的组成与运算规则，而应该通过精心的教学设计，利用对生活中具体事例的观察分析，引导儿童自觉概括数的特征与关系。这样既可以使儿童更好地概括性地掌握常见数的概念和关系，也有利于他们逐步学会数学学习的方法和策略，使他们在低年级段的学习中形成良好的数感，为后续数学学力发展奠定坚实的基础。

（2）应注重创设更为综合的数学情境以帮助儿童提升运算能力

如前所述，教师不应简单地将儿童数学运算能力的提升定位于依靠大量重复性练习来获得。如此练习，儿童只会在头脑中储存一个个孤立的作业或任务，当遇到新的问题时，他们也就只能机械地套用已有“模板”，却无法通过方法和策略的迁移去进行数学化思考。因此在教学中，教师应注重更为综合的数学问题情境：①即使对新学习的内容，也不能固定在同一个问题模式中进行练习，如在学习数的组成时一味要求儿童背诵一个数可以分成几和几，而在学习数的运算时又强制他们背诵运算口诀表。教师应该根据所学内容创设更多、更综合的问题情境（既可以是儿童熟知的生活情境，也可以是儿童必须理解的纯粹的数学情境），使儿童能够在多种问题变式的转换中自觉概括和抽象出数间关系和数的运算法则。这对于低年级儿童来说虽然比较困难，但对其数学学力的提升却具有重要的奠基意义。②引导儿童将新旧知识相结合，实现有迁移的学习。比如，这一阶段的儿童在学习20以内、100以内整数加减法之后，会接触到万以内大数的加减法，然后又开始学习表内简单乘除法。这时，儿童如果不能将表内乘法与20以内加法相结合，就很难真正理解乘法的意义，进而更难以概括和理解四则运算之间的相互关系。如此，即使儿童可以通过死记口诀而快速计算，其数学认知结构也很难得到实质性的拓展与提升。

（3）应时刻注意教师与儿童的数学学力之间有着本质性差异

对于低年级段儿童来说，他们的认知发展水平还处于较低的前运算阶段和具体运算阶段的临界期，即使一部分已经进入具体运算阶段的儿童，也仍然会带有明显的前运算阶段的特点。也就是说，虽然他们可以借助初步的可逆性思维在一定程度上不依靠物体的形象来评判其大小、轻重，也能够理解部分与整体的关系，但这些都处于初级水平，还很不稳定。因此，教师必须利用他们的认知特点，从儿童的视角来理解他们的数学思维过程，并选择相应的教学策略来设计更适合的教学方案。例如，当发现有儿童只能从1正数到10，却很难从5倒数到1时，就应考虑他可能还不能脱离具体事物而在头脑中完成数的运算，这时如果还按照成人思维要求他直接在言语水平上学习10以内数的分解与组成，就很难使他真正理解数的排序了（他可以凭借机械记忆能力完成相关作业，却并不能理解其中的数学意义），而对于在此基础之上的更高层次数学概念的学习，他也就无法达到理解的水平了。

当然，在目前的大班制教学模式之下，让教师在一堂课上个性化地把握并利用每一个儿童的认知特点开展针对性教学是不现实的。但教师也应当树立这种个性化教学的意识，尽可能从不同儿童的认知差别出发进行分层教学设计。否则，随着年级段的上升，这部分数感基础较差的儿童（虽然他们在低年级段的成绩也很高）的数学学习将会越来越困难，甚至会丧失学习的信心。从这个意义来看，在低年级段，基于儿童数学学力的现实发展水平，倡导“让教学走在发展的前面”，实施“支架式教学”，是具有重要的教育意义的。

（4）应提高家长关注儿童数学学力发展的自觉性与一贯性

作为儿童数学学力发展的重要影响因素之一，家庭（父母）为儿童的数学学习所创造的环境与条件、所给予的鼓励与帮助都具有重要的影响。但在对一些家长的开放式访谈中却发现，虽然他们都对儿童数学学力发展的重要性有明确的认识，在儿童刚入学时都对其数学学习抱有极高的期望，但是随着部分儿童在学习过程中所暴露出的基础薄弱、兴趣不足、学习障碍、成绩较差等现实问题日益凸显，许多家长就会逐渐失去关注孩子数学学力提升的动力，甚至出现为了快速提高考试成绩，在不了解孩子学习兴趣与学力特点的情况下，强制他们参加各类奥数班、培优班的揠苗助长式的消极现象。这应该引起学校和教师的高度重视，并有计划地通过家访、家长会、家长学校等方式对家长予以适当引导，促使他们在重建儿童数学学力发展信心的同时，与学校教育相配合，自觉利用家庭教育的手段帮助孩子学会学习、提升学力。

7.2.2.2 小学中年级段

在认知方式的不断完善与大量机械式重复训练的积累下，小学中年级段儿童的整体数学认知能力已经获得了很大的提升。这时，他们不仅可以很好地理解各种类型的数的特征及关系，还能很自信地展示其较为稳定的运算能力，也可以充分利用已形成的数感进行主动的数学思考，去完成一些稍复杂问题的合情推理。

然而，实测分析却发现，三年级儿童对各关键数学学力属性的整体掌握水平较高，而四年级儿童则很不理想。从教学的角度来看，原因可能在于：三年级的数学学习重点与一、二年级相同，仍然是数感的初步建立与确定性运算能力的不断提升，在学习内容上，只是比低年级段在难度、广度上有所拓展，却很少涉及特别复杂、抽象、综合的问题情境；在学习方法上，也只要求能够准确地理解现有法则与规律，并将其有效迁移到新的问题情境中即可。而四年级则不同，其学力发展的重点已经转移到探索性运算能力和化归推理能力的培养上，而且在学习内容和学习方法上也都有更大范围的拓展，如在学习内容上增加了更加抽象的角和线的认识，以及面积、速度、总价等更复杂规则参与的探索性运算；在学习方法上则更重视函数关系、逻辑推理、优化策略等数学思想与方法的灵活运用。因此，在三、四年级的数学教学中，有必要充分利用儿童认知方式的特点，有针对性地提升其动态空间观念、探索性运算能力和化归推理意识。

（1）应以“抓基础、促迁移”为教学设计原则实施有效教学

“抓基础、促迁移”原本是早在20世纪80年代就被提出来的教学设计理念，但时至今日，其对儿童数学学力的发展仍然有非常重要的指导意义。“抓基础”，就是要将儿童数学学力教学中的基础概念、基本原理放在学习的中心地位；“促迁移”，则是在教学过程中随时注意揭示和建立新旧知识之间的内在联系，并帮助儿童充分利用这种联系获得学力的提升。

众所周知，自国内第八次基础教育课程改革以来，小学数学教学中出现了一些理念与方法方面的迷茫与摇摆。甚至有人认为小学数学的概念教学中，只要重视概念和结论的运用，无须理解概念的形成过程，进而在计算和综合实践问题教学中，也只是满足于求得唯一正确的结论而忽视了对解题方法的思考过程，从而压缩了知识积累的时间，拉长了计算和解题训练的时间，最终的结果就是做了大量机械式训练，但却不能从隐蔽的问题变式中分析出数学的本质。

基于“抓基础、促迁移”理念的数学教学，更应重视儿童良好认知结构的形成，在具体教学过程中，也特别强调给儿童呈现一种由知识点、知识链构成的多维知识体系，既可反映知识的纵向联系，又能揭示知识间的横向融合。其中，知识点即最基本的数学概念与原理，知识链则是由众多知识点之间的相互关系而形成的有机结构，而由诸多纵横交错的知识链就可以构成完整的数学知识网。显然，这种网络结构式的数学教学模式更重视揭示知识之间的内在联系，引导儿童的思维活动从原有知识结构中的新旧连接点上迅速展开。

（2）重视儿童非认知品质在其数学学习中的作用

根据儿童数学学力的影响因素分析可知，儿童的成就动机、认识兴趣、学习热情等非认知品质都会对其数学学习产生直接或间接的影响。因此，在教学实践中，我们不能孤立地强调数学学力的训练与提升，而应该充分重视非认知因素特有的激活与动力作用。

在课堂教学中，信息传递往往是多方向、多渠道的，儿童在特定阶段的学习动机、态度、热情、毅力等都会参与其中并影响着课堂教学的效率。同时，作为学力发展的内在动力因素，这些非认知品质也会决定着儿童的智力能否得到充分的发挥与调动，进而在一定程度上弥补其认知品质上的一些弱点与不足。实测分析发现，三、四年级儿童的数学学力与其成就动机、认识兴趣、学习热情、学习责任心、学习毅力和好胜心等诸多非认知品质都呈现出显著的正相关。这说明，

当儿童在数学学习过程中能保持积极的成就动机、浓厚的学习兴趣、较高的学习热情、坚韧的学习毅力时，他们就会在探索未知的数学世界时焕发出一种积极的热情和不懈的精神，进而成为其数学学力发展与提升的不竭动力。

（3）应注重儿童数学基础知识与基本技能的培养

儿童的数学基础知识、技能与其数学学力水平有密切的内在联系，也就是说，如果数学基础知识与技能掌握不扎实，那么数学学力的发展也就无从谈起。具体到三、四年级段，儿童正处于多位数的确定性与探索性运算能力的养成阶段，但在教学实践中却还存在着重确定性计算、轻概念过程解读，重算法记忆、轻算理讲解，重笔算能力、轻口算能力的消极现象。教师往往在四则运算技能的熟练掌握上大下功夫，却使很多儿童对四则运算的算理及其关系的理解不够深刻。因此，对中年级段儿童的数学教学，必须加强数概念及其关系的过程性理解，重视四则运算法则及其算理的讲解。

（4）应引导家长积极激发儿童数学学习的内在动机

中年级段儿童已经不再像低年级段儿童那样，需要持续的奖励或惩罚等外在诱因来维持其数学学习活动，而是可以依靠自身学习兴趣、学习热情、学习责任心等内在动机的自觉调节，来推动其数学学习活动的完成。因此，家长也应该积极与学校教育相配合，主动为儿童创设一些与数学相关的生活情境，从而激发其数学学习的好奇心与求知欲。而当儿童遇到暂时的课业挫折或失败时，家长更应帮助他们将其归因于自身的努力与勤奋等内在因素，而非机遇或任务难度等客观原因，并以此为基础使儿童在依靠自身努力而不断解决各种数学问题的过程中，逐渐增强数学自我效能感，积极面对数学学习中的各种困难。

7.2.2.3　小学高年级段

高年级段儿童的数学基础认知结构已初步形成，且已经具备了一定的抽象思维能力，因此，其学力水平也可以反映他们为中学阶段更抽象、更复杂的数学学习所做的准备。但实测分析却发现，五、六年级儿童对各关键数学学力属性的整体掌握程度并未达到完全掌握水平。大部分儿童虽然能够对所学基本数学概念达到概括化的掌握水平，并显示出较高的确定性运算能力，但在不同抽象水平的情境中创造性地解决复杂问题的能力还相对较低。这也表明，并非所有高年级段儿童都能完全理解所学数学基本概念的本质特征及其内在关系。

虽然出现上述儿童数学学力属性掌握水平不高、学力水平差异较大的原因是多方面的，但主要原因仍是教师的教学质量，毕竟这一年龄段儿童的数学学力主要是在学校课堂中、在教师的指导下得以发展的。如果教师在这一时期不能使儿童在学习和运用数学概念的过程中发展他们对数量关系的概括和推理能力，那么其数学学力不仅不会得到发展，甚至会受到阻碍。

（1）积极更新教学思想，坚持“以学力发展为核心”的教学理念

我国传统的儿童数学教学思想始终是以知识积累和技能掌握为核心的，虽然进入“后课改时代”以来，尤其是经历了与各种现代教学理念的冲突与融合之后，当前的主流数学学力观已经开始向“核心素养”转变，但其影响力还不足以渗透到一线教师的教学模式与方法中。实测分析发现，各学校、各年级儿童基本上都对数感和确定性运算能力掌握相对较好，而对动态空间观念、化归推理能力等学力属性掌握却相对较差。这也从侧面说明，目前各学校的数学教师仍然习惯于传统的重基本概念掌握、轻“概念结”与“知识包”的建构，重运算技能的掌握、轻综合思维能力的提升的教学思想。

现代数学教学思想把数学思维的形成作为教学的潜在目的，即通过数学教学，不仅要使儿童掌握基本的数学知识与技能，更要有意识、有计划地训练其思维方式，提高他们分析和解决问题的能力，进而为他们今后进行更深入、广泛的数学学习奠定学力基础。

因此，为了实施以学力发展为核心的数学教学，教师需要基于儿童数学学力的结构特点，对全套（1—6 年级）数学教材进行基于关键学力结构的知识梳理与能力重组。这也是下一步进行高效教学设计的必要前提。如此必将打破传统按教材固定顺序实施教学的限制，教师不仅要考虑数学知识结构的纵向系统，更要兼顾知识概念间的横向联系，而且在教学策略的选择上，也不再把教学过程视作一种单纯的被动认知过程，而是从知识的内在联系入手，塑造针对每一年级段儿童特有的优势数学学力结构。此外，实施以学力发展为核心的数学教学，还有一点不容忽视，那就是学习评价理念的转型。传统的学习评价主要是将各种学业成就测验的总成绩作为其主要指标，而且测验的内容也是着眼于考察知识和技能本身。但是基于诊断性分析的形成性学习评价，则不仅要围绕儿童数学学力的结构特点来设计、编制诊断测验，还要从学力发展的角度向

教师、儿童及其家长及时提供更丰富的、精准的反馈信息。

（2）精心设计教学方案，真正实现为迁移而教

儿童的学习过程实质上就是其原有认知结构不断同化新知识的过程。因此，儿童原有知识的掌握程度是影响其对新知识学习的重要内部因素，而它对新知识学习的积极影响也就是学习迁移的实质。原有认知结构中是否有适当的、起固定作用的观念可以被利用，这种观念的清晰程度及其与新知识的区分程度等，都是决定积极的学习迁移能否发生的重要条件。

为了实现学习的有效迁移：①教师可以进行支架式教学。也就是说，教师在组织教学时，要特别注意引入能够连接新旧知识的引导性材料，使它具备整合和解释认知结构中的适当观念，并能清晰地表明这些观念同新知识必然联系的特征，这样就可以在新旧知识之间架起一座桥梁，提高认知结构对新知识的同化能力，更好地把教材的知识结构转化为儿童的认知结构。②教师要注重教学方法的选择。不同的教学方法对儿童心理发展的作用是有差异的，既可能促进其发展，也可能阻碍其发展。因此，教师要善于研究选择什么样的教学方法更有利于发展儿童的数学学力。目前，主流的教学论者认为，主动探究式学习要比被动接受式学习更有利于儿童学力的发展，因为主动探究式学习能帮助儿童更好地理解新知识。例如，在数学学习过程中，如果仅采取“例题+结论”式的教学方法，儿童在经过一定训练之后，虽可根据例题的思路模式对同一类型问题进行正确解答，但这却很可能导致儿童对所学内容只知其然，却不知其所以然的后果，即虽然熟练掌握了相关技能，却无法在思维方式上有所突破，也就更不要说发展学力了。③教师要重视对儿童的数学思维训练。在数学教学过程中必然会涉及大量的综合实践练习，它既可以使儿童更快、更扎实地掌握相关知识技能，也有利于培养其抽象、严谨的数学思维能力。换言之，在数学学习中，解题练习和思维养成是密不可分的。因此，教师应充分利用儿童的认知发展规律，按照纵向归纳→横向类比→逆向转换的思维顺序，分阶段实施“以思维训练为主线”的数学教学，具体可以关注如下几个重点：一是从数学概念的多种变式中抽象出关系不变性的本质性思维训练；二是利用新旧知识的联系归纳出新的数量关系的逻辑性思维训练；三是在不同抽象水平的问题情境中进行推理的逆向思维训练。

（3）积极利用各种影响因素，实施“以儿童为中心”的学力教学

儿童的数学学习能力主要是在教育与环境的交互背景中，在不断掌握知识

的过程中形成和发展的。因此，儿童的数学学力不仅会受到学校教学条件的重要影响，还会受到儿童自身心理特征（如一般推理能力和各种非认知品质）和家庭环境（如家庭经济、教养方式、父母数学观）等主客观因素的多重影响。实测分析也表明，在儿童数学学力发展的全过程（1—6年级）中，以上影响因素都会在不同阶段直接或间接地发挥作用。

因此，各学校及教师都应该充分重视相关影响因素的重要作用：①要注意培养儿童的数学学习兴趣，提高他们对数学思维重要性的认识和抱负水平，鼓励他们在数学学习中保持强烈的好奇心、进取心和意志力，而且在评价儿童的数学学力水平时，也有必要与其非认知品质的发展水平相结合，并进行有针对性的教学与辅导。②应与家长保持密切沟通，充分利用其家庭背景因素，使其成为儿童数学学习的积极推动力。例如，可以通过家长学校、主题班会活动或班会课等多种方式，让家长认识到家庭经济条件、教养方式以及父母数学观对儿童数学学力发展的影响，并及时引导他们充分利用自身职业、教育、经济、教育观等所转换而来的丰富教育资源，为儿童的数学学习创造更有力的环境支撑。

（4）应引导家长积极帮助儿童正确认识自己的学力结构特点

学力本质上是儿童的综合心理能力，其发展水平既会受到自身先天遗传的影响，也会受到后天环境的影响，当然更会受到学校教育的影响。因此，随着系统化学校教育时间的逐渐延长，高年级段（尤其是六年级）儿童的认知发展已经开始进入以抽象逻辑思维为主的形式运算阶段，这也标志着他们的数学认知结构日益复杂且趋于稳定。与此同时，每个儿童在数学学习方面所表现出来的个体差异也越来越明显，尤其是高学力儿童与一般学力儿童之间的差距日益加剧。这时，如果不加以积极的心理教育干预，就有可能出现一般学力儿童由于没有充分认识到自己的数学学力不足而盲目与高学力儿童进行比较，最终导致学习热情与自尊心遭受挫折、数学学习效能感逐渐降低的消极现象。

因此，对于高年级段儿童的家长来说，其对儿童数学学力发展的关注核心应该转向帮助他们客观、准确地分析自身数学学力结构上的特点（准确分析自身的优势学力属性与弱势学力属性），全面认识自己在各关键数学学力属性上的现实掌握程度与潜在发展空间，进而促使其提高数学学习的自知与自控能力，为迎接初中阶段更复杂、更广泛的数学学习奠定积极的心理基础。

第8章

儿童数学学力认知诊断研究展望

数学，既是人们生活、学习的一种必要工具，又为人类社会一切重要技术的发展提供了语言、思想和方法的基础。儿童期是每个人培养初步数感、形成抽象运算能力、激发基本数学思想的重要时期，也是数学学力启蒙的关键时期。儿童通过小学阶段的系统化数学学习，可以初步学会运用数学思维去观察、分析和解决现实问题（包括科学的数学情境问题和具体的生活情境问题），从而获得适应未来社会所必需的基础数学知识（如数学事实、数学活动经验）、基本数学思想方法（如符号化、化归、模型、数形结合等）和必要的数学应用技能（如确定性与探索性运算技能、动态空间观念等）。因此，儿童的数学学习与学力发展对其终身的全面发展都具有非常重要的意义。

儿童数学学力的大规模教育认知诊断是一项系统工程，既包括测评方案设计、诊断工具编制、诊断模型开发（选择）和实测数据分析，也包括诊断结果反馈和补救教学干预等许多重要环节。其中任何一个环节出现纰漏，都有可能影响诊断测评的整体质量，甚至完全背离教育认知诊断的本质追求。正因为如此，一项理想的、高质量的教育认知诊断研究往往需要研究者不仅具备教育学、心理学、测量学、统计学等多学科的知识背景，还要掌握相关计算机软件技术，当然也不能缺乏相应学科领域专家和研究同行的合作与支持。

本书试图通过一次完整的儿童数学学力认知诊断与测评的理论建构与实践探索，从认知模型构建、诊断测验开发、实测数据分析、诊断结果报告等各个环节进行了较为广泛的分析，并最终完成了标准化儿童数学学力认知诊断测验编制、跨年级儿童数学学力等值分析、不同儿童群体数学学力发展特征诊断、儿童数学学力影响因素分析和儿童数学学力补救教学建议的提出等多项模块化任务。但在研究过程中仍发现有诸多遗憾与不足，成书之际，简要叙之，以作为未来的努力方向。

1）儿童数学学力认知模型的建构需要进一步完善。

在教育认知诊断测评中，认知模型的建构主要涉及认知属性内涵定义、属性层级关系标定及其合理性与完备性验证。这不仅直接决定着能否开发出高质量的诊断工具，也影响着整个诊断测评研究的可行性与有效性。本书虽然分别从质性分析（理论文献的逻辑论证）和实证量化（实测数据的定量分析）两个方面对儿童数学学力认知模型的合理性与完备性进行了验证，并且获得了较为理想的证据支持，但是，对于关键数学学力属性的粒度确定、内涵分析及其结构论证，还有待于寻求更多外部效度证据的支撑，尤其是对属性分类判别的准确性与一致性，本书仅从模式判准的概率层面进行了量化验证，而未将其与一线教师基于教学实践经验所做的质性判别结果相比较。因此，如果想要获得更有代表性、更具普遍意义的结论，进而应用于更广泛的教育实践中，还需要从理论适配性、样本代表性、数据严谨性等方面进行更深入的探索。

2）儿童数学学力认知诊断测验的项目编制与组卷质量还需进一步提高。

儿童数学学力认知诊断测验的编制是实现其诊断测评目的的核心所在，虽然测验编制的全过程都综合运用了 CTT、IRT、Q 矩阵理论等技术，分别对 Q 矩阵建构、测验项目编制、诊断模型拟合、测验（项目）质量分析等各环节都进行了质量控制，而且在试测中获得了较为理想的测量学指标，但是在对正式测评数据进行分析的过程中，仍然发现各年级测验中均有个别项目的猜测度较高、鉴别力偏低，以及被试反应模式判准率不高等问题。因此，有必要在后续相关研究中从 Q 矩阵建构与验证、测验项目参数估计方法，以及测验组卷策略等方面予以进一步优化，进而从根本上确保认知诊断测验的整体性能。

3）儿童数学学力认知诊断的教学干预研究亟须强化。

一次完整的学力认知诊断测评的最终落脚点应该是根据诊断结果和教学建

议，进行针对性的补救教学干预。本次探索只是根据诊断结果，提出了一些有针对性的补救教学建议，并没有实施相应的教学干预。这在一定程度上也使诊断结果的外部效度证据有所缺失。因此，为了更进一步地丰富儿童数学学力认知诊断测评的理论体系，且在教学实践中充分体现其“以评价促学习、以评价促发展”的核心理念，有必要对诊断测评之后的补救教学干预策略、机制等进行深入探索。

4）基于计算机的儿童数学学力认知诊断测评研究亟须加强。

CD-CAT 是对 CAT 的进一步扩展，也是今后 CDT 发展的最终趋势。它能够根据被试的作答反应，自主选择不同参数的项目并对其潜在特质进行诊断和判别，以达到用最少的项目来最准确地测量被试潜在特质的目的。而本书对儿童数学学力的认知诊断测评只是对传统纸笔形式 CAT 的一次探索，无论是测验的组织实施，还是数据分析与结果报告都比较费时费力，而且参数估计与模式判别的精度也无法与 CD-CAT 相比。因此，有必要对基于计算机的儿童数学学力认知诊断测验的方法与技术进行进一步探索。

总而言之，儿童数学学力认知诊断研究的不断深化，还需要更多研究者与一线数学教师贡献自己的智慧与学识。希望本书能够作为引玉之砖，吸引更多的研究者关注儿童数学学力测评，共同为促进我国的基础教育评价改革而服务。

这不是结束，而是新的开始……

参考文献

阿蒂亚．2009．数学的统一性．袁向东编译．大连：大连理工大学出版社．

鲍尔，希尔加德．1987．学习论——学习活动的探索规律．邵瑞珍，皮连生，吴庆麟等译．上海：上海教育出版社．

彼格斯 J B，科利斯 K F．2010．学习质量评价：SOLO 分类理论（可观察的学习成果结构）．高凌飚，张洪岩主译．北京：人民教育出版社．

布鲁纳．1982．教育过程．邵瑞珍译．北京：文化教育出版社．

陈会昌，王莉．1997．1—10 岁儿童父母的教育观念．心理发展与教育，(1)：40-43，64．

陈中永．1990．现代学力的结构及其评价原则．教育评论，(4)：18-20．

陈中永，刘文霞．1990．教育与心理评价．呼和浩特：内蒙古大学出版社．

程灶火，奚晓岚，陈媛媛等．2011．家庭教养方式问卷的编制和信效度研究．中国临床心理学杂志，(6)：711-714，724．

戴斯 J P，纳格利尔里 J A，柯尔比 J R．1999．认知过程的评估——智力的 PASS 理论．杨艳云，谭和平译．上海：华东师范大学出版社．

丁树良，罗芬，涂冬波．2012a．项目反应理论新进展专题研究．北京：北京师范大学出版社．

丁树良，罗芬，汪文义等．2015．0-1 和多值可达矩阵的性质及应用．江西师范大学学报（自然科学版），(1)：64-68．

丁树良，汪文义，罗芬．2012b．认知诊断中 Q 矩阵和 Q 矩阵理论．江西师范大学学报（自然科学版），(5)：441-445．

丁树良，汪文义，罗芬等．2016．可达阵功能的不可替代性．江西师范大学学报（自然科学版），(3)：290-294，298．

丁树良，汪文义，杨淑群．2011．认知诊断测验蓝图的设计．心理科学，（2）：258-265．
丁树良，熊建华．2003．项目反应理论框架下几个等值问题的探讨．中国考试，（Z4）：14-15．
丁树良，杨淑群，汪文义．2010．可达矩阵在认知诊断测验编制中的重要作用．江西师范大学学报（自然科学版），（5）：58-62．
丁树良，祝玉芳，林海菁等．2009．Tatsuoka Q 矩阵理论的修正．心理学报，（2）：175-181．
董奇，林崇德．2011．中国 6—15 岁儿童青少年心理发育关键指标与测评．北京：科学出版社．
杜威．1991．我们怎样思维：经验与教育．姜闵文译．北京：人民教育出版社．
方晓义，徐洁，孙莉等．2004．家庭功能：理论、影响因素及其与青少年社会适应的关系．心理科学进展，12（4）：544-553．
冯晓黎，梅松丽，李晶华等．2007．初中生心理健康状况及家庭影响因素分析．中国公共卫生，（11）：67-68．
弗拉维尔 J H，米勒 P H，米勒 S A．2002．认知发展（第 4 版）．邓赐平，刘明译．上海：华东师范大学出版社．
弗赖登塔尔．1999．作为教育任务的数学．陈昌平，唐瑞芬等译．上海：上海教育出版社．
关守义．2009．克龙巴赫 α 系数研究述评．心理科学，（3）：175-177．
何晓群．2013．多元统计分析．北京：中国人民大学出版社．
侯杰泰，温忠麟，成子娟．2004．结构方程模型及其应用．北京：教育科学出版社．
胡中锋．2001．中小学生数学能力结构研究述评．课程・教材・教法，（6）：45-48．
胡作玄．2014．数学是什么．北京：北京大学出版社．
华罗庚．1959-05-28．大哉数学之为用．人民日报（第 7 版）．
黄秦安．2004．数学教师的数学观和数学教育观．数学教育学报，（13）：24-27．
黄毅英，林智中，黄家鸣等．2004．香港教师数学观的研究．数学教育学报，12（2）：2-9．
康春花，吴会云，陈婧等．2015．小学数学“图形与几何”认知诊断测验的编制．教育测量与评价（理论版），（10）：4-8，28．
康春花，辛涛，田伟．2013．小学数学应用题认知诊断测验编制及效度验证．考试研究，（6）：24-43．
克鲁捷茨基．1983．中小学生数学能力心理学．李伯黍，洪宝林，艾国英等译校．上海：上海教育出版社．
李芳，白学军，康廷虎．2008．中小学生非智力因素量表的编制．天津师范大学学报（社会科学版），（1）：76-80．
李菲菲，刘电芝．2005．口语报告法及其应用研究述评．上海教育科研，（1）：39-41，44．
李峰，余娜，辛涛．2009．小学四、五年级数学诊断性测验的编制——基于规则空间模型的方法．心理发展与教育，（3）：115-120．
李洪玉，何一粟．2004．学习能力发展心理学．合肥：安徽教育出版社．
李晶华，冯晓黎，梅松丽等．2007．学习压力对初中生心理健康影响的调查．医学与社会，

（2）：59-60.
李志峰．2013．家庭背景对学业成绩的影响研究——以济南市为例．济南：山东师范大学．
林崇德．2003．学习与发展——中小学生心理能力发展与培养（修订版）．北京：北京师范大学出版社．
林崇德，傅安球．1992．关于学习的特点．中国教育学刊，（2）：15-17.
刘国庆，何壮，赵守盈．2015．艾森克人格问卷的展开模型分析．贵州师范大学学报（自然科学版），（6）：36-41.
刘红云，骆方，王玥等．2012．多维测验项目参数的估计：基于 SEM 与 MIRT 方法的比较．心理学报，（1）：121-132.
刘兰英．2000．小学生数学推理能力结构的验证性因素分析．心理科学，（2）：227-229.
刘清平，李聪睿．2012．课程标准（2011）导读与教学实施：小学数学．北京：北京理工大学出版社．
鲁文·弗斯坦．1989．思维工具强化——弗斯坦智力开发课程．刘育明等译．北京：春秋出版社．
陆学艺．2002．当代中国社会阶层研究报告．北京：社会科学文献出版社．
罗伯特·V．卡尔．2009．儿童与儿童发展．周绍贤，窦东徽，郑正文译．北京：教育科学出版社．
罗照盛．2012．项目反应理论基础．北京：北京师范大学出版社．
马克斯·范梅南．2015．教学机智——教育智慧的意蕴．李树英译．北京：教育科学出版社．
马立平．2012．小学数学的掌握和教学．李士锜，吴颖康译．上海：华东师范大学出版社．
茆诗松，周纪芗．2000．概率论与数理统计（第 2 版）．北京：中国统计出版社．
孟攀，胡克祖．2012．国内新手型教师与专家型教师比较研究综述．萍乡高等专科学校学报，（2）：83-86.
孟迎芳，连榕，郭春彦．2004．专家-熟手-新手型教师教学策略的比较研究．心理发展与教育，（4）：70-73.
米山国藏．1986．数学的精神、思想和方法．毛正中，吴素华译．成都：四川教育出版社．
莫雷．2013．学习的机制——阅读与学习心理的认知研究．北京：北京师范大学出版社．
漆书青，戴海崎．1992．项目反应理论及其应用研究．南昌：江西高校出版社．
单昕彤，谭辉晔，刘永等．2014．项目反应理论中模型-资料拟合检验常用统计量．心理科学进展，（8）：1350-1362.
宋丽红，汪文义，戴海琦等．2016．认知诊断模型下整体和项目拟合指标．心理学探新，（1）：79-83.
苏丹兰．1997．论学力、基础学力的概念与要素构成．山东教育科研，（3）：14-16，19.
苏霍姆林斯基．1981．给教师的一百条建议．周渠，王义高，刘启娴等译．天津：天津人民出版社．
涂冬波，蔡艳，戴海琦．2012a．基于 DINA 模型的 Q 矩阵修正方法．心理学报，（4）：

558-568.
涂冬波，蔡艳，丁树良．2012b．认知诊断理论、方法与应用．北京：北京师范大学出版社．
涂冬波，漆书青，戴海琦等．2008．教育考试中的认知诊断评估．考试研究，(4)：4-15.
汪树林．2011．通向“儿童数学”的途中——“儿童数学”的现象学意蕴．江苏教育研究，(7)：22-27.
汪文义，宋丽红，陈平等．2016．认知诊断测验的属性分类一致性和分类准确性指标．心理学探新，(3)：264-269.
汪文义，宋丽红，丁树良．2014．教育认知诊断测验的信度和效度研究评述．考试研究，(5)：29-36，28.
王冰．2008．家庭背景对子女受教育程度的影响．安庆师范学院学报（社会科学版），(3)：49-52.
王权，汤健康，方栋梁．1986．小学生数学能力的因素分析．心理科学通讯，(2)：11-17，24.
王向红．2013．学力观与学力评价：日本的经验与启示．外国教育研究，(1)：46-51.
王欣瑜．2014．知识·能力·思维——现代学力观的嬗变与反思．内蒙古师范大学学报（教育科学版），27（10）：7-8.
王秀玲，李金波．1997．IRT的单维性假设检验与IRT的应用研究．浙江师大学报，(5)：91-95.
王永春．2014．小学数学与数学思想方法．上海：华东师范大学出版社．
维果茨基．2010．思维与语言．李维译．北京：北京大学出版社．
吴明隆．2011．结构方程模型——AMOS的操作与应用（第2版）．重庆：重庆大学出版社．
吴艺方，韩秀华，韦唯等．2013．小学生父母教育卷入行为理论模型的建构与验证．北京师范大学学报（社会科学版），(1)：61-69.
辛涛，乐美玲，张佳慧．2012．教育测量理论新进展及发展趋势．中国考试，(2)：3-11.
杨淑群，蔡声镇，丁树良等．2008．求解简化Q矩阵的扩张算法．兰州大学学报（自然科学版），(3)：92-96，101.
杨业兵，苗丹民，田建全等．2008．应用项目反应理论对《中国士兵人格问卷》的项目分析．心理学报，40（5）：611-617.
易凌云，庞丽娟．2006．论教师个人教育观念的形成机制．教育理论与实践，(17)：43-47.
余嘉元．1992．项目反应理论及其应用．南京：江苏教育出版社，(5)：24-25.
喻平．1997．数学能力的成分与结构．课程·教材·教法，(11)：26-29.
喻平，连四清，武锡环．2011．中国数学教育心理研究30年．北京：科学出版社．
袁秀琴，谢红卫，李纯颖．2002．儿童学习困难的影响因素探讨．南华大学学报（医学版），(4)：344-346.
约翰·哈蒂．2017．可见的学习——对800多项关于学业成就的元分析的综合报告．彭正梅，邓莉，高原等译．北京：教育科学出版社．

张奠宙．2002．与时俱进谈数学能力．数学教学，（2）：7．
张厚粲，王晓平．1989．瑞文标准推理测验在我国的修订．心理学报，（2）：113-121．
张纪水，李延，邹丽萍等．2005．40 例学习障碍儿童家庭环境对照研究．实用临床医药杂志，（1）：13-14．
张敏强，刘晓瑜．1997．教育测量研究之研究．中国考试（高考版），（3）：21-23．
张翔，陈言贵，赵必华．2012．家庭环境对学业成绩的影响研究．宁波大学学报（教育科学版），（4）：76-80．
张咏梅，郝懿，李美娟．2012．教师因素、学生因素对学生学业成绩影响的实证研究——基于大规模测验数据的多层线性模型分析．教师教育研究，（4）：56-62．
赵健，裴新宁，冯锐等．2013．我国教师的专业发展实践及其对学生成绩的影响：基于五城市调研的分析．全球教育展望，（2）：24-35，55．
赵裕春．1987．小学生数学能力的测查与评价（低年级）．北京：教育科学出版社．
赵裕春．1989．小学生数学能力的测查与评价（中年级）．北京：教育科学出版社．
赵裕春．1990．小学生数学能力的测查与评价（高年级）．北京：教育科学出版社．
郑富芝．2014-03-04．聚焦：中小学教育质量综合评价改革关键点详解．中国教育报（第6 版）．
郑日昌，孙大强．2013．心理测量与测验．北京：中国人民大学出版社．
郑毓信，肖红．2010．从数学哲学到数学教育、数学观的现代演变及其教育含义．课程·教材·教法，（12）：39-44．
钟启泉．1989．学力论与课程结构．全球教育展望，（1）：14-19．
钟启泉．1994．“学习失能”及其成因．上海教育科研，（9）：18-20．
钟启泉．2001．学力理论的历史发展．全球教育展望，（12）：31-38．
钟启泉．2003．差生心理与教育．上海：上海教育出版社．
钟启泉．2009．从日本的“学力”概念看我国学力研究的课题．教育发展研究，（Z2）：1-5．
钟启泉．2014．日本学力概念的演进．教育发展研究，（8）：23-29．
钟启泉．2016．基于核心素养的课程发展：挑战与课题．全球教育展望，（1）：3-25．
周骏，徐淑媛，董圣鸿．2011．以实质心理学为基础的评估：认知诊断．心理学探新，（3）：265-269，288．
周瑞枝．2000．提高学力是实现素质教育的有效途径．辽宁师范大学学报，（2）：50-53．
邹萍，杨丽珠．2005．父母教育观念类型对幼儿个性相关特质发展的影响．心理与行为研究，（3）：182-187．
Anastasi A. 1988. Psychological Testing (6th ed) . New York: Macmillan.
Baker F B, Kim S H. 2004. Item Response Theory: Parameter Estimation Techniques (2th ed) . New York: Marcel Dekker.
Blanton M, Kaput J. 2004. Elementary grades students' capacity for functional thinking. Proceedings of the 28th Conference of the International Group for the Psychology of Mathematics Education

Oslo: PME, 2: 135-142.

Chang H, Ying Z. 1996. A global information approach to computerized adaptive testing. Applied Psychological Measurement, 20: 213-229.

Chen J, Jimmy D L T, Zhang Z. 2013. Relative and absolute fit evaluation in cognitive diagnosis modeling. Journal of Educational Measurement, 50 (2): 123-140.

Chen W H, Thissen D. 1997. Local dependence indexes for item pairs using item response theory. Journal of Educational and Behavioral Statistics, 22: 265-289.

Chen Y H, Gorin J S, Thompson M S, et al. 2008. An alternative examination of Chinese Taipei mathematics achievement: Application of the rule-space method to TIMSS 1999 data//Davier M V, Hastedt D. Issues and Methodologies in Large-scale Assessments. Hamburg: IEA-ETS Research Institute: 53-71.

Coleman J S, Campbell E Q, Hobson C J, et al. 1967. Equality of educational opportunity. Biometrics, 23 (1): 163.

Cui Y, Gierl M J, Chang H H. 2012. Estimating classification consistency and accuracy for cognitive diagnostic assessment. Journal of Educational Measurement, 49 (1): 19-38.

Darling N, Steinberg L. 1993. Parenting style as context: An integrative model. Psychological Bulletin, 113: 487-493.

Davier A. 2006. Test equating scaling and linking: Methods and practices. Psychometrika, 71 (1): 207-209.

Delatorre J. 2011. The generalized DINA model framework. Psychometrika, 76 (2): 179-199.

DiBello L V, Roussos L A, Stout W. 2007. A review of cognitively diagnostic assessment and a summary of psychometric models//Rao C R, Sinharay S. Handbook of Statistics. Amsterdam: Elsevier: 979-1030.

Embretson S. 1984. A general latent trait model for response processes. Psychometrika, 49 (2): 175-186.

Embretson S. 1991. A multidimensional latent trait model for measuring learning and change. Psychometrika, 56 (3): 495-515.

Embretson S E. 1998. A cognitive design system approach to generating valid tests: Application to abstract reasoning. Psychological Methods, 3 (3): 380-396.

Embretson S E, Reise S P. 2000. Item Response Theory for Psychologists. Mahwah: Erlbaum.

Ericsson K, Simon H. 1984. Protocol Analysis: Verbal Reports as Data. Cambridge: The MIT Press.

Ericsson K, Simon H. 1993. Protocol Analysis: Verbal Reports as Data (Revised Edition). Cambridge: The MIT Press.

George A C, Robitzsch A, Kiefer T, et al. 2016. The R package CDM for cognitive diagnosis. Journal of Statistical Software, 74 (2): 1-24.

Gierl M J, Cui Y, Zhou J. 2009. Reliability and attribute based scoring in cognitive diagnostic assessment. Journal of Educational Measurement, 46 (3): 293-313.

Gierl M J, Wang C, Zhou J. 2008. Using the attribute hierarchy method to make diagnostic inferences about examinees cognitive skills in algebra on the SAT. Journal of Technology, Learning, and Assessment, 6 (6): 1-53.

Goldsmith T E, Johnson P J. 1990. A structural assessment of classroom learning//Schvaneveldt R W. Pathfinder Associative Networks: Studies in Knowledge Organization. Norwood: Ablex: 241-254.

Greeno J G. 1976. Indefinite goals in well-structured problems. Psychological Review, 83 (6): 479-491.

Haebara T. 1980. Equating logistic ability scale by weighted least squares method. Japanese Psychological Research, 22: 144-149.

Hartz M C. 2002. A bayesian framework for the unified model for assessing cognitive abilities: Blending theory with practicality. American Journal of Gastroenterology, 95 (4): 906-909.

Hegarty M, Mayer R E, Green C E. 1992. Comprehension of arithmetic word problems: Evidence from students' eye fixations. Journal of Educational Psychology, 84 (1): 76-84.

Henson R, Douglas J. 2005. Test construction for cognitive diagnosis. Applied Psychological Measurement, 29 (4): 262-277.

Hu L, Bentler P M. 1998. Fit indices in covariance structure modeling: Sensitivity to underparameterized model misspecification. Psychological Methods, 3: 424-453.

Ihaka R, Gentleman R. 1996. R: A language for data analysis and graphics. Journal of Computational & Graphical Statistics, 5 (3): 299-314.

Kaiser H F. 1974. An index of factorial simplicity. Psychometrika, 39 (1): 34-36.

Kunina-Habenicht O, Rupp A A, Wilhelm O. 2009. A practical illustration of multidimensional diagnostic skills profiling: Comparing results from confirmatory factor analysis and diagnostic classification models. Studies in Educational Evaluation, 35 (2-3): 64-70.

Lee Y, Sawaki Y. 2009. Application of three cognitive diagnosis models to ESL reading and listening assessments. Language Assessment Quarterly, 6 (3): 239-263.

Leighton J P, Gierl M J. 2007. Cognitive Diagnostic Assessment for Education: Theory and Applications. Cambridge: Cambridge University Press.

Leighton J P, Gierl M J, Hunka S M. 2004. The attribute hierarchy method for cognitive assessment: A variation on Tatsuoka's rule-space approach. Journal of Educational Measurement, 41 (3): 205-237.

Maydeu-Olivares A. 2013. Goodness-of-fit assessment of item response theory models. Measurement Interdisciplinary Research & Perspective, 11 (3): 71-101.

Mislevy R J. 1993. Foundations of a new test theory//Frederiksen R F, Mislevy R J, Bejar I. Test Theory for a New Generation of Tests. Hillsdale: Lawrence Erlbaum Associates: 19-39.

Mislevy R J. 1994. Evidence and inference in educational assessment. Psychometrika, 59 (4): 439-483.

Morton J, Bekerian D. 1986. Three ways of looking at memory//Sharkdy N E. Advances in

Cognition Science. Chichester: Ellis Horwood: 290-314.

Nichols P D. 1994. A framework for developing cognitively diagnostic assessment. Review of Educational Research, 64 (4): 575-603.

Nichols P D, Chipman S F, Brennan R L. 1995. Cognitively Diagnostic Assessment. Hillsdale: Lawrence Erlbaum Associates.

OECD. 2009. Creating EFfective Teaching and Learning Environments: First Results From TALIS. Paris: OECD Publishing.

Peaker G F. 1971. The Plowden Children Four Years Later. London: National Foundation for Educational Research in England and Wales.

Peleg-Popko O, Dar R. 2003. Ritual behavior in children and mothers' perception of family patterns. Journal of Anxiety Disorders, 17 (6): 667-681.

Ravand H, Robitzsch A. 2015. Cognitive diagnostic modeling using R. Practical Assessment. Research & Evaluation, 20: 1-12.

Ripple R E, Rokastle V N. 1964. Piaget Rediscovered. Ithaca: Cornell University Press.

Roberts J S. 2008. Modified likelihood-based item fit statistics for the generalized graded unfolding model. Applied Psychological Measurement, 32 (5): 407-423.

Roberts J S, Fang H R, Cui W, et al. 2006. GGUM 2004: A windows-based program to estimate parameters in the generalized graded unfolding model. Applied Psychological Measurement, 30 (1): 64-65.

Roberts M R, Alves C B, Chu M W, et al. 2014. Testing expert-based versus student-based cognitive models for a grade 3 diagnostic mathematics assessment. Applied Measurement in Education, 27 (3): 173-195.

Roussos L A, DiBello L V, Stout W, et al. 2007. The fusion model skills diagnosis system//Leignton J P, Gierl M J. Cognitive Diagnostic Assessment for Education: Theory and Applications. Cambridge: Cambridge University Press: 275-318.

Rupp A A, Mislevy R J. 2007. Cognitive foundations of structured item response models//Leighton J P, Gierl M J. Cognitive Diagnostic Assessment for Education: Theory and Applications. Cambridge: Cambridge University Press: 205-241.

Rupp A A, Templin J, Henson R A. 2010. Diagnostic Measurement: Theory Methods and Applications. New York: Guildford.

Shanon B. 1993. The Representational and The Presentational: An Essay on Cognition and The Study of Mind. London: Harvester-Wheatsheaf.

Steiger J H. 1990. Structure model evaluation and modification: An interval estimation approach. Multivariate Behavioral Research, 25: 173-180.

Sternberg R J, Wagner R. 1991. Thinking Styles Inventory. Tal Lahassee: Star Mountain Projects.

Stocking M L, Lord F M. 1983. Developing a common metric in item response theory. Applied

Psychological Measurement, 7 (2): 201-211.

Tatsuoka K K. 1983. Rule space: An approach for dealing with misconceptions based on item response theory. Journal of Educational Measurement, 20 (4): 345-354.

Tatsuoka K K. 1990. Toward an integration of item response theory and cognitive error diagnoses//Frederiksen N, Glaser R L, Lesgold A M, et al. Diagnostic Monitoring of Skill and Knowledge Acquisition. Hillsdale: Erlbaum: 453-486.

Tatsuoka K K. 1995. Architecture of knowledge structures and cognitive diagnosis: A statistical pattern recognition and classification approach//Nichols P D, Chipman S F, Brennan R L. Cognitively Diagnostic Assessment. Hillsdale: Erlbaum: 327-359.

Tatsuoka K K. 2009. Cognitive Assessment: An Introduction to the Rule Space Method. Routledge: Taylor & Francis Group.

Tatsuoka K K, Corter J E, Tatsuoka C. 2004. Patterns of diagnosed mathematical content and process skills in TIMSS-R across a sample of 20 countries. American Educational Research Journal, 41 (4): 901-926.

Templin J, Hoffman L. 2013. Obtaining diagnostic classification model estimates using Mplus. Educational Measurement Issues & Practice, 32 (2): 37-50.

Walker J M T, Wilkins A S, Dallaire J R, et al. 2005. Parental involvement: Model revision through scale development. The Elementary School Journal, 106 (2): 85-104.

Whitely S E. 1983. Construct validity: Construct representation versus nomothetic span. Psychological Bulletin, 93 (1): 179-197.

Yang S Q, Ding S L, Ding Q L. 2010. Incremental augment algorithm based on reduced Q-matrix. Transactions of Nanjing University of Aeronautics & Astronautics, 27 (2): 183-189.

Yang X, Embretson S E. 2007. Construct validity and cognitive diagnostic assessment//Leighton J P, Gierl M J. Cognitive Diagnostic Assessment for Education: Theory and Applications. Cambridge: Cambridge University Press: 119-145.

后　记

我们正生活在这样一个时代，学生虽然身处教室，却能利用令人惊奇的数字化、网络化技术进行各种非正式的交流与合作，他们正在通过更加复杂、综合的思维过程进行学习。科学理念与技术的变化速度和规模，促使那些需要使用更新的工具来解决问题的学习能力不断得到强化，而进一步探索评估这一能力的科学方案已成为当前的研究热点。但是，以可量化的知能掌握总量为核心的传统大规模教育测评经过多年的实践，虽然已经被证明在评估学业成就与教学质量方面是可行且有效的，但显然越来越无法满足当今数字化时代更丰富的过程性、综合化潜在学习能力的测评需求。

在这一时代背景之下，新一代心理与教育测量理论的代表——认知诊断理论，逐渐显露出其特有的优势，即能够对测验总分背后的潜在内部心理加工过程进行更细致、更准确的探测，从而实现对儿童认知水平的诊断和对群体能力发展特征的比较。

本书首先对儿童数学学力的内涵及其结构要素进行了细致分析，并确定了6个关键数学学力属性及其层级关系，然后据此编制了儿童数学学力认知诊断测评工具，并开展了跨学校、跨年级的综合测评。虽然本书的初衷是试图通过一次完整的儿童数学学力认知诊断与测评研究，尽可能深刻地窥探新一代心理测量理论与教育认知诊断技术的核心奥秘，但由于时间、精力和学识所限，本书仍不可避免地存在一些遗憾与不足，而这也将成为我后续努力的方向。

本书是以我的博士学位论文为基础修改而成的，在此要特别感谢我的导师陈中永教授，他用自身严谨的治学态度和敏锐的专业思维，为我探究心理之本真、领略测量之奥秘点亮了思维之灯火！

衷心感谢内蒙古师范大学心理学院七十三书记、乌云特娜院长、杨伊生老师、侯友老师、钟建军老师在我的博士论文撰写期间给予的诸多帮助与鼓励。感谢天津师范大学白学军、李芳、康廷虎几位老师，他们所编译的量表为我的研究提供了极大的便利。

衷心感谢内蒙古自治区哲学社会科学规划项目办公室为本书出版提供的经费资助。感谢科学出版社的编校人员，她们的辛勤付出使本书增光添色并得以早日付梓。

此外，本书参考和引用了大量国内外学者的研究成果，谨向所有前辈与师长表达我最真诚的敬意与谢意。

王欣瑜

2020年11月20日

于内蒙古师范大学